K.

SEW
2013

Maria Tschechowa **Mein Bruder**

Anton Tschechow

Aus dem Russischen
von Antje Leetz

67 Landgut Luka
146 Lidia Misinowa - Lika
174 Lidia Awilowa

verlegt bei Kindler

Übertragung der Gedichte von Richard Pietraß
Umschlaggestaltung Gudrun Fröba, Berlin

1. Auflage März 2004

Die Originalausgabe erschien 1960 unter dem Titel
«Iz dalekogo proschlogo»
im Staatsverlag für schöngeistige Literatur, Moskau
Gesetzt aus der Berthold Baskerville PostScript PageMaker
bei Pinkuin Satz und Datentechnik, Berlin
Druck und Bindung GGP Media, Pößneck
Printed in Germany
ISBN 3 463 40446 X

Die Schreibweise entspricht den Regeln
der neuen Rechtschreibung.

Anton Tschechow

1 *Kindheit*

Ich wurde in Taganrog geboren, im Jahr 1863.

Meine Erinnerungen reichen bis zu meinem sechsten Lebensjahr zurück. Wir wohnten damals in dem zweistöckigen Haus von Moissejew. Im Erdgeschoss hatte Vater einen kleinen Kolonialwarenladen, im ersten Stock und teilweise auch noch im Parterre lebte unsere recht große Familie: Vater, Mutter und wir sechs Kinder.

Ich hatte fünf Brüder. Alexander (Sascha) war acht Jahre älter als ich, Nikolai (Kolja) sechs, Anton (Antoscha) dreieinhalb, Iwan ein Jahr und mein Bruder Michail zwei Jahre jünger als ich. Vater hatte es als kleiner Kaufmann nicht leicht, eine solch große Familie zu ernähren. Wir Kinder mussten viel arbeiten. Ich war die einzige Tochter und ging vor allem der Mutter im Haushalt zur Hand. Die älteren Brüder, auch Antoscha, halfen dem Vater im Laden.

Gemäß der alten Ordnung des patriarchalischen Familienlebens stellte unser Vater hohe Anforderungen und war sehr streng. Manchmal ging es nicht ohne Riemen ab, vor allem, wenn sich meine Brüder etwas hatten zuschulden kommen lassen. Auch Antoscha bekam manchmal seine Tracht Prügel. Später, als Anton bereits erwachsen war, ein feinfühliger und weichherziger Mensch, verurteilte er Vater für seine Erziehungsmethoden.

Die Versuche des Vaters, uns Kindern Religion beizubringen, der obligatorische Besuch der Gottesdienste, das Singen im Chor, die tristen Chorproben zu Hause wie auch die langweiligen Pflichten der älteren Brüder im Laden als Gehilfen – all das war später der Grund für Antons Ausspruch, dass er «als Kind keine Kindheit hatte».

Allerdings darf man nicht vergessen, in welcher Epoche wir aufgewachsen sind. Unser Großvater, Jegor Michailowitsch, hatte als leibeigener Bauer bei einem Gutsbesitzer eine harte Lebensschule durchlaufen, unser Vater, Pawel Jegorowitsch, war, bis er freigekauft wurde, in seiner Jugend ebenfalls Leibeigener. Unsere strenge, raue Familienordnung war also ein Echo auf das harte, unfreie Leben, das Vater in seiner Kindheit erdulden musste. Als ich erwachsen war, habe ich mich immer gewundert, woher er trotz allem seine künstlerische Natur, seine Liebe zur Musik, seine reinen moralischen Prinzipien hatte. Obwohl er sich selbst nie Bildung aneignen konnte, tat er alles, damit seine sechs Kinder ins Gymnasium gehen konnten. Wenn man sich zurückerinnert, wie das Alltagsleben in einer Kaufmannsfamilie der damaligen Zeit aussah und wie rückschrittlich die Ansichten in Bezug auf die Bildung der Kinder waren, dann versteht man, wie weit sich unser Vater über seinen Stand erhob.

Deshalb ist es falsch, zu sagen, dass Pawel Jegorowitsch ein «grausamer Despot» gewesen sei. Er war ein rauer, aber auch ein ungewöhnlicher und talentierter Mann.

Die Literaturwissenschaftler, die über die despotische Natur unseres Vaters schreiben, stützen sich auf Briefe und Erinnerungen meines ältesten Bruders Alexander. Aber man muss bedenken, dass mein großer Bruder, bei all seinen Fähigkeiten und seinem Talent, ein kranker Mensch war und viel phantasiert hat, wenn seine Krankheit ausbrach, das heißt, wenn er trank.

Anton hat seinen großen Bruder sehr geliebt; doch er hat auch gesehen, welche schweren Folgen diese Krankheit hatte. 1888 schrieb er in einem Brief:

Was soll ich mit meinem Bruder machen? Es ist ein einziges Kreuz. Im nüchternen Zustand ist er klug, schüchtern, wahrheitsliebend und weichherzig, aber betrunken ist er unausstehlich. Wenn er zwei, drei Glä-

ser getrunken hat, ist er hochgradig erregt und beginnt zu schwindeln. Einen Brief schreibt er aus dem leidenschaftlichen Wunsch heraus, sich eine harmlose, aber effektvolle Lüge auszudenken. Halluzinationen hat er noch nicht gehabt, weil er verhältnismäßig wenig trinkt. Ich kann an seinen Briefen erkennen, ob er nüchtern ist oder betrunken: Die einen sind hochanständig und aufrichtig, die anderen von Anfang bis Ende verlogen. Er ist ein Quartalssäufer – zweifellos.

Das ist der Grund, warum die Erinnerungen von Alexander Tschechow, die in den Jahren 1905 bis 1912 in Russland erschienen, in einigen Teilen beim Leser große Verwunderung hervorrufen.

Vaters Briefen an seine beiden ältesten Söhne ist abzulesen, wie sehr ihn mein Bruder Sascha bisweilen kränkte und wie gut Vater den Charakter und die Natur seines ältesten Sohnes verstand, wie vorsichtig und taktvoll er auf seine Erziehung Einfluss zu nehmen suchte. In meinem Archiv bewahre ich Originalbriefe unseres Vaters auf. Hier ist zum Beispiel ein Auszug aus einem Brief vom 8. April 1875 an Alexander, der zu dieser Zeit in der Wohnung des Direktors seines Gymnasiums als Repetitor von dessen Kindern lebte:

Sascha, ich sehe, dass du uns nicht brauchst und dass wir dir die Freiheit gegeben haben, selbständig zu leben, zu walten und zu schalten in solch jungen Jahren. Du wirst also auf unsere Ratschläge nicht hören … Handle nach deinem Willen, wie du es für richtig hältst, du kannst auch ohne uns auskommen und leben. Nur schade, dass du Vater und Mutter so früh vergessen hast, die dir von ganzer Seele ergeben sind und keine Mittel und auch die Gesundheit nicht gescheut haben, um dir eine Erziehung zu geben. Ich bitte dich nach allem nur um eins: Ändere deinen Charakter, sei gut zu uns und zu dir selbst; du bist gut und klug, aber du siehst dich selbst nicht, und in dir wohnt der Geist der Selbstüberschätzung. Hass gegen uns zu hegen, Sascha, ist eine große Sünde.

Unsere Mutter, Jewgenija Jakowlewna, war im Gegensatz zu Vater eine sehr weichherzige, stille Frau von poetischer Natur.

Ich erinnere mich, wie gern wir ihren stimmungsvollen Erzählungen über ungewöhnliche, märchenhafte Dinge lauschten. Je stärker wir die Rauheit des Vaters zu spüren bekamen, umso dankbarer nahmen wir die mütterliche Fürsorge und Zärtlichkeit auf. Später hat Anton sehr wahr gesagt: «Unser Talent haben wir vom Vater, die Seele von der Mutter.»

Mit siebzehn Jahren schrieb Anton an unseren Cousin Michail Tschechow:

Vater und Mutter sind für mich die einzigen Menschen auf dem ganzen Erdball, für die mir nie etwas zu schade war. Wenn aus mir einmal etwas wird, ist das ihrer Hände Werk, feine Leute sind sie, und allein schon ihre grenzenlose Liebe zu uns Kindern hebt sie höher, als irgendein Lob das könnte, und stellt all ihre Fehler in den Schatten, die von einem schlechten Leben herrühren.

Obwohl wir Kinder viel arbeiten und uns der Ordnung des Vaters fügen mussten, war unser Leben harmonisch und fröhlich. In unserem Haus gab es Spiele, Späße, Streiche, immer wurde gelacht. Die Hauptrolle bei den lustigen Improvisationen und den harmlosen Kinderstreichen spielte Antoscha. Er war der Anstifter. Ich erinnere mich an unsere Theaterstücke, die Antoscha inszenierte. Schon als ganz kleines Mädchen spielte ich darin die Rolle der Tatjana Tschepruničha (Figur bei Gogol, A. d. Ü.), und ich weiß noch genau, wie ich mich genierte, als Antoscha mich auf der «Bühne» vor allen umarmte.

Wir waren begeistert von Gogol und seinen Helden. Anton und Iwan schminkten sich sogar und zogen ukrainische Nationalkostüme an. Nikolai spielte sehr humorvoll eine kleine Szene aus Gogols «Nacht vor Weihnachten», er stellte den betrunkenen Tschub dar, der im Schneesturm seine Hütte sucht.

Besonders beliebt in unserer Familie war «Der Revisor». Anton spielte meist den Stadthauptmann. Er zog seine Festtagsuniform fürs Gymnasium mit den glänzenden Knöpfen an. Um stattlich zu erscheinen, stopfte er unter die Uniform kleine Kissen. Statt eines Degens legte er einen gewöhnlichen Säbel um und heftete sich selbst gemachte Orden an. Von allen «Schauspielern» war er zweifellos der talentierteste. Und faktisch war er auch der Regisseur der Stücke.

Iwan spielte Chlestakow, ich übernahm die Rolle der Maria Antonowna, der Tochter des Stadthauptmanns, Nikolai war mal der Diener Ossip, mal der Richter Ljapkin-Trjapkin. Ich muss immer lachen, wenn ich mich an Details aus unseren Aufführungen erinnere. In einem Akt zum Beispiel näherte sich mir Chlestakow – mein Bruder Iwan –, um mich zu umarmen, und ich musste vor ihm zurückweichen, was ich mit besonderem Eifer tat, denn mir war es unangenehm, dass mich jemand vor den Zuschauern – unsere Eltern, Verwandten, Bekannten und Nachbarn – umarmte. Schließlich zog ich mich bis in die äußerste Ecke des Zimmers zurück, als alle Repliken längst gesagt waren. Chlestakow gelang es nicht mehr, mich im richtigen Moment zu küssen.

Anton hatte schon als Kind eine ungewöhnlich scharfe Beobachtungsgabe. Er konnte meisterhaft Szenen nachahmen, die er in der Stadt, im Gymnasium oder bei Bekannten zu Hause gesehen hatte. Wenn er andere Menschen parodierte, bogen sich alle Zuschauer vor Lachen, sowohl die Kinder als auch die Erwachsenen. Auch die Brüder bekamen von Antoscha ihr Fett ab. Er gab ihnen Spitznamen, die sehr humorvoll waren, manchmal aber auch kränkend. So nannte er Nikolai oft den «Schielenden», weil er beim Erzählen die Angewohnheit hatte, ein Auge zuzukneifen. Ihm gab er auch den Spitznamen «Makkaroni im Boot» für den wahrhaft komischen Anblick, den er mit seinen spindeldürren Beinen in der sehr engen Hose und den riesigen Ledergaloschen bot. Diese Hose hatte Antoscha eigenhändig genäht, als er das Schneidern in der Handwerksschule lernte, in die meine Brüder neben dem Gymnasium gingen. Als Antoscha diese Hose nähte, bat Nikolai ihn inständig, sie so eng wie möglich zu machen (damals waren enge Hosen modern), und Antoscha gab sich große Mühe.

Auch ich blieb nicht verschont von seinen Schelmereien. Antoscha gab mir gleich drei Namen: «Mops», «Linse» und «Strahl». Letzteren empfand ich als besonders kränkend und habe deswegen oft geweint. Als Kind hatte ich kurze, störrische Haare. Damit sie mich nicht störten, bändigte ich sie mit einem halbrunden Kamm, aber die Haare gehorchten nicht, sie standen steif nach oben, um den Kamm herum, und sahen aus wie Strahlen.

Vater besuchte eifrig alle Festtagsgottesdienste und zwang die ganze Familie, ebenfalls daran teilzunehmen. Eines Morgens trieb uns Mutter wieder einmal zur Eile an, damit wir nicht zu spät zur Messe kamen. Vater und Nikolai, der gerne die Glocken läutete, waren schon losgegangen. Als wir dann aufbrachen, lag Antoscha, die Decke über den Kopf gezogen, noch immer im Bett. Doch auf der Hälfte des Wegs stand er plötzlich vor uns. Er war unter der Bettdecke schon angezogen gewesen und hatte uns über Nebengassen überholt. Als wir uns der Kirche näherten, wurden zu unserer Verwunderung alle Glocken geläutet. Wie wir später erfuhren, hatte Nikolai beschlossen, Mutter mit Empfangsgeläut zu begrüßen, was eigentlich nur erlaubt war, wenn sich ein Geistlicher der Kirche näherte. Nikolai bekam vom Vater eine Abreibung.

Mit der Zeit bildeten sich bei meinen Brüdern Interessen heraus, die Jungen eigen sind und zu denen ich nicht zugelassen war. Obwohl wir nach wie vor gemeinsam Ballspiele machten, hatte ich nun weniger Kontakt zu ihnen, außerdem hing ich sehr an meiner Mutter, was mich davon abhielt, sehr eng mit meinen Brüdern zusammen zu sein. Im Sommer gingen sie oft alle gemeinsam ans Meer zum Angeln oder fuhren zu unserem Großvater ins Steppendorf Knjashaja, während ich bei der Mutter blieb.

Ein Außenseiter war in dieser Zeit unser ältester Bruder Alexander, der in die letzte Klasse des Gymnasiums ging. Er glaubte, es schicke sich nicht mehr für ihn, an unserem Kinderleben und an den Spielen teilzunehmen. Außerdem wohnte er beim Direktor des Gymnasiums als bezahlter Repetitor von dessen Kindern.

* * *

Im August 1875 wurde unsere Taganroger Familie kleiner, denn die beiden ältesten Brüder fuhren zum Studium nach Moskau: Alexander ging an die Universität, und Nikolai schloss sich auf gut Glück dem großen Bruder an, in der Hoffnung, an der Kunstschule für Malerei, Bildhauerei und Architektur angenommen zu werden.

In dieser Zeit liefen die Handelsgeschäfte unseres Vaters zunehmend schlechter. In seinen Briefen an die Söhne in Moskau klang seine Sorge durch. So schrieb er am 18. August 1875:

Mein Geschäft geht von Tag zu Tag schlechter. Ich habe keine Hoffnung mehr und bin niedergedrückt. Dadurch fühlt sich auch Mama nicht wohl. Ach, dieses Geld! Wie schwer verdient man es ohne Protektion, auf ehrliche Weise.

Unser Vater war kein gewiefter Kaufmann, wie man so schön sagt, obwohl er den Titel «Kaufmann der dritten Gilde» trug. Schließlich verhedderte er sich dermaßen, machte so große Schulden, vor allem bei dem vor uns geheim gehaltenen Bau eines eigenen Hauses, dass er gezwungen war, sein Geschäft zu schließen. Im April 1876 machte Vater endgültig Pleite. Am 23. April floh er vor den Schulden nach Moskau. Dieses Ereignis veränderte unser Leben grundlegend.

In Moskau zog Vater bei Kolja und Sascha ein. Beide lebten ärmlich, wie Studenten eben, und konnten den Vater auf keine Weise unterstützen. Unser Haus in Taganrog kam unter den Hammer.

Im Juli 1876 fuhr Mutter mit mir und meinem jüngsten Bruder Mischa ebenfalls nach Moskau. Antoscha und Iwan blieben in Taganrog, weil sie noch ins Gymnasium gingen. Aber Iwan kam ebenfalls bald zu uns, und so blieb Antoscha allein in Taganrog.

So traurig endeten unsere sorglosen Kinderjahre in der Heimatstadt, und es begann die schwere Zeit der Not und Armut in Moskau.

2 *Jahre der Not*

Ich erinnere mich noch gut an den ersten Eindruck, den Moskau 1876 auf mich machte. Ich war bereits dreizehn. Nach dem provinziellen, stillen Taganrog mit seinem patriarchalischen Leben und dem Schmutz der verwahrlosten Straßen versetzte mich Moskau in großes Erstaunen. Riesige Häuser, wunderbare Theater, endlose Straßen, Gassen, Sackgassen, in denen ich mich immer wieder verlief, zahllose Geschäfte, Läden, Speicher, laute Märkte, die an Rummelplätze erinnerten, das berühmte Moskauer Glockengeläut, die auf Gleisen dahinrollenden Pferdebahnen – all das regte meine Phantasie heftig an.

Wir bezogen ein Zimmer im Souterrain eines kleinen Hauses in der Gratschowka-Straße. Nach dem geräumigen Haus in Taganrog fiel es uns nicht leicht, so beengt zu wohnen.

Aber uns erwarteten noch schlimmere Prüfungen. Vater fand keine Arbeit. Es war kein Geld da, und vor Mutter stand jeden Tag das Problem, wie sie die Familie satt kriegen sollte. Es war ungemütlich, feucht und kalt. Im Winter hatten wir kein Geld für Holz, und ich erinnere mich, wie das zukünftige Mitglied der Akademie für Architektur, Franz Ossipowitsch Schechtel – ein Freund und Kommilitone meines Bruders Nikolai an der Kunsthochschule –, zusammen mit Kolja Baumstämme von Pferdefuhrwerken stahl und zu uns schleppte, damit wir den Ofen heizen und uns wärmen konnten.

Später sind wir noch oft umgezogen, lebten in vielen Moskauer Gassen. Auf Wohnungssuche gingen wir meist zu dritt: Mutter, Mischa und ich. Da Mutter Angst vor Hunden hatte, blieb sie mit meinem Bruder am Tor stehen, ich aber ging mutig in den

Hof, fragte nach Mietwohnungen, und wenn ich etwas Passendes gefunden hatte, führte ich Mutter dorthin.

Das schwere Leben tat seine Wirkung: Aus dem kleinen, verwöhnten Mädchen wurde eine selbständige Hausfrau. Niedergedrückt von den Leiden, war Mutter oft krank, und ich musste an ihrer Stelle den Haushalt führen. Ich zauberte Mittagessen, wusch für die ganze Familie und stopfte. In meiner Freizeit strickte ich Wolltücher, verkaufte sie für fünfzehn oder zwanzig Kopeken und füllte somit ein bisschen unsere Familienkasse. Mein großer Bruder Alexander unterstützte uns nur selten mit seinen bescheidenen Mitteln. Antoscha verkaufte auf Mutters Bitte unseren Hausrat in Taganrog und schickte uns das Geld nach Moskau.

Bei der Hausarbeit half mir mein kleiner Bruder Mischa. Lange vor Tagesanbruch musste er aufstehen und in die Geschäfte laufen, um Brot und Essen zu kaufen. Uns Jüngsten war die Pflicht auferlegt, die Familie zu versorgen, und das brachte uns einander sehr nahe. Mir tat der kleine Mischa Leid, der bei Unwetter, Kälte und Frost schlecht angezogen durch ganz Moskau rannte und kleine Aufträge erfüllte.

Im Herbst überlegten wir, dass Mischa und ich ja weiterlernen mussten. In Taganrog war ich schon in die dritte Klasse des Gymnasiums versetzt worden und Mischa in die zweite. Aber nun hatte die Familie kein Geld mehr für den Unterricht. Da beschlossen Mischa und ich, den Direktor irgendeines Gymnasiums persönlich zu überreden, uns aufzunehmen und vom Schulgeld zu befreien. Mischa hatte unerwartet Glück. Im Zweiten Jungengymnasium, sehr weit von unserem Haus entfernt, konnte der Elfjährige den Direktor überzeugen, ihn als einen der Schüler aufzunehmen, die von der Bezahlung befreit waren. So hat er sich selbst ins Gymnasium gelotst.

Ich hatte kein Glück. Wohin ich auch ging, allein oder mit meiner Mutter, es klappte nicht mit dem Gymnasium, niemand wollte mich ohne Geld nehmen. So war für mich das erste Schuljahr verloren.

In unserem zweiten Moskauer Jahr gelangte ich über einen unserer Bekannten auf den Schülerball eines Moskauer Kadettenkorps. Dort machte ich die Bekanntschaft eines Mädchens, das in die Eparchie-Mädchenschule des heiligen Filaret ging. Sie erzählte mir, wie gut der Unterricht dort sei und wie interessant sie die Zeit verbrächten, mit Tanzen. Ich wollte zu gern auch dorthin. Aber wir hatten ja kein Geld.

Ich beschloss, dem Beispiel meines Bruders zu folgen und jemanden zu überreden. Ich nahm all meinen Mut zusammen und ging direkt zum Moskauer Metropoliten, um ihn zu bitten, mich kostenlos in die Schule aufzunehmen – die Kirche sollte für mich bezahlen! Mischa begleitete mich, um mir zu «helfen».

Lange schlichen wir um das Haus des Metropoliten, bis wir uns schließlich aufrafften und klingelten. Ich erinnere mich an ein großes, hohes Zimmer, in der Ecke saß der Metropolit. Schüchtern ließen wir uns von ihm segnen, erklärten verworren, weshalb wir gekommen waren, und baten ihn, für mich das Schulgeld zu bezahlen, wenn ich schon nicht befreit werden könne. Der Metropolit hörte uns an, breitete die Arme aus und sagte: «Ich bin kein Millionär! Da kann ich nichts machen.»

So kehrten wir unverrichteter Dinge nach Hause zurück.

Aber dann lachte mir das Glück. Ein reicher Kaufmann aus Taganrog namens Sabinnikow, der unseren Vater noch von unserer Heimatstadt her kannte, erklärte sich bereit, mein Schulgeld zu bezahlen, als er sich von unserem kläglichen Moskauer Leben überzeugt hatte. Mein Traum erfüllte sich, ich wurde in der Filaret-Schule aufgenommen, nachdem ich im August 1877 die Aufnahmeprüfung für die dritte Klasse bestanden hatte.

Jetzt kam zum Haushalt noch das Lernen hinzu. Mischa und ich standen lange vor Tagesanbruch auf. Er ging einkaufen, ich heizte in der Zwischenzeit den Ofen, kochte Suppe zum Mittagessen vor, und erst dann rannten wir jeder in sein Gymnasium. Mischa war ein schwächlicher Junge, wurde in der Klasse oft gehänselt und weinte. Wenn er morgens losging, bat er die Mutter immer um zwei Taschentücher: Das zweite war für die Tränen. Und wenn Mutter ihm einmal nur eins gab, erinnerte er sie: «Und das fürs Weinen?»

Auch auf der Straße weinte Mischa oft. Er hatte ein schlechtes, dünnes Mäntelchen, in dem er im rauen Moskauer Winter fror. Und er hatte einen langen Schulweg. Mir tat mein Brüderchen unendlich Leid, wenn es tränenüberströmt stehen blieb und wegen der Kälte nicht weitergehen konnte.

* * *

1877 besuchte uns Antoscha in den Osterferien. Das Geld für die Reise hatte ihm Alexander schon vor Weihnachten geschickt. Die Ankunft des von uns allen geliebten, lustigen Antoscha war ein frohes Ereignis. Wir wohnten damals auf der Sretenka in einem alten Nebengebäude aus Holz. Dahinter lag ein wundervoller alter Garten mit Laube, gerade wie in einem Gutshof bei Turgenjew. Antoscha, ja uns allen, die an die farbenfrohe Natur des Südens gewöhnt waren, gefiel dieser romantische Garten.

Moskau beeindruckte Antoscha sehr. Bestimmt wurde schon damals seine große Liebe zu Moskau geweckt, die bis zu seinem Lebensende andauerte. Später, in den ersten Studentenjahren, schrieb er an einen Kameraden nach Taganrog:

Ich habe Moskau schrecklich lieb gewonnen. Wer sich an die Stadt gewöhnt hat, verlässt sie nie. Ich bin für immer Moskauer.

Als «alter Moskauer» führte Mischa Antoscha tagelang durch die Stadt, zeigte ihm den Kreml, die Geschäfte, die Boulevards. Antoscha, der schon damals Theaterliebhaber war, ging ins Bolschoi-Theater und war hellauf begeistert.

Anton begriff die ganze Härte unserer Moskauer Existenz. Er

bemerkte auch den Wandel, der seit unserer Abreise aus Taganrog in mir vorgegangen war, er interessierte sich für mein Leben und hatte Respekt vor der Stellung, die ich in unserer Familie eingenommen hatte. Zu jener Zeit nahm unsere tiefe Freundschaft ihren Anfang.

Nachdem Antoscha unser ärmliches Dasein gesehen hatte, begann er uns materiell zu unterstützen, er überwies uns aus Taganrog einen Teil seines Verdienstes. Und dieser «Verdienst» bestand aus dem Groschenhonorar für die Stunden, die er in Taganrog gab. Er schickte uns Päckchen: Kaffee, Oliven, Chalwa. Mutter unterstützte er moralisch mit Briefen, denn sie litt sehr unter unserer Armut. Antoschas Fürsorge rührte mich und hat mich sehr für ihn eingenommen, für immer.

So teilte unsere Familie in Moskau Not und Entbehrung, bis Anton im Herbst 1879 das Gymnasium abschloss und zu uns nach Moskau zog.

3 *Das neue Leben*

Wir hatten Antoscha gleich nach den Abschlussprüfungen erwartet, aber er blieb bis zum Herbst in Taganrog, wo er sich erfolgreich bei der Taganroger Selbstverwaltung um das Stipendium bemühte, das die Stadt für einen gebürtigen Taganroger eingerichtet hatte, der studieren wollte. Das Stipendium in Höhe von fünfundzwanzig Rubel im Monat war für uns alle von großer Bedeutung.

Aus finanziellen Gründen brachte der Bruder noch zwei Untermieter mit. Das waren Schulkameraden, die ebenfalls studieren wollten: Wassili Sembulatow mit dem Spitznamen Makar, den er natürlich von Anton bekommen hatte (weil er einmal im Griechischunterricht das Wort «mákar», «glücklich», wie den russischen Namen «Makár» ausgesprochen hatte), und Dmitri Saweljew. Zu dieser Zeit wohnten wir im Souterrain eines der Kirchenhäuser auf der Gratschowka. Nach der Ankunft des Bruders und seiner beiden Freunde wurde es bei uns noch enger.

Dass Antoscha jetzt in Moskau lebte, gab der ganzen Familie Kraft. Der Vater hatte Gott sei Dank endlich eine Anstellung als Buchhalter beim Kaufmann Gawrilow gefunden und wohnte in Samoskworetschje, auf seiner Arbeitsstelle. Unser großer Bruder Alexander wohnte nach wie vor getrennt von uns. So wurde Anton ganz allmählich das Oberhaupt der Familie, unser Ernährer. Seine Tüchtigkeit und Besonnenheit, die ihm trotz der Neigung zu Streichen und Späßen eigen war, bewirkten, dass alle Familienmitglieder auf seine Meinung hörten. Vater, der uns oft besuchen kam, begriff Antoschas neue Stellung in der Familie und verlor nach und nach seinen früheren Einfluss. Und mit der Zeit erkannte er schweigend in Anton das Familienoberhaupt an und versuchte erst gar nicht, unser Leben zu bestimmen.

Bald zogen wir in eine neue, geräumigere Wohnung, ebenfalls auf der Gratschowka. Unser Alltag war bedeutend leichter geworden. Zu den beiden Untermietern, die Antoscha mitgebracht hatte, kam noch einer hinzu – Nikolai Korobow.

Durch die vier jungen Studenten wurde unser Leben viel munterer. Im Haus wurde wieder gelacht und gescherzt, die Späße heckte wie immer Anton aus.

***

Dem Erscheinen von Antons erster Erzählung in der Zeitschrift «Strekoza» – «Brief an einen gelehrten Nachbarn» – maß ich keine große Bedeutung bei, wem wäre auch damals in den Sinn gekommen, dass dies das «Erstlingswerk» eines großen russischen Schriftstellers war! Außerdem hatte ich gehört, dass mein Bruder schon woanders seine scharfsinnigen Anekdoten und kleinen Szenen veröffentlicht hatte. Ich weiß noch, wie wir lachten, als wir den «Brief» lasen und uns daran erinnerten, wie Antoscha in Taganrog mit seinen witzigen Improvisationen vor uns aufgetreten war. Aber natürlich gefiel es mir, dass mein Bruder so gut schreiben konnte und sogar in einer Zeitschrift gedruckt wurde. Und auch das Honorar, obwohl nicht hoch, kam der ganzen Familie zugute. So begann Anton mit literarischer Arbeit Geld zu verdienen, was seine Autorität in der Familie festigte.

Etwa in dieser Zeit passierte die Geschichte mit meinem Schulaufsatz. Einmal wurde uns (ich ging damals in die vierte Klasse) im Fach Literatur ein Hausaufsatz über Puschkin aufgegeben: «Welche Spuren hinterließen Peter der Große, Karl der XII., Kotschubej und Iskra, Masepa und Maria in Puschkins Poem ‹Poltawa›?».

Vor mir liegt mein Schulheft, fast voll geschrieben mit meiner

Kinderschrift. In diesem Heft kann man sehen, wie ich mich abmühte, einen «klugen» Aufsatz zu schreiben. Puschkins Poem «Poltawa» hatte ich mehrere Male gelesen, liebte es auf meine kindliche Art und kannte einige Strophen sogar auswendig. Aber der Aufsatz gelang mir zu meinem großen Ärger nicht. Nach vielen Versuchen schrieb ich ihn schließlich so:

Es sind schon hundert Jahre vergangen, als das geschah, was Puschkin in seinem Poem «Poltawa» so gut beschreibt. Es lebte einst Masepa, der sein Vaterland gemein verriet. Es gab Kotschubej, der wegen Masepa unschuldig leiden musste. Es gab Iskra und Maria. Poltawa ist ein Denkmal des Sieges von Peter I. über Karl XII. In Bendery gibt es drei Höhlen, tief in der Erde, mit moosbewachsenen Stufen: Das ist die Stelle, wo Karl so tapfer den Angriff der Türken abgewehrt hat. Masepa haben alle vergessen. Allein die Kirche, die ihn so lange getadelt hat, erinnert die Menschen an den Vaterlandsverräter. Still schlafen zwei Märtyrer den Schlaf des Todes, nur ihr Grab, das sich unter der Kirche befindet, erzählt von Kotschubej und Iskra. Auch von Maria, die wegen Masepa Vater und Mutter vergaß, spricht niemand mehr, nur der blinde ukrainische Sänger erinnert die jungen Kosakinnen manchmal an diese Verbrecherin.

Ängstlich zeigte ich Antoscha den Aufsatz und bat ihn, seine Meinung zu sagen. Im Heft sieht man, dass er den Aufsatz zunächst verbessern wollte, es dann aber sein ließ und unter den Text schrieb: «Ungeeignet. Manuskript zurück. Redakteur Gatzuk». Den Namen entlieh er dem Redakteur der «Zeitung von A. Gatzuk», die in Moskau erschien.

Seine Einschätzung traf mich, und ich versuchte noch zweimal, den Aufsatz zu schreiben, strich aber selbst alles durch, wie ich in meinem Heft sehen kann. Ich heulte fast vor Hilflosigkeit. Zu allem Unglück war unser Literaturlehrer sehr streng. Obwohl ich mich schämte, ging ich noch einmal zu meinem Bruder: «Antoscha, hilf mir …»

Er erbarmte sich und «half» mir, das heißt, er blätterte die Seite um, um meine Schöpferqualen nicht sehen zu müssen, und schrieb den Aufsatz für mich neu, wobei er meinen Stil, wenn man das so nennen kann, bewahrte.

Folgenden Aufsatz hat er ins Heft geschrieben, in seiner frühen Handschrift, deutlich und groß, mit Bleistift, wahrscheinlich, damit ich ihn leichter ins Reine schreiben konnte:

Etwas mehr als hundert Jahre sind vergangen, seitdem die Ereignisse stattfanden, die Puschkin in seinem wunderbaren Poem «Poltawa» beschreibt. Die Orte der von ihm beschriebenen Handlungen sind um Poltawa gelegen, und deshalb muss man auch die Spuren, die die Helden des Poems hinterlassen haben, bei Poltawa suchen. Poltawa selbst ist ein Denkmal des Sieges von Peter dem Großen über Karl XII.

In Bendery kann man drei Verstecke und in die Erde gegrabene moosbewachsene Stufen finden: Das ist der Ort, an dem Karl XII. tapfer den Angriff der Türken abwehrte. An Masepa erinnert man sich nur noch als an einen Vaterlandsverräter. Die Kirche, die ihn tadelte, hat die Menschen lange an diesen Verräter erinnert.

Von Iskra und Kotschubej erzählt ihr Grab, das sich hinter der Umzäunung einer ukrainischen Kirche befindet. Maria, die aus Ehrgeiz ihre edlen Eltern gegen Masepa tauschte, ist niemand mehr in Erinnerung, keiner spricht mehr von ihr. Nur manchmal erinnert der umherziehende ukrainische Sänger, der die alten Zeiten besingt, die jungen Zicklein an diese Verbrecherin.

Maria Glupzowa (Glupzowa assoziiert «glupy» = dumm, A. d. Ü.)

Ein Denkmal für Peter den Großen sind seine großartigen Umgestaltungen, deren Früchte dem russischen Land jetzt Nutzen bringen.

Ich sehe, dass die Wörter «edlen» und «umherziehende» durchgestrichen sind. Ich weiß nicht mehr, wer sie durchstrich, bestimmt nicht ich, denn ich hätte kaum den Mut gehabt, etwas zu verändern, was von einer so großen Autorität wie Antoscha geschrieben worden war. Aber der energische Strich durch die Unterschrift «Maria Glupzowa» stammt gewiss von meiner

Hand, obwohl ich sonst nicht beleidigt war, wenn mein Bruder mich aufzog.

Ich schrieb den Aufsatz sorgfältig in ein neues Heft und gab ihn ab. Ich weiß nicht mehr, ob ich das von Antoscha aus Spaß hingeschriebene Wort «kosotschkam» (Zicklein, A. d. Ü.) statt «kosatschkam» (Kosakinnen, A. d. Ü.) stehen ließ und was mein Literaturlehrer dazu sagte. Aber ich weiß noch genau, dass er mir für den Aufsatz eine Drei plus gegeben hat.

Als ich Anton erzählte, welche Zensur ich bekommen hatte, zeigte er keinerlei Regung. Unser Geheimnis gab er niemals preis. Wenn ich jetzt in den vergilbten Seiten blättere, dann empfinde ich bis zum heutigen Tag Scham für meine kindliche «Schandtat». Mich tröstet ein wenig, dass an dieser Schandtat ein großer russischer Schriftsteller beteiligt war. Der Schulaufsatz, den er für mich schrieb, wurde in seine gesammelten Werke aufgenommen.

* * *

Die Freundschaft zwischen Anton und mir wurde immer enger. Ich vertraute ihm all meine Gedanken an, vor ihm hatte ich keine Geheimnisse. Und er zahlte mir mein Vertrauen mit ebensolcher Offenheit zurück. Unter Antoschas Einfluss begann ich bewusster zu leben, ich lernte, meine Umgebung kritisch einzuschätzen. Das spiegelte sich auch in meinen Lernergebnissen wider.

Allmählich wurde Antoschas literarische Arbeit zu unserer Haupteinnahmequelle. Die Tage der Mittellosigkeit waren vorüber, und wir bekamen eine eigene Wohnung. Allerdings musste Anton dafür hart arbeiten. Wir wunderten uns alle über seine Ausdauer und Kraft. Er schaffte es, medizinische Vorlesungen an der Universität zu hören, in der Klinik zu arbeiten und gleichzeitig Erzählungen und Feuilletons zu schreiben.

Alle Familienmitglieder gaben sich die größte Mühe, Anton

zu unterstützen. Mutter und ich nähten ihm Kleider und kochten für ihn Speisen, die ihm schmeckten. Mischa kümmerte sich um seine Geldangelegenheiten: Er ging in die Redaktionen, um die Honorare abzuholen. Sogar Mutter übernahm Kurierdienste: Sie brachte das, was Anton am Tage geschrieben hatte, auf den Nikolai-Bahnhof zum Zug, der um zwölf Uhr nachts nach Petersburg ging, damit seine Erzählungen am nächsten Morgen in den Redaktionen der Petersburger Zeitungen und Zeitschriften waren.

Meine anderen Brüder kamen nur zu Besuch zu uns, am häufigsten mein Bruder Nikolai. Anton war mit Kolja gut befreundet und hatte große Hochachtung vor dessen Talent, außerdem verbanden sie gemeinsame Interessen: Sie arbeiteten für dieselben Zeitschriften und Verlage. Damals wussten übrigens nur wenige, dass der Schriftsteller Antoscha Tschechonte (Antons damaliger Künstlername) und der Maler Nikolai Tschechow Brüder waren. Nikolai zeichnete häufig Illustrationen zu Antons Erzählungen. Außerdem war Nikolai sehr musikalisch. Er hatte keine musikalische Ausbildung, spielte aber wundervoll Klavier. Als in unserer Wohnung endlich ein Instrument stand, spielte Nikolai darauf, wenn er uns besuchen kam, und Anton arbeitete gerne mit Musik. Sehr populär war in unserer Familie eine berühmte Rhapsodie von Liszt in der Ausführung von Nikolai Tschechow (diese Rhapsodie erwähnt Anton in seiner Erzählung «Vergessen!»).

Sinnlos früh endete das Leben von Nikolai Tschechow, diesem großen Maler. Ich erinnere mich, wie Anton sagte: «Ach, wenn ich Nikolais Talent hätte …»

Sein Bohemeleben führte dazu, dass er im einunddreißigsten Lebensjahr an einer schnell verlaufenden Schwindsucht starb, ohne etwas Großes und Bedeutendes geschaffen zu haben.

Mein ältester Bruder Alexander schloss sein Studium an zwei Fakultäten ab. In seinem Leben befasste er sich mit Naturwissenschaften und Literatur, war ein glänzender Linguist und talentierter Journalist. Aber keine seiner Begabungen konnte sich richtig entfalten, da er seine Kräfte für Kleinigkeiten vergeudete.

* * *

Nach Abschluss der Schule wollte ich meine Ausbildung fortsetzen und an einer Hochschule studieren. In Moskau gab es damals die höheren Lehrgänge für Frauen, begründet von Professor Gerje, davon träumte ich. Anton half mir und übernahm die Studiengebühren.

Das war im Herbst 1883. Mein Bruder studierte bereits im letzten Semester an der medizinischen Fakultät, und in Literaturkreisen hatte er sich als Verfasser humoristischer und satirischer Erzählungen über Alltags- und Gesellschaftsprobleme einen Namen gemacht.

Ich studierte mit Begeisterung. Vorlesungen hielten so bekannte Professoren wie der Historiker Kljutschewski, der Philosoph Lopatin, der Ökonom Tschuprow und andere. Ich lernte andere Studentinnen kennen und fand Freundinnen. Wir alle gaben uns damals die größte Mühe, «fortschrittlich» zu sein. Wir lasen viele Bücher mit historischer, philosophischer und gesellschaftlicher Thematik, darunter auch Karl Marx. Das Gelesene diskutierten wir lebhaft und hielten Referate. Manchmal trafen wir uns auch bei uns zu Hause. Für gewöhnlich endeten solche Treffen mit Tanz, Musik und Spielen. Meine Freundinnen kamen sehr gern zu mir: Die ungezwungen fröhliche Atmosphäre, die in unserem Hause herrschte, lockte sie. Große Anziehungskraft übte natürlich auch Anton auf sie aus. Er war zu dieser Zeit bereits ein bekannter Schriftsteller. Sein Charme, seine Kontaktfreudigkeit, seine Geistesschärfe und sein lebendiger Humor bezauberten meine Freundinnen. Viele, zum Beispiel die Kundassowa, die Efros und andere, waren auch später noch lange mit ihm befreundet.

1884 beendete Anton sein Studium, an unserer Eingangstür hing von nun an das Schild «Doktor A. P. Tschechow». Aber unser Alltag änderte sich dadurch nicht. Es fanden sich kaum Patienten, die sich von einem jungen Arzt behandeln lassen wollten. Seine Tätigkeit als praktischer Arzt begann Anton in Krankenhäusern der Moskauer Vororte – in Woskressensk und Swenigorod. In Moskau kamen vor allem Bekannte und Kranke, die zufällig auf sein Schild stießen. Nach wie vor war die Literatur die wichtigste Beschäftigung meines Bruders und die Haupteinnahmequelle für unsere Familie.

1886 beendete ich mein Studium und erhielt das Lehrerdiplom für Mittelschulen. Im selben Jahr begann ich in einem privaten Mädchengymnasium als Lehrerin für Geschichte und Geographie. Das war der Anfang meines selbständigen Arbeitslebens.

Meiner Meinung nach markiert das Jahr 1886 die Wende in Tschechows Biographie. Von da an war er als Schriftsteller populär. Das wirkte sich auch auf unser Familienleben aus und füllte es mit neuem Inhalt.

4 *Woskressensk und Babkino*

Unser Bruder Iwan arbeitete als Lehrer und lebte in Woskressensk (heute Istra) bei Moskau. Neben dem Schulgebäude hatte er eine große, schöne Wohnung. Dorthin fuhren wir im Sommer. Die beiden ersten Jahre kam Anton nicht mit, da er in Moskau mit seinen literarischen Arbeiten befasst war. Aber von 1883 an, als er bereits im letzten Studienjahr war, fuhr er gemeinsam mit uns in das kleine Städtchen.

In der Umgebung gab es wundervolle Wälder, Wiesen und den Fluss Istra. Die wunderschöne Landschaft, typisch für Mittelrussland, hat sich mir fürs ganze Leben eingeprägt. Anton liebte von klein auf leidenschaftlich die Natur. Die Kindheit hatte er im Süden verbracht, in einer Steppenlandschaft, und nun genoss er den Zauber der mittelrussischen Natur. Fast jeden Tag ging unsere lustige, laute Gesellschaft in den umliegenden Wäldern spazieren und besuchte das nahe gelegene Neujerusalemer Kloster. Anton war ein großer Angelfreund und saß stundenlang am Fluss Istra.

In der Nähe der Stadt lag das Tschikiner Bezirkskrankenhaus, das von dem wundervollen Arzt Pawel Archangelski geleitet wurde, bei dem angehende Ärzte gerne ein Praktikum machten. Auch Anton arbeitete 1883 in diesem Krankenhaus als Praktikant und 1884, nach Abschluss des Studiums, als Arzt. Im selben Sommer vertrat er auch im Krankenhaus von Swenigorod die Ärzte, die in Urlaub waren, und war als Landarzt tätig. Diese Arbeit gab Anton «eine Menge belletristisches Material», wie er selbst sagte. Für die Erzählungen «Chirurgie», «Der Flüchtling», «Bei der Obduktion», «Der tote Körper» und «Die Beamtenprüfung» zum Beispiel verwendete er Beobachtungen aus Tschikino und Swenigorod.

Unter unseren Bekannten in Woskressensk war die Familie des Obersten Boleslaw Majewski, Kommandeur einer Artilleriebatterie, die in der Stadt ihr Quartier hatte. Das war eine sehr sympathische Familie, in deren Haus sich außer Offizieren die ganze intelligente Gesellschaft der Umgebung traf. Fast zwanzig Jahre später, als ich Antons Stück «Drei Schwestern» las, erinnerte ich mich an Woskressensk, an die Batterie, die Artillerieoffiziere, an die ganze Atmosphäre im Hause Majewski.

Unter den Offizieren der Batterie gab es auch einen gewissen Oberleutnant Jewgraf Jegorow. Er war wie die anderen Offiziere Stammgast im Hause Majewski, und ich bin ihm dort häufig begegnet. Aber ein erwähnenswertes Gespräch zwischen uns beiden hat es nie gegeben. Und doch erhielt ich aus heiterem Himmel einen Brief von ihm, in dem er mir in sehr ernsten Worten einen Heiratsantrag machte. Ich war damals noch ein junges Ding, und mir war noch nie der Gedanke an eine Heirat gekommen. In meiner Verwirrung zeigte ich Anton den Brief und fragte ihn, was man in solchen Fällen antworte.

Mein Bruder las den Brief, beruhigte mich und sagte, er bringe die Sache selbst in Ordnung. Was er tat, weiß ich nicht. Wenn ich von nun an mit Jegorow bei den Majewskis zusammentraf, war es so, als sei nichts gewesen.

Jegorow quittierte bald seinen Dienst und wurde Landhauptmann im Gouvernement Nishegorod. Viele Jahre später, 1892, fuhr Anton zu ihm, um mit ihm Hilfsaktionen für die hungernden Bauern zu organisieren.

Wenn ich von der Familie Majewski erzähle, darf nicht unerwähnt bleiben, dass sie Kinder hatten – die Mädchen Anja und Sonja und den Jungen Aljoscha. In Antons Erzählung «Die Kinderschar» sind seine Erinnerungen an die drei eingegangen.

Einmal spielten wir bei den Majewskis im Hof Krocket, als

sich dem Tor eine festlich geschmückte Kutsche näherte, in der eine schöne Dame ganz in Weiß saß. Meine erste Empfindung war Ärger, weil unsere einfache, ungezwungene Atmosphäre zerstört wurde. Dann vernahm ich, wie die Dame zu meinem Bruder Iwan sagte: «Iwan Pawlowitsch, machen Sie mich mit Ihrer Schwester bekannt!» Sie entpuppte sich als die Besitzerin des Nachbarguts Babkino, das fünf Werst von Woskressensk entfernt lag – Maria Kisseljowa. Iwan hatte irgendwann ihren Mann Alexej Kisseljow kennen gelernt und war als Repetitor der Kinder eingestellt worden. So kam es zur Bekanntschaft mit den Kisseljows, aus der bald eine gute Freundschaft wurde.

Alexej Kisseljow war der Neffe des unter Nikolai I. berühmten Diplomaten Graf Kisseljow. Zur Zeit unserer Bekanntschaft waren die Kisseljows nicht mehr reich, sie besaßen lediglich das Gut Babkino, und Alexej Kisseljow war Landhauptmann. Bald verarmte er gänzlich und verpfändete das wunderschöne Gut, um seine Schulden bezahlen zu können.

Maria Kisseljowa war die Tochter des Direktors vom kaiserlichen Theater in Moskau, Wladimir Begitschew, und die Enkelin des bekannten russischen Aufklärers und Herausgebers Nikolai Nowikow. Sie selbst befasste sich mit Literatur, sie schrieb für Kinder. Mit dieser klugen, charmanten und ungeachtet ihrer äußerlichen Aristokratie sehr einfachen Frau freundete ich mich an.

Kurz vor meiner Abreise nach Moskau war ich einige Tage in Babkino zu Gast. Mir gefiel es bei den Kisseljows so gut, dass ich sogar meine Familie «verriet» und sich selbst überließ, ohne meine Hilfe im Haus. Ich bat Anton, für mich Partei zu ergreifen, damit meine Leute nicht ärgerlich auf mich waren, und erhielt von ihm folgenden Brief:

Unsere eigene Schwester! Ich fahre weg. Zu Hause versuche ich alle zu überzeugen. Wenn du es besser findest, in jenen Gefilden zu leben und nicht in diesen, bitte …

Im Frühling des folgenden Jahres planten wir erneut, aufs Land zu fahren. Wieder den Sommer in Woskressensk zu verbringen, hatte mein Bruder keine Lust, außerdem arbeitete Iwan nicht mehr dort: Er war entlassen worden, und der Grund dieser Entlassung war sein Bruder Nikolai. Das kam so:

Im Dorf Maximowka (in der Nähe von Babkino) lebte ein Töpfer. Seine Tonwaren gaben ganze Melodien von sich, wenn man auf sie klopfte. Der musikalische Nikolai hörte dies natürlich sofort. Zusammen mit Iwan kaufte er einen ganzen Berg Tontöpfe, kleine und große. Er machte Löcher in die Böden und hängte die Gefäße an einer Schnur im Hof der Sonntagsschule auf. Er erinnerte sich daran, wie gern er in Taganrog die Glocken geläutet hatte, und auch auf diesen Glöckchen brachte er die schönsten Melodien zustande, mit denen er die Kinderschar in Begeisterung versetzte, aber zugleich die Empörung der Schulleiterin, der scheinheiligen Zurikowa, erregte. Sie empfand dieses Tontopfgeläute als Verhöhnung und entließ Iwan.

Aus diesem Grund begann Anton im Februar, eine Datscha in der Nähe von Swenigorod zu suchen. Da schlugen die Kiseljows uns vor, ihr Seitengebäude in Babkino zu mieten. Angesichts der wunderschönen Natur nahm Anton das Angebot gerne an.

Und so fuhren wir am 6. Mai 1885 nach Babkino auf die Datscha, die wir «mit Möbeln, Gemüse, Milch und anderen Sachen» gemietet hatten, wie Anton an Lejkin, den Herausgeber der Wochenzeitschrift «Oskolki», schrieb.

Wie wir nach Babkino fuhren und was wir dort vorfanden, davon erzählt Anton in einem Brief an Mischa, der in Moskau geblieben war:

Jetzt ist es sechs Uhr morgens. Alle schlafen noch ... Eine ungewöhnliche Stille ... Nur die Vögel zwitschern, und hinter den Tapeten raschelt es. Ich schreibe diese Zeilen, während ich vor einem großen quadratischen Fenster in meinem Zimmer sitze. Ich schreibe und schaue hin und wieder aus dem Fenster. Vor meinen Augen breitet sich eine ungewöhnlich warme, Trost spendende Landschaft aus: das Flüsschen, in der Ferne der Wald, Safontjewo, nicht weit vom Haus der Kisseljows ... Der Bequemlichkeit halber schreibe ich alles der Reihenfolge nach auf:

a) Der Weg hierher war, gelinde gesagt, scheußlich. Auf der Bahnstation mieteten wir die beiden Klepper Andrej und Panochtej für drei Rubel pro Nase ... Die Klepper liefen in einem hanebüchenen Schritt. Als wir an der Bebuler Kirche ankamen, waren wir völlig schlapp und ausgelaugt. In Jeremejew bekamen wir etwas zu essen. Von Jeremejew bis zur Stadt brauchten wir vier Stunden – so grässlich war die Straße. Mehr als die Hälfte des Weges bin ich getorkelt. Über den Fluss sind wir unterhalb von Nikulino, bei Tschikino. Ich ritt voran (es war bereits Nacht), wäre beinahe ertrunken und nahm ein Bad. Mutter und Maria mussten wir mit dem Boot hinüberbringen. Du kannst dir vorstellen, was das für ein Gekreisch war, ein Gezisch wie von einer Dampflok und andere Äußerungen von entsetzten Frauen! Im Wald der Kisseljows riss den Kutschern ein Zugriemen ... Warten ... Und so ging es weiter. Als wir endlich in Babkino eintrudelten, war es schon ein Uhr nachts ... Sic!!

b) Die Tür zur Datscha war nicht abgeschlossen ... Wir wollten unseren Wirten keine Scherereien machen und gingen also hinein und zündeten die Lampe an. Was wir erblickten, übertraf all unsere Erwartungen. Die Zimmer sind riesig, Möbel mehr, als wir brauchen ... Alles ist äußerst sympathisch, komfortabel und bequem. Ständer für Streichholzschachteln, Aschenbecher, Kisten für Papirossy, zwei Handwaschbehälter und ... weiß der Teufel, was die freundlichen Wirte uns noch alles hingestellt hatten. So eine Datscha kostet in der Nähe von Moskau mindestens fünfhundert Rubel. Komm und überzeug dich. Ich habe mich häuslich eingerichtet, meine Koffer weggeräumt und gefuttert. Wodka getrunken und Wein, und ... es war so lustig, aus dem Fenster auf die immer dunkler werdenden Bäume zu schauen, auf den Fluss ... Ich habe eine Nachtigall schlagen hören und meinen Ohren nicht getraut ... Ich dachte, ich bin immer noch in Moskau ... Eingeschlafen bin ich hervorragend ...

Gegen Morgen ist Begitschew ans Fenster getreten und hat auf der Trompete geblasen, aber ich habe ihn nicht gehört und geschlafen …

c) Später habe ich eine Reuse aufgestellt und höre plötzlich eine Stimme: «Krokodil!» Ich gucke mich um und sehe am anderen Ufer Lewitan … Wir haben ihn mit der Kutsche abgeholt … Nach dem Kaffee bin ich mit ihm und dem Jäger (einem sehr typischen) Iwan Gawrilow auf die Jagd gegangen. Wir haben uns dreieinhalb Stunden rumgetrieben, ungefähr fünfzehn Werst zurückgelegt und einen Hasen umgelegt. Die Jagdhunde sind schlecht …

d) Jetzt zu den Fischen. Sie beißen schlecht. Ich fange Kaulbarsche und Gründlinge. Ich habe übrigens einen Großkopf gefangen, aber einen so kleinen, dass er nicht auf den Tisch gehört, sondern ins Gymnasium.

e) An Köderangeln gehen sie. Bei Wanja hat eine riesige Aalraute angebissen. Im Moment haben wir keine Raubfischangeln ausgelegt, da wir keine Köder haben …

f) O meine Reusen! Wie sich zeigt, kann man sie sehr bequem transportieren. Im Reisegepäck sind sie nicht zusammengedrückt worden, und an die Fuhrwerke haben wir sie hinten angebunden … Eine Reuse steht im Fluss. Es waren schon eine Plötze und ein riesiger Barsch darin. Der Barsch ist so groß, dass Kisseljow heute zu uns zum Mittagessen kommt. Die andere Reuse stand zuerst im See, aber es ist nichts reingegangen. Jetzt steht sie hinter dem See in einem Tümpel (davor an einer breiten Flussstelle); gestern war ein Barsch darin, und heute Morgen habe ich mit Babakin neunundzwanzig Karauschen rausgeholt. Wie findest du das? Heute gibt's bei uns Fischsuppe, als Hauptgang Fisch und Fisch in Gelee … Bringe deshalb zwei bis drei Reusen mit …

g) Maria Wladimirowna ist gesund. Sie hat Mutter ein Glas Konfitüre geschenkt und ist überhaupt teuflisch freundlich zu ihr. Sie schneidet mir aus (alten) französischen Zeitschriften Anekdoten aus … Kisseljow sitzt manchmal den ganzen Tag bei uns. Gestern hat er zur Pirogge drei riesige Gläser getrunken. Begitschew hat gegessen, aber nichts getrunken … Er hat sich damit begnügt, mit flehenden Augen die Wodkakaraffe anzustarren.

h) Ich trinke nichts, trotzdem ist der Wein schon alle. Der Wein ist so gut, dass Nikolai und Iwan unbedingt jeder eine Flasche mitbringen müssen (im Koffer, wie ich). Der hiesige Wein ist eine tolle Entdeckung. Was kann angenehmer sein, als nach dem Abendessen auf der Terrasse ein Gläschen Wein zu trinken! Erkläre es ihnen …

i) Lewitan wohnt in Maximowka. Er ist beinahe wieder gesund. Er nennt alle Fische Krokodil und hat sich mit Begitschew angefreundet, der ihn Lewiafan nennt. «Ohne Lewiafan ist mir langweilig!», seufzt Begitschew, wenn das Krokodil nicht da ist …

* * *

Ich weiß nicht mehr, wann ich Isaak Lewitan zum ersten Mal sah, aber es muss Anfang der achtziger Jahre gewesen sein, als Anton schon in Moskau lebte. Lewitan studierte mit unserem Bruder Nikolai an der Hochschule für Malerei, Bildhauerei und Architektur. Eine Zeit lang wohnten sie zusammen in den Zimmern an der Gartenstraße, wo die arme Studentenjugend hauste.

Als ich meinen Bruder dort einmal besuchen kam, machte Kolja uns miteinander bekannt: «Ach, die Schwester von Tschechow ist bereits ein junges Fräulein!», sagte der Freund meines Bruders verwundert und reichte mir die Hand.

Das war Lewitan. Er konnte das russische Zungen-R nicht aussprechen, und statt des «Sch» kam bei ihm ein «F» heraus. Ich hieß bei ihm Mafa statt Mascha.

Als Lewitan und Anton sich später kennen lernten, wurden sie schnell Freunde, Lewitan wurde ein Stammgast in unserer Familie. Er liebte die Natur und konnte mit seinem Talent die Schönheit der russischen Landschaft einfangen. Anton seinerseits war in der Literatur ein großer Meister, konnte diese Schönheit unvergleichlich beschreiben. Die Liebe dieser beiden Künstler zur Natur und die Hochachtung vor dem Talent des anderen brachten sie einander nahe.

Lewitan hatte ein ausdrucksvolles Gesicht, eine große Nase, sehnsüchtige dunkle Augen und einen Schopf dunkler Haare. Ich würde nicht sagen, dass er gut aussehend war, aber er hatte Erfolg bei den Frauen, war selbst leicht entflammbar und zeigte seine Gefühle. Manchmal allerdings befiel ihn dunkle Melancholie, dann wollte er sich umbringen, aufhängen, erschießen, aber diese Stimmungen gingen vorüber.

Es war kein Zufall, dass er zur selben Zeit wie wir in Babkino war. Anton hat Lewitans Zustand in einem Brief einmal so beschrieben:

Hier wohnt der Maler Lewitan ... Mit dem Armen geht etwas Ungutes vor sich. Eine beginnende Psychose. Ich wollte mit ihm in der Osterwoche ins Gouvernement Wladimir fahren, damit er auf andere Gedanken kommt (er war es, der mich dazu aufgehetzt hat), als ich aber am verabredeten Reisetag zu ihm kam, hörte ich, er sei in den Kaukasus gefahren ... Ende April kehrte er von irgendwoher zurück, nur nicht aus dem Kaukasus ... Er hatte sich erhängen wollen ... Ich habe ihn mit auf unsere Datscha genommen und fahre ihn spazieren ... Es scheint, als ob ihm jetzt leichter ist ...

In der ersten Zeit lebte Lewitan im Dorf Maximowka, zog dann aber auf Antons Drängen in ein kleines Nebengebäude zu uns nach Babkino. An sein Häuschen hängte Anton aus Spaß ein Schild: «Kreditkasse des Kaufmanns Lewitan». Niemand konnte daran vorbeigehen, ohne zu lachen.

Lewitans Melancholie ging vorüber. Was die beiden dann alles in Babkino zusammen ausheckten, geht auf keine Kuhhaut! Wir bogen uns vor Lachen! Für die Pantomime «Wie der Beduine Tschechow den Muselman Lewitan ermordet» zum Beispiel breitete Lewitan einen kleinen Teppich aus, kniete nieder und betete gen Osten. Anton schlich von hinten heran und schoss aus einem ungeladenen Gewehr auf ihn. Erschrocken drehte sich Lewitan um und sank zu Boden. Oder die «Gerichtsverhandlung gegen Lewitan», an der Kisseljow als Gerichtsvorsitzender und

Anton als Staatsanwalt teilnahmen. Beide traten in goldbestickten Uniformen auf (aus der Garderobe von Kisseljow und Begitschew). Kurz zuvor hatte Anton an den Architekten Franz Schechtel – ein gemeinsamer Freund von Anton, Lewitan und Nikolai – geschrieben:

Lassen Sie Ihre Architektur sein! Wir brauchen Sie unheimlich dringend. Es ist so, dass wir (Kisseljow, Begitschew und ich) nach allen Regeln der Jurisprudenz, mit Staatsanwälten und Verteidigern, über den Kaufmann Lewitan Gericht halten wollen, der beschuldigt wird a) der Verweigerung der Militärpflicht, b) der heimlichen Schnapsbrennerei (Nikolai trinkt offensichtlich bei ihm, denn sonst kann er nirgends trinken), c) des Führens einer heimlichen Kreditkasse, d) der Unmoral usw. Bereiten Sie eine Rede als Zivilkläger vor.

Man muss Antons vor Scharfsinn sprühende Anklagerede auf diesem «Gericht» gehört haben! Nikolai spielte einen Zuschauer, der vor Rührung weinte … Selten waren wir in unserem Leben noch einmal so heiter und ausgelassen und hatten so viel Spaß wie in Babkino.

Und was für wundervolle romantische Abende wir im Park vor dem großen Haus der Kisseljows verbrachten! Stellen Sie sich einen warmen Sommerabend vor, ein schönes Landgut, das auf einem hohen Steilufer steht, unten der Fluss, hinter dem Fluss ein riesiger Wald … Nächtliche Stille … Durch die offenen Fenster und Türen dringen die Töne der Beethoven-Sonaten, der Nocturnes von Chopin … Die Kisseljows, unsere gesamte Familie und Lewitan sitzen und hören dem großartigen Klavierspiel von Jelisaweta Jefremowa, der Gouvernante der Kisseljow'schen Kinder, zu.

«Frecklich fön!», sagt Lewitan.

Manchmal sang der frühere Hauptdarsteller vom Bolschoi-Theater, der Tenor Wladislawlew, der bei den Kisseljows zu Besuch war. Es sang auch Maria Kisseljowa selbst.

Ab und an wurden die Musikabende durch ein literarisches

Programm ersetzt. Wir lauschten zum Beispiel den interessanten Erinnerungen von Begitschew an seine Zeit als Direktor der Kaiserlichen Theater in Moskau.

Anton improvisierte viel. Er trug Szenen und Sujets vor oder dachte sich kleine literarische Miniaturen aus. Später, wenn ich eine neue Erzählung meines Bruders las, merkte ich, dass ich das schon einmal gehört hatte … Sobald ich zurückdenke, tauchen vor meinem Auge die Sommerabende in Babkino auf, unsere große Gesellschaft, die überall verteilt sitzt: auf den Stufen, dem Geländer, und Anton, dem alle aufmerksam zuhören. Ich weiß nicht, ob er schon damals Notizbücher führte, aber so oder so ist es bemerkenswert, dass er die Sujets seiner Erzählungen so lange im Kopf behielt, ohne sie zu verwenden, bis sie endlich «reif» waren.

In vielen Briefen an die Kisseljows fragt Anton nach dem «falschen Fünfziger», schickt Grüße an ihn und so weiter. Dieser «falsche Fünfziger» war der lustige Hund der Kisseljows, der einen immer mürrisch und schief anschaute, weswegen er von Anton diesen Spitznamen bekam. Während der Musik- und Literaturabende in Babkino saß der «falsche Fünfziger» meist bei uns auf der Treppe. In einem der Briefe an die Kisseljowa erinnert sich Anton an diese «Abende auf der Freitreppe (…) in Gegenwart von dem kleinen falschen Fünfziger und Lewitan».

* * *

In Babkino hielt Anton jeden Tag Arztsprechstunde. Seine Patienten waren Bauern aus der Gegend. Damals gab es auf dem Land nur sehr wenige Ärzte, und die Bauern kamen, wenn sie medizinische Hilfe brauchten, meist zu den Gutsbesitzern, die in der Nähe lebten, weil diese gebildete Leute waren, die sich mit Krankheiten auskannten. Auch zu Maria Kisseljowa kamen die Bauern, und sie «behandelte» sie, so gut sie konnte. Es war ein Glück, wenn die Bauern an kultivierte und kluge Menschen, wie die Kisseljowa, gerieten, Leute, die wussten, dass sie nur unkomplizierte und allgemein bekannte Krankheiten behandeln durften.

Als wir im Sommer nach Babkino kamen, freute sich die Kisseljowa sehr zu erfahren, dass Anton Arzt war. Anfangs holte sie ihn lediglich bei mehr oder weniger ernsthaften Fällen, später führten sie die Sprechstunde zu zweit durch, obwohl es richtiger wäre zu sagen, zu dritt, da auch ich sehr rege an der Praxis teilnahm, allerdings meist als «niederes medizinisches Personal». Ich erledigte die Handlangerdienste.

Mit der Zeit erwarb ich bei diesen Sprechstunden allerdings so viel Erfahrung, dass ich, wenn Anton nicht zu Hause war, den Kranken selbst die Arznei verabreichte. Ich erinnere mich an einen Fall, bei dem ich wegen meiner Unwissenheit sehr litt: Ein kleines Bäuerlein kam und klagte über Bauchschmerzen. Ich beschloss, ihm Rizinusöl zu geben, gab ihm aber stattdessen Kampfer. Als ich meinen Fehler später bemerkte, erschrak ich: «Was wird jetzt passieren?» Den ganzen Tag war ich außer mir und konnte in der Nacht nicht schlafen. Als das Bäuerlein am anderen Tag quietschvergnügt wiederkam, war ich überaus froh und stürzte zu ihm: «Und? Wie geht's?»

«Ach, mein Täubchen, ich bin dir ja so dankbar! Du hast mir gestern so geholfen. Deswegen komme ich ja heute wieder …»

Ich war überglücklich, aber gleichzeitig in einer Sackgasse: «Was soll ich ihm bloß heute geben?» Und Anton kam und kam nicht …

* * *

Bei einem Waldspaziergang traf ich Lewitan. Wir unterhielten uns über dieses und jenes, und auf einmal kniete Lewitan vor mir nieder und machte mir eine Liebeserklärung. Ich weiß noch, wie verlegen ich war, irgendwie habe ich mich geschämt und die Hände vors Gesicht geschlagen.

«Liebe Mafa, jeder Fleck auf deinem Gesicht ist mir lieb und teuer …», hörte ich Lewitan sagen.

Mir fiel nichts Besseres ein, als mich umzudrehen und wegzulaufen.

Den ganzen Tag saß ich verstimmt in meinem Zimmer und weinte ins Kissen. Lewitan kam wie immer zum Mittagessen. Ich verließ das Zimmer nicht. Anton fragte die anderen, warum ich nicht da sei. Mischa, der gesehen hatte, dass ich weinte, erzählte ihm davon. Da stand Anton vom Tisch auf und kam in mein Zimmer.

«Was heulst du?»

Ich erzählte ihm, was geschehen war und dass ich nicht wisse, was ich Lewitan jetzt sagen sollte.

Mein Bruder antwortete mir: «Du kannst ihn natürlich heiraten, wenn du willst, aber du musst wissen, er braucht Frauen im Balzac-Alter, nicht solche wie dich.»

Es war mir peinlich, Anton zu gestehen, dass ich nicht wusste, was «Frauen im Balzac-Alter» seien, doch ich fühlte, dass er mich vor etwas warnen wollte. Lewitan habe ich damals nichts erwidert, und er ging eine ganze Woche lang als finsterer Schatten durch Babkino. Ich verließ das Haus nicht mehr. Bald wussten alle Bewohner von Babkino Bescheid.

Da kam Begitschew des Wegs und rief: «Komm, Marjuschka, wir gehen ein bisschen spazieren.» Er hängte sich bei mir ein und führte mich direkt zu Lewitan. Je näher wir kamen, desto fester drückte er meinen Ellenbogen, damit ich ihm nicht weglief.

Aber wie es immer im Leben ist, gewöhnte ich mich daran und ging Lewitan nicht mehr aus dem Weg. Und damit war unsere «Affäre» vorbei. Sein ganzes Leben blieben wir die besten Freunde. Er half mir sehr bei meinen Malübungen. Mehrmals noch, auch kurz vor seinem Tod, als ich den Schwerkranken besuchte, wiederholte er: «Wenn ich in meinem Leben geheiratet hätte, dann nur Sie, Mafa …»

Doch Lewitan war es nicht bestimmt zu heiraten. Er hatte sein ganzes Leben lang Frauengeschichten. Einmal war er so schlimm in eine Affäre verwickelt, in der die Heldinnen Mutter und Tochter waren, dass er sich sogar duellierte. Anton fuhr damals gleich zu dem Landsitz, auf dem das Ereignis stattgefunden hatte, um Lewitan zu verarzten, und blieb eine Woche bei ihm. Aber bei Lewitan mussten weniger die Wunden heilen als vielmehr die psychischen Verletzungen.

Später hat Lewitan mir sein Geheimnis anvertraut: «Zum Teufel auch! Verstehen Sie, Mafa, Mutter und Tochter ...»

Woraufhin ich zu ihm sagte: «Das haben Sie von Maupassant...»

Über eine andere Frauengeschichte Lewitans, die in Tschechows Erzählung «Irrwisch» eingegangen ist, wurde ebenfalls viel geredet und geschrieben. Sosehr Anton die «Anschuldigungen» auch abwehrte, das Verhältnis zwischen dem Maler Rjabowski und dem «Irrwisch», der Dymowa, und das Sujet der Erzählung erinnern in vielem an das, was zwischen Lewitan und der Malerin Kuwschinnikowa passiert war. Trotzdem kann man natürlich Lewitan und Rjabowski nicht gleichsetzen. Diese Erzählung war der einzige Grund, warum es zeitweilig, ungefähr drei Jahre, zum Bruch zwischen Lewitan und Anton kam. Im Januar 1895 brachte dann unsere gemeinsame Bekannte Tatjana Schtschepkina-Kupernik Lewitan mit nach Melichowo. Er und Anton begrüßten sich herzlich und froh. Lewitan, der bei uns den Abend und die Nacht verbrachte, fuhr am frühen Morgen wieder ab und hinterließ meinem Bruder einen Zettel, auf dem stand:

Ich bin unsagbar glücklich, dass ich wieder bei den Tschechows bin. Ich bin zu dem zurückgekehrt, was mir immer lieb und teuer war und nie aufgehört hat, es zu sein.

Der Zwist war vergessen, und in unserem Haus erklang wieder die liebe Stimme des «Krokodils».

Lewitan liebte Tschechow zärtlich. Als mein Bruder 1897 plötzlich krank wurde, schickte Lewitan ihm einen beunruhigten Brief, schlug vor, gemeinsam zur medizinischen Behandlung ins Ausland zu fahren, und fragte, ob Anton Geld brauche.

Ach, warum bist du krank, wozu ist das nötig, tausend eitle und gemeine Menschen erfreuen sich bester Gesundheit! Das ergibt doch keinen Sinn!

Um Lewitans Gesundheit stand es zu dieser Zeit ebenfalls nicht gut. Er litt an einer schweren Herzkrankheit. Ich führe einen Brief von ihm an, den er mir damals schickte und den ich hier erstmals veröffentliche:

Meine gute Maria Pawlowna! Ich habe an Anton Pawlowitsch geschrieben, aber keine Antwort erhalten, woraus ich schließe, dass er nicht auf dem Lande ist. Wo ist er, und das Wichtigste, wie steht es um seine Gesundheit? Dieser Tage hat ein Bekannter von mir gelesen, Anton Pawlowitsch sei in Odessa gewesen. Stimmt das? Auf der Durchreise? Hat man ihm etwa geraten, in den Süden zu fahren? Mascha, mein Täubchen, schreiben Sie mir über alles.

Was für eine wundervolle Erzählung Anton geschrieben hat – «Die Bauern». Das hat mich tief bewegt. Er hat darin eine einmalige künstlerische Dichte erlangt. Ich bin begeistert von ihm.

Was machen Sie, mein liebes, tüchtiges Mädchen? Ich möchte Sie schrecklich gern wieder sehen, aber mir geht es so schlecht, dass ich mich sogar vor der Fahrt zu Ihnen fürchte, noch dazu bei dieser Hitze. Im Ausland habe ich mich etwas erholt, bin aber dennoch furchtbar schwach, und zwei Stunden im Waggon zu verbringen und dann noch zehn Werst auf schlechter Straße, das übersteigt meine Kräfte. Wenn es kälter wird, kann ich mich vielleicht entschließen, zu Ihnen zu kommen. Ich arbeite wenig, ermüde unglaublich schnell. Außerdem bin ich pleite und habe kein Geld mehr zum Leben! Wahrscheinlich habe ich mein Lied zu Ende gesungen. Wie geht es den Ihren, sind sie gesund? Grüßen Sie sie von mir. Ihr innigst ergebener Lewitan.

Zwei Jahre später, im Dezember 1899, besuchte uns Lewitan

in Jalta. Um seine Gesundheit stand es damals bereits so schlecht, dass ich, als wir in den Bergen spazieren gingen, ihm einen Stock hinhielt, an dem ich ihn hochzog.

Ein halbes Jahr später starb Lewitan im Alter von nur neununddreißig Jahren. Anton grämte sich über den frühen Tod seines Freundes und wollte immer einen Aufsatz über ihn schreiben, hat es aber nicht fertig gebracht.

Bald nach Lewitans Tod überreichte mir sein Bruder Adolf Iljitsch die Kopie einer testamentarischen Aufzeichnung Lewitans, in der er darum bat, nach seinem Tod alle seine Briefe zu verbrennen. Adolf Lewitan erfüllte den Willen seines Bruders. Deshalb sind alle Briefe Lewitans an Tschechow unbekannt geblieben.

* * *

Doch meine Erzählung über Babkino ist noch nicht zu Ende. Die Erinnerungen an das Dorf wären nicht vollständig, wenn man nicht die Kisseljow'schen Kinderchen erwähnte, das Mädchen Sascha und den Jungen Serjosha. Ich habe schon mehrfach erzählt, wie sehr mein Bruder Kinder liebte. Und auch die Kisseljow'schen Kinder gewann er natürlich lieb und freundete sich mit ihnen an.

Die humoristische Erzählung «Weich gekochte Stiefel», enthalten in der vollständigen Werkausgabe, ist den Kisseljow'schen Kindern gewidmet.

Sascha war ein lebhaftes Mädchen von ungefähr zehn Jahren. Anton nannte sie zum Spaß Wassilissa und sie ihn Wassenka. Lewitan malte einmal eine Ansicht von der Krim in ihr Poesiealbum, und Anton schrieb darunter: «Vor sich sehen Sie eine Zypresse, Wassilissa.»

Von ihr ist auch in einem der wenigen Gedichte von Tschechow die Rede:

Lieblichen Babkinos leuchtender Stern!
Die Jugend verfliegt im Allegro:
Von der Kirsche bleibt der Kern,
Vom Gelage – Rauch und Senfbrot.

Zwölf Jahre später erhielt Tschechow einen Brief von Sascha, in der sie ihre Hochzeit ankündigte. Wie mein Bruder mir mitteilte, hatte «ihr Bräutigam namens Ljuter einen Zusatz zum Brief gemacht und mit ‹Erbadel› unterschrieben. Ich weiß gar nicht, was ich antworten soll.»

Das war das Ende von Antons freundschaftlicher Beziehung zu dem Mädchen Wassilissa, die die Gattin eines «Erbadligen» wurde …

Ihr Bruder Serjosha hat, als er ins Gymnasium ging, eine Zeit lang bei uns in Moskau auf der Sadowaja Kudrinskaja gewohnt. Später arbeitete er im Theater und heiratete eine Schauspielerin aus dem Zigeunerchor.

* * *

Mit Babkino ist der Beginn meiner Malübungen verbunden. Das kam so: Wir sind damals auch im Winter zu den Kisseljows auf die Datscha gefahren. Wir blieben eine Weile da, erholten uns und fuhren dann wieder zurück nach Moskau. Während eines solchen Winteraufenthalts erwachte in mir der Wunsch, ein Bild in Öl zu malen, und zwar die Ansicht, die sich einem bot, wenn man aus dem Wohnzimmer des Kisseljow'schen Hauses blickte: eine Winterlandschaft mit dem schwarzen Daraganer Wald in der Ferne. Meine Studie war nicht übel. Nach Moskau zurückgekehrt, zeigte ich sie Lewitan.

«O Mafa, wundervoll, auch Sie haben Talent!», sagte er.

Dieses Lob freute mich, und ich begann, mich ernsthaft mit Malerei zu befassen.

Auch auf Antons Schreiben hat das Leben in Babkino zweifellos starken Einfluss genommen. Seine großartigen Beschreibungen der Natur Mittelrusslands sind von der Landschaft in Babkino inspiriert. Eine Reihe von Erzählungen sind sogar direkt mit Babkino verbunden, wie zum Beispiel «Die Hexe» und «Eine üble Sache». Ich glaube, das Wächterhäuschen und die Polewschtschiner Kirche am Daraganer Wald, wo wir spazieren gingen, Pilze sammelten und von wo nachts stündlich das Glockengeläut kam, existieren noch heute. Die bekannte Erzählung «Die Aalquappe» ist naturgetreu, es gab diesen Fall wirklich, als sich die Kisseljows einen Badesteg bauen ließen. Im Grafen Schabelski in seinem Theaterstück «Iwanow» kann man leicht Wladimir Begitschew wieder erkennen und so weiter.

5 *Auf der Sadowaja Kudrinskaja*

Bis 1886 sind wir innerhalb Moskaus sehr oft umgezogen. Je besser die materielle Situation unserer Familie war, desto schöner wurden unsere Wohnungen. Doch häufig hatten wir Pech. Im Herbst 1885 mieteten wir zum Beispiel eine Wohnung auf der Jakimanka. Nach einiger Zeit stellte sich heraus, dass sie schrecklich feucht war, und als wir zu heizen begannen, bildete sich Schimmel an den Wänden. Anton bekam in dieser Zeit seinen Husten (manchmal spuckte er auch Blut, aber davon sagte er uns nichts), diese feuchte Wohnung war entsetzlich für ihn. Nach anderthalb Monaten zogen wir in die Wohnung gegenüber.

Dort gab es eine andere Unannehmlichkeit. Direkt über uns befand sich ein Saal, der für Bälle, Hochzeiten, Trauerfeiern und Ähnliches vermietet wurde. Aus diesem Grund fanden wir weder am Tag noch in der Nacht Ruhe. Über unseren Köpfen waren ständig Musik und das Stampfen tanzender Füße zu hören. Unter solchen Umständen konnte mein Bruder natürlich nicht arbeiten.

In diesem Haus hatten wir ebenfalls einen großen Saal und luden deshalb manchmal Gäste ein. Das waren Freunde und Bekannte meiner Brüder, auch meine eigenen Studienkameradinnen. Besonders zu Weihnachten und zu Ostern ging es bei uns hoch her. In der Osternacht ging Anton gerne mit einer großen Gesellschaft durch Moskau spazieren. Zuerst liefen wir zur Steinernen Brücke, um uns das Glockengeläut anzuhören. An der breiten Moskwa klangen die Glocken besonders schön und feierlich. Bis zur Morgendämmerung lag Stille über der Stadt. Aber dann schlug die erste schwere Glocke im Kreml, dann die zweite, die dritte … und kurz darauf begannen alle Glocken in diesem großen Glockenturm zu läuten. Dazu gesellten sich die Glocken der anderen Kirchen, und laut und schön erklang das berühmte Moskauer Osterglockengeläut.

Hatten wir lange genug auf der Brücke gestanden, gingen wir nach Hause und besuchten auf dem Rückweg verschiedene Kirchen, um den Gottesdienst mit dem Chor anzuhören und den geschmückten Innenraum zu bewundern. In jeder Kirche blieben wir eine Zeit lang. Ich erinnere mich, wie wir in einer Kirche einen bekannten Maler trafen (an den Namen kann ich mich nicht mehr erinnern). Anton fragte ihn leise: «Sagen Sie bitte, wie heißt diese Kirche?»

«Weiß der Teufel!», entgegnete der Maler in vollem Ernst.

Diese Antwort kam so unerwartet und war so kurios, dass Anton und wir alle uns nicht halten konnten und losprusteten.

Am ersten Ostertag lud mich mein Bruder manchmal ein, mit ihm in die Christi-Erlöser-Kathedrale, in der Nikolai zusammen mit den Malern Sorokin und Prjanischnikow die Wände der Galerie bemalt hatte, zum Abendgottesdienst zu gehen. Während des Gottesdiensts stand Anton wie angewurzelt, ohne sich zu bekreuzigen, und schaute aufmerksam zu. Ihn interessierte nur die äußerliche Seite des Gottesdienstes.

Im Frühjahr 1886 zogen wir auf die Datscha nach Babkino, wo wir den Sommer verbrachten, doch mit dem Nahen des Herbstes mussten wir uns eine neue Wohnung suchen. Anfang August fuhr ich deshalb nach Moskau, um mir einige Wohnungen anzusehen, und entschied mich für das nicht allzu große zweistöckige Haus des Arztes Jakow Kornejew auf der Sadowaja Kudrinskaja (heute das Haus Nr. 6). Hier befindet sich seit 1954 das Tschechow-Museum. Allerdings kostete die Wohnung für damalige Verhältnisse und auch für unseren Geldbeutel recht viel – sechshundertfünfzig Rubel im Jahr, dabei hatte mein Bruder nicht einmal genügend Geld, um für zwei Monate im Voraus zu bezahlen, wie es der Vermieter forderte. Doch die Wohnung verlockte mich durch die günstige Lage der Zimmer, die über zwei Etagen verteilt waren, durch die Nähe zum Stadtzentrum und durch das gute Stadtviertel, in dem sie lag. Anton lieh sich bei dem Verleger der Zeitschrift «Oskolki», Nikolai Lejkin, Geld, und wir mieteten diese Wohnung.

* * *

Als wir umgezogen waren und uns eingerichtet hatten, gefiel Anton die neue Wohnung sehr. Wir teilten die Zimmer folgendermaßen auf: Im Erdgeschoss lagen die Diele, davon links abgehend Antons Arbeitszimmer, aus dem Arbeitszimmer führten zwei Türen in die so genannten Belvederen (Erker mit Fenstern zur Straße, weshalb Anton dieses Haus ironisch «Kommode» nannte). Im Belvedere auf der Hofseite befand sich Mischas Schlafzimmer und daneben, im zweiten Belvedere, das von Anton. Rechts von der Diele gingen die Küche und zwei Zimmer für das Dienstpersonal ab. In der Mitte der Diele führte eine Treppe in den ersten Stock, unter der Treppe wohnte unser Hund Korbo. Im ersten Stock war die Aufteilung der Zimmer folgendermaßen: In den beiden oberen Belvederen (über Mischas und Antons Schlafzimmern) lag mein Zimmer, daneben (über Antons Arbeitszimmer) das Wohnzimmer, danach kam ein Durchgangszimmer ebenfalls mit einem Belvedere, das über dem Haupteingang zum Hof hinaus lag. Aus diesem Zimmer führte eine Tür ins Esszimmer, daneben lag das Zimmer unserer Mutter, Jewgenja Jakowlewna. Unser Vater wohnte damals nicht bei uns, sondern bei unserem Bruder Iwan, ganz in der Nähe, in derselben Straße. Er kam jeden Tag.

Zum ersten Mal hatten wir eine große und bequeme Wohnung.

Fast vier Jahre haben wir dort gewohnt. Hier schrieb Anton

Plan der Wohnung der Tschechows im Haus von Kornejew auf der Sadowaja Kudrinskaja

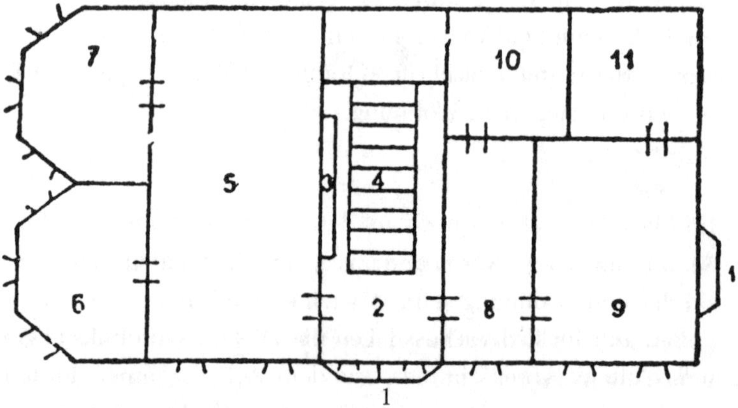

Parterre: 1. Haupteingang – 2. Diele – 3. Garderobe – 4. Treppe in den ersten Stock – 5. Anton Tschechows Arbeitszimmer – 6. Michail Tschechows Zimmer – 7. Anton Tschechows Schlafzimmer – 8–9. Küche – 10. Zimmer des Zimmermädchens – 11. Zimmer der Köchin – 12. Hintereingang

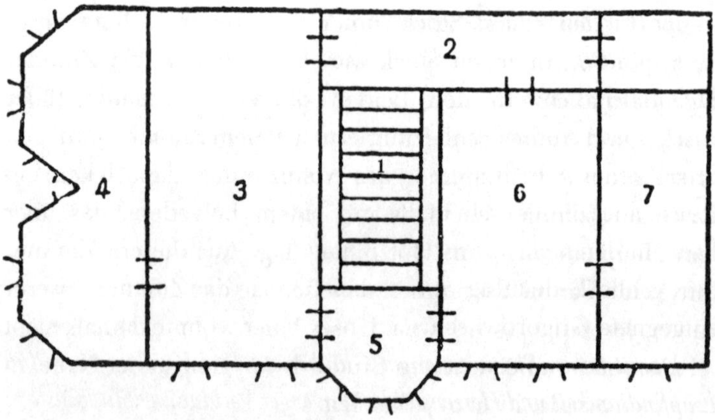

Erster Stock: 1. Treppe ins Parterre – 2. Korridor – 3. Wohnzimmer – 4. Zimmer von Maria Tschechowa – 5. Durchgangszimmer mit Belvedere – 6. Esszimmer – 7. Zimmer der Mutter

seine ersten großen Werke (darunter «Die Steppe», «Glück» und das erste Theaterstück «Iwanow»). In diesem Haus besuchten uns Grigorowitsch, Korolenko, Tschaikowski, Pleschtschejew und viele andere Männer aus Literatur und Kunst, die auf den jungen Schriftsteller Tschechow aufmerksam geworden waren.

* * *

Im März 1886, als wir noch auf der Jakimanka wohnten, erhielt Anton, der seine Erzählungen damals mit dem Künstlernamen «Tschechonte» unterschrieb, überraschend einen Brief von dem damals sehr bekannten russischen Schriftsteller Dmitri Grigorowitsch. In diesem Brief sprach der ehrwürdige sechzigjährige Schriftsteller zum ersten Mal davon, dass Tschechow seiner Meinung nach «echtes Talent» besitze, das ihn «weit aus dem Kreis der Literaten der neuen Generation» heraushebe. Das müsse er, Tschechow, wissen und folglich seine Begabung und seine literarische Arbeit sehr ernst nehmen. Dieser Brief erregte meinen Bruder sehr. Er antwortete Grigorowitsch:

Ihr Brief hat mich getroffen wie ein Blitz. Ich hätte fast geweint, habe mich furchtbar aufgeregt und fühle jetzt, dass er eine tiefe Spur in meiner Seele hinterlassen hat.

In späteren Jahren, als mein Bruder bereits ein bekannter Schriftsteller war, hörte er viele freundliche Worte über seine Kunst, aber dieses erste Echo des alten, geachteten Schriftstellers hatte für den sechsundzwanzigjährigen Anton Tschechow besonders große Bedeutung. Auf den erregten Brief meines Bruders entgegnete Grigorowitsch:

Damit haben Sie nur meinen Glauben an Ihre Begabung bestätigt: Empfindsamkeit und Herzensbildung in enger Verbindung mit künstlerischem Talent.

Zwei Jahre später schrieb mir mein ältester Bruder Alexander, der zu dieser Zeit in Petersburg in der Redaktion der Zeitschrift «Nowoje Wremja» arbeitete, über Grigorowitschs Verhältnis zu Anton:

Gestern kam Grigorowitsch aus Nizza hier an, küsste mich und jammerte, dass es bei uns in Russland keine Kritik gebe und dass man bei uns so ein «Genie» wie Anton nicht genügend schätze. Im Ausland hat er sich wenig erholt, er fühlt immer noch eine «Unruhe» in der Brust, ist deshalb hektisch und wird schnell nervös.

Er hat Antons «Erzählungen» gekauft, obwohl ich ihm anbot, ihm ein Exemplar zu schicken, wohin er wünscht. Heute ist er nach Moskau gefahren. Sowohl im Ausland als auch in Russland schleppt er ständig Antons Sachen mit, liest, macht mit dem Bleistift Notizen an den Rand und geht wahrscheinlich den Reisenden im Zugabteil auf die Nerven. Im Ausland jedenfalls ist Anton bekannt, und man rügt ihn gewiss sehr dafür, dass er so gut schreibt, sodass Grigorowitsch im Abteil niemanden schlafen lässt. Solch einen leidenschaftlichen Enthusiasten und Propagandisten von Antons Ruhm habe ich noch nie gesehen. Ich glaube, er ist sogar bereit, Anton eine Ohrfeige zu geben, nur um ihm zu beweisen, dass er ein «Genie» ist. In der Redaktion hat er sich aus heiterem Himmel auf Shitel (Alexander Djakow) gestürzt und ihm Vorwürfe gemacht, dass man Anton angeblich kränke. Shitel hörte lange zu, dachte dann bei sich: ‹Na, der Alte spinnt. Wer zum Teufel beleidigt hier Tschechow? Bei dem ist ja eine Schraube locker …› Ich musste mir etwas Ähnliches anhören: «Mein lieber Tschechow, sagen Sie Ihrem Bruder, dass Turgenjew, wenn er noch lebte, sich glücklich geschätzt hätte, wenn er solch einen Satz wie den Vergleich des Morgenrots mit glimmender Asche geschrieben hätte. Viele, viele wunderbare Stellen gibt es bei Tschechow. Ich streiche sie alle an. Uch – ein Talent. Uch – eine Kraft! Schade, dass er immer nur so kleine Sachen schreibt.» «Die Steppe» hat er noch nicht gelesen (zum Zeitpunkt unseres Gesprächs). «Das Feuer» gefällt allen außerordentlich gut. Alle, die Ahnung haben, bedauern, dass eine so wundervolle Erzählung in der Sommerausgabe der Zeitschrift erschienen ist. Wäre sie im Winter erschienen, hätte sie Aufsehen erregt. So jedenfalls sagen alle.

Bei einem seiner Moskauer Aufenthalte kam uns Grigorowitsch einmal abends auf der Sadowaja Kudrinskaja besuchen. Anton empfing ihn unten in seinem Arbeitszimmer. Oben bei mir saßen zu dieser Zeit meine Freundinnen, meine Brüder und deren Freunde. Im Wohnzimmer wurde gelacht, es war laut, Musik, Getrampel. Meine Freundin Darja Mussina-Puschkina (mit dem Spitznamen Drischka) zeigte uns, wie die Kavaliere aus den unterschiedlichen Gesellschaftsschichten tanzten.

Bei dem Gespräch mit Anton schielte Grigorowitsch von Zeit zu Zeit nach oben, schließlich hielt er es nicht mehr aus und fragte: «Hören Sie mal, Tschechow, was ist das bei Ihnen dort oben für ein Krach?»

«Ach, meine Schwester hat Besuch von ihren Freundinnen», antwortete Anton.

«Wollen wir nicht hinaufgehen?»

«Natürlich! Kommen Sie!»

Und plötzlich sahen wir, wie in Antons Begleitung ein schöner, eleganter alter Mann mit grauen Koteletten und einem zu einer großen Schleife gebundenen Halstuch kam.

«Dmitri Wassiljewitsch Grigorowitsch», stellte ihn mein Bruder vor.

Zuerst zierten wir uns ein wenig, aber dann waren wir wieder ausgelassen. Grigorowitsch gefiel unsere junge Gesellschaft offenbar. Er beteiligte sich an unseren Spielen und Späßen.

Die Abende bei uns konnte er lange nicht vergessen und erzählte seinen Bekannten in Petersburg, dass er bei Tschechow ein «Bacchanal» nach dem anderen erlebt hatte!

Seinen nächsten Erzählungsband «In der Dämmerung» widmete Anton Grigorowitsch, als Zeichen der Dankbarkeit für die freundschaftliche moralische Unterstützung, die ihm Grigorowitsch in jungen Jahren erwiesen hatte. Als Grigorowitsch das ihm gewidmete Buch erhielt, schrieb er Anton aus Nizza einen interessanten Brief. Hier ein Auszug:

Ihre Erzählungen kenne ich schon lange aus der «Nowoje Wremja»; aber ich habe sie noch einmal gelesen und aus alter Gewohnheit mit dem Bleistift die Stellen unterstrichen, die für mich Zeichen Ihres zweifellos originellen Talents sind. Ich erinnere mich, wie ich einmal in Cádiz, am Pfingstmontag, wenn die Bevölkerung die Stadt verlässt, mich anschickte, alle schönen Frauen zu zählen, zehn Minuten später ließ ich meine angenehme Beschäftigung sein, denn die hübschen Frauen gingen nicht einzeln, sondern in großen Gruppen. Das Gleiche widerfuhr mir beim Lesen Ihrer Erzählungen.

Sie tun nicht recht, wenn Sie glauben, dass ich das des Kompliments wegen sage. Ihnen zu schmeicheln wäre für mich nicht nur sinnlos, sondern in Anbetracht unserer Beziehung einfach gemein und niedrig. Und schließlich und endlich, welchen Grund könnte ich haben, mich vor Ihnen zu verstellen?

Die Erzählungen «Träume» und «Agafja» kann nur ein wahrer Künstler schreiben; drei Personen in der ersten und zwei in der zweiten werden kaum erwähnt, aber es muss nichts mehr hinzugefügt werden, um sie lebendiger werden zu lassen, um Gesicht und Charakter ausdrucksvoller zu machen; in keinem einzigen Wort, in keiner einzigen Bewegung ist Künstlichkeit zu merken, alles ist wahr, alles ist so, wie es in Wirklichkeit sein muss. Gleiches gilt für die Beschreibung der Naturbilder und Natureindrücke: Nur ein ganz kleines bisschen wird es berührt, und man hat alles vor Augen; solch eine Meisterschaft in der Wiedergabe von Beobachtungen findet man nur bei Turgenjew und Tolstoi (solche Beschreibungen gibt es in «Anna Karenina»).

All das bringt mich dazu, mich mit einer Bitte an Sie zu wenden, mit einer sehr innigen Bitte, die ich angesichts Ihres wahrhaftigen und seltenen Talents vorbringe – das Schnellschreiben und das Schreiben von ausschließlich kurzen Erzählungen zu lassen, vor allem für Zeitungen. In der Masse des Publikums, nicht so sehr des lesenden als vielmehr des schnell über die Zeilen huschenden, findet sich unter fünfhundert Lesern kaum einer, der fähig ist, im allgemeinen Mist eine Perle zu finden. Darauf hinzuweisen wäre die Aufgabe der Kritik, aber unsere Kritik besteht zur-

zeit nur aus Burenin, der es vorzieht, Dramen zu schreiben, seine Galle auf wertlose Poeten zu verspritzen und unter dem Pseudonym Jazminow wirres Zeug zu schreiben, als sich mit einer echten Sache zu befassen. Mit kleinen Erzählungen fing Turgenjew an; aber er veröffentlichte sie nur im «Sowremennik».

Das Wichtigste ist die Aufgabe, denn auf zehn Seiten kann man sich nicht mit dem Zeichnen von Gesichtern und Naturbildern begnügen, unwillkürlich drängt sich das Ziel auf, die Pflicht, einen Ausweg zu finden, das Bild der Moral einer Schicht oder einen Winkel in der Gesellschaft zu zeigen, einen gesellschaftlichen Gedanken auszudrücken, ein psychologisches oder soziales Thema zu entwickeln, ein gesellschaftliches Geschwür zu berühren und so weiter.

... Jawohl, schrauben Sie sich am Tisch fest, wie Sie sagen, und ertrinken Sie in der großen bedächtigen Arbeit. Schreiben Sie erst kreuz, dann quer, und Sie werden sehen, wie Recht ich hatte, als ich von Ihrem Debüt an an Sie glaubte. Ich weiß nicht mehr, was ich in meinem langen Leben nicht alles gelesen habe; ich habe immer aufmerksam gelesen und mir Mühe gegeben, die Methode des Schriftstellers herauszufinden, wie bei ihm was gemacht ist; literarisches Empfinden und Feingefühl sind bei mir unvergleichlich besser entwickelt als meine eigene schriftstellerische Begabung. Sie können mir als Literaten völlig vertrauen, ebenso als Mensch, der Sie herzlich und aufrichtig lieb gewonnen hat, unabhängig von Ihrem Talent. Für das mir gewidmete Buch möchte ich danken. Ich umarme Sie freundschaftlich.

D. Grigorowitsch

Dieser freundschaftliche, aufrichtige Brief machte abermals großen Eindruck auf meinen Bruder. Am Tag darauf schrieb Anton an Wladimir Korolenko, der kurz zuvor bei uns gewesen war und Anton kennen gelernt hatte:

Mich überkam der Wunsch, den Brief des alten Grigorowitsch, den ich gestern erhielt, abzuschreiben und Ihnen zu schicken. Er ist für mich aus vielerlei Gründen Gold wert, und ich fürchte mich, ihn ein zweites Mal zu lesen, um nicht den Eindruck vom ersten Lesen zu verlieren ...

Aus dem Brief erfahren Sie außerdem, dass nicht Sie allein mich mit reinem Herzen auf den richtigen Weg bringen wollen …

* * *

Wladimir Korolenko hatte uns 1887 an einem Herbstabend besucht. Als ich ihm die Haustür öffnete, begriff ich nicht gleich, wer dieser Mann mit dem dicken, großen Bart war, der zu meinem Bruder wollte. Erst als Anton die Treppe herunterkam, den Gast herzlich begrüßte, seinen Namen und Vatersnamen nannte, erfuhr ich, wer er war. Der Name Korolenko war in unserem Haus gut bekannt, erstens seiner Erzählungen wegen, die mein Bruder lobte, und zweitens des großen Artikels von Obolenski über Tschechow und Korolenko wegen, der in der Zeitschrift «Russkoje Bogatstwo» (Dezember 1886) erschienen war.

Beim Tee sprachen Anton und Korolenko viel über Literatur. Korolenko erzählte spannend von seinen Eindrücken aus der Zeit der sibirischen Verbannung. Er war mehrmals verschickt worden. 1881 war er wegen seiner Weigerung, auf den neuen Zaren Alexander III. den Eid abzulegen, nach Jakutien verbannt worden. Nachdem man ihm gestattete, in den europäischen Teil Russlands zurückzukehren, lebte er von 1885 in Nishni Nowgorod und wurde von der Polizei überwacht. Ich habe die besten Erinnerungen an Korolenko als einen klugen, aufrichtigen und sehr einfachen Menschen.

Genauso wie Grigorowitsch versuchte Korolenko Tschechow davon zu überzeugen, dass er seine Begabung sehr ernst nehmen, sich an eine große Arbeit setzen und das Schreiben von Bagatellen bleiben lassen solle. Zwischen Korolenko und Tschechow entstand eine Freundschaft, die nie von irgendetwas überschattet wurde. Gleich nach ihrem Kennenlernen schrieb mein Bruder an Alexander, Korolenko sei ein «talentierter und wunderbarer Mensch» und dass man «meiner Ansicht nach von ihm sehr viel zu erwarten hat». Und Korolenko schrieb an Anton:

Ich bin überaus glücklich, dass ich Sie kennen gelernt habe ... Erstens schätze und liebe ich Ihr Talent ... Zweitens scheint mir, dass wir beide, wenn wir noch zehn bis fünfzehn Jahre auf dieser Welt leben, nicht umhinkommen, irgendwo Berührungspunkte zu haben.

Von diesen «Berührungspunkten» gab es denn tatsächlich einige. Beide wurden 1900 als Ehrenmitglieder in die Akademie gewählt, in der Sektion der schöngeistigen Literatur, die gerade gegründet worden war. Und zusammen traten sie – und nur sie beide – 1902 wieder aus der Akademie aus, als Zeichen des Protests gegen die Abwahl Maxim Gorkis auf Anordnung des Zaren. An Korolenkos fünfzigstem Geburtstag nannte Tschechow ihn in seinem Telegramm einen «teuren, lieben Kameraden und vortrefflichen Menschen, dem ich in vielem zu Dank verpflichtet bin». Als Anton starb, schrieb Korolenko in sein Tagebuch: «Das Gefühl, das ich für ihn empfand, kann man ohne Übertreibung Liebe nennen.»

Tatsächlich hatte der geistige Austausch mit Grigorowitsch und Korolenko in den achtziger Jahren eine große Bedeutung für Tschechows Schaffen in dieser Umbruchzeit.

* * *

Peter Tschaikowski war Ende der achtziger Jahre nicht nur in Musikkreisen bekannt, sondern bei breiten Schichten der russischen Intelligenz.

In unserer Familie war seine Musik sehr populär. Anton liebte seine Opern, Romanzen und Musikstücke. Ich erinnere mich, wie er einmal sogar versuchte, aus der Erinnerung die Melodie aus einer Symphonie von Tschaikowski mit einem Finger auf dem Klavier nachzuspielen.

In Petersburg lernte Anton Tschaikowskis Bruder Modest

kennen, der Dramatiker, Übersetzer und Librettist einer Reihe von Opern war, darunter auch Opern seines Bruders. Als Anton einmal bei Modest Tschaikowski frühstückte, traf er dort auf Peter, der seine Erzählungen gelesen hatte.

Im Herbst 1889 wollte Anton einen neuen Erzählungsband mit dem Titel «Finstere Menschen» herausgeben. Am 12. Oktober 1889 schrieb er Peter Tschaikowski, er möge ihm doch bitte erlauben, dieses Buch ihm zu widmen. Im Brief hieß es:

Diese Widmung wäre für mich erstens eine große Genugtuung, und zweitens befriedigte sie wenigstens ein bisschen die große Achtung, die mich jeden Tag an Sie denken lässt. (…) Wenn Sie mir zusammen mit der Erlaubnis ein Foto von sich schicken, erhalte ich mehr, als ich verdiene …

Einen Tag später, am 14. Oktober, kam statt eines Antwortbriefs völlig unerwartet der Komponist selbst ins Haus! Mein Bruder empfing ihn in seinem Arbeitszimmer. Tschaikowski hatte ein Foto von sich mitgebracht mit der Widmung «Für A. P. Tschechow von einem flammenden Verehrer. P. Tschaikowski. 14. Okt. 89». Dieses Foto stand, egal, wo wir wohnten, immer im Arbeitszimmer meines Bruders. Und es hängt bis heute in Tschechows Arbeitszimmer in Jalta.

Ich war bei ihrem Gespräch damals nicht dabei. Aber von Anton weiß ich, dass Tschaikowski ihm vorschlug, das Libretto für die neue Oper «Bela» zu schreiben. Mein jüngster Bruder Michail, der bei dem Gespräch zugegen war, erzählt in seinen Erinnerungen, dass Tschaikowski mit Anton bereits die Verteilung der Stimmen besprach.

«Nur wissen Sie, Anton Pawlowitsch», soll Tschaikowski gesagt haben, «Prozessionen mit Märschen soll es lieber nicht geben; offen gesagt, ich mag keine Märsche.»

Wie Anton diesen Besuch aufnahm, davon berichtet der Brief, den er gleich am nächsten Tag an Suworin, seinen langjährigen Verleger, schrieb:

Gestern war P. Tschaikowski bei mir, was mir sehr schmeichelte: Erstens ist er ein großer Mann, zweitens liebe ich seine Musik unheimlich, besonders «Onegin». Wir wollen zusammen ein Libretto schreiben.

Tschaikowski vergaß beim Weggehen sein Zigarettenetui. Anton schickte es ihm noch am selben Tag nach, dazu ein Foto von sich und einen Erzählungsband mit einem Begleitbrief:

Teurer Peter Iljitsch, ich bin Ihnen unendlich dankbar. Ich schicke Ihnen ein Foto und ein Buch, ich würde Ihnen am liebsten sogar die Sonne schicken, wenn sie mir gehörte. Sie haben Ihr Zigarettenetui bei mir vergessen. Ich schicke es Ihnen nach. Drei Papirossy fehlen: ein Cellist, ein Flötist und ein Pädagoge haben sie geraucht.

Der «Cellist» und der «Flötist» waren Stammgäste in unserem Haus, unsere Freunde Marian Semaschko und Alexander Iwanenko, der «Pädagoge» unser Bruder Iwan. Sie hatten diese Papirossy nicht so sehr aus dem Grund geraucht, weil sie selbst keine Zigaretten hatten, sondern vielmehr, weil sie Peter Tschaikowski gehörten! In das Buch, das Anton dem Komponisten schenkte, schrieb er folgende Widmung: «Für Peter Iljitsch Tschaikowski vom zukünftigen Librettisten».

Bald darauf schickte dieser Anton ein Billett, das ihn berechtigte, während der gesamten Wintersaison Symphoniekonzerte im Säulensaal der Adelsversammlung zu besuchen. Das waren sehr interessante Konzerte, auf denen die Komponisten ihre Werke selbst dirigierten. Ich bin den ganzen Winter mit großem Vergnügen mit Tschaikowskis Billett in den Säulensaal gegangen und habe wundervolle Stunden genossen. Einmal war ich im Konzert eines unbekannten Komponisten und entdeckte Tschaikowski im Saal. Er hatte sich am Rand der Bühne niedergelassen, hinter den Säulen, und lauschte der Musik. Ich saß in seiner Nähe und schaute ihn den ganzen Abend unverwandt an – so groß war sein Zauber.

Wie sehr Anton Tschaikowskis Musik schätzte, geht aus seinem Brief an Modest Tschaikowski hervor:

Ich bin bereit, Tag und Nacht an der Treppe des Hauses, in dem Peter Iljitsch wohnt, Ehrenwache zu halten – so sehr verehre ich ihn. Wenn man von Rängen spricht, nimmt er in der russischen Kunst den zweiten hinter Lew Tolstoi ein, der schon lange auf dem ersten sitzt.

Peter Tschaikowski äußerte sich ebenfalls begeistert über die Kunst Anton Tschechows, er nannte ihn «den zukünftigen Pfeiler unserer Literatur», und an Anton schrieb er:

Ich habe mich gar nicht richtig bedankt für die Widmung in den «Finsteren Menschen», auf die ich ausgesprochen stolz bin! Ich weiß noch, wie ich während Ihrer Reise Ihnen immer einen langen Brief schreiben wollte, ich war sogar versucht zu erklären, welche Eigenschaften Ihrer Begabung ich so zauberhaft finde und warum sie mich so fesseln. Aber ich hatte nicht genügend Muße, vor allem nicht genügend Kraft. Für einen Musiker ist es schwer, in Worten auszudrücken, was er bei dieser oder jener künstlerischen Erscheinung empfindet.

Aus der geplanten gemeinsamen Arbeit an einer Oper wurde allerdings nichts. Anton fuhr bald nach Sachalin, und Peter Tschaikowski starb unerwartet 1893. Unsere Familie hat seinen Tod als großen Verlust empfunden.

* * *

Anton besaß ein winziges Büchlein mit Goldschnitt, das ihm seinerzeit Suworin geschenkt hatte. Es befindet sich noch heute im Tschechow-Haus in Jalta. Auf einer Seite dieses Büchleins steht folgender Eintrag:

Anton Pawlowitsch Tschechow lernte ich folgendermaßen kennen: Ich kam 1882 nach Moskau, um jemanden aus der dortigen Schriftstellergesellschaft zu bitten, bei «Oskolki» mitzumachen.

Als ich mit dem seligen Palmin die Twerskaja entlangfuhr, zeigte er auf einen jungen Mann mit langen Haaren und sagte: «Da geht ein begabter junger Schriftsteller – sein Name ist Tschechow.»

Ich brachte Tschechows Adresse in Erfahrung, fuhr zu ihm, um mich ihm persönlich vorzustellen, und bat ihn, für die «Oskolki» zu schreiben.

28. Oktober 1891, N. Lejkin

«Oskolki» war der Name einer humoristischen Zeitschrift, die seit 1882 in Petersburg herausgegeben wurde. Ihr Herausgeber war Nikolai Lejkin, ein humoristischer Schriftsteller, der früher bei der «Iskra», beim «Sowremennik» und der «Peterburgskaja Gaseta» mitgearbeitet hatte. Er stammte aus der Kaufmannsgilde, so konnte seine kleine Zeitschrift auf eigenen Beinen stehen: Er wusste, wer ein guter Mitarbeiter war, und den Autoren zahlte er ein anständiges Honorar. Die Nummern erschienen immer regelmäßig.

Er war damals tatsächlich zu uns gekommen, in eine unserer unansehnlichen Moskauer Wohnungen, und hatte meinem Bruder vorgeschlagen, für ihn zu schreiben. Anton nahm das Angebot an und veröffentlichte fast fünf Jahre lang bei Lejkin. Das war die so genannte Tschechow'sche Oskolki-Periode. Während dieser Zeit war mein Bruder mit Lejkin befreundet.

Fast jedes Mal, wenn Lejkin aus Petersburg nach Moskau kam, besuchte er uns. Er war auch in unserer Wohnung in der Sadowaja Kudrinskaja und übernachtete manchmal sogar. Er war stämmig, hatte einen breiten, dichten Bart, hinkte und war ein recht lauter Mensch. Er trank gerne, vergnügte sich in Moskauer Restaurants und schleppte auch Anton dorthin, was mir nicht besonders gefiel. Einmal schlug Lejkin mir vor, gemeinsam mit Anton zu ihm nach Petersburg zu kommen und bei ihm zu wohnen. Ende November 1886 fuhr Anton geschäftlich dorthin und nahm mich mit, als Belohnung dafür, dass ich die höheren Frauenlehrgänge erfolgreich abgeschlossen hatte. So kam ich zum ersten Mal in meinem Leben in die nördliche Hauptstadt.

Mit den breiten, langen und geraden Straßen, der besonderen Architektur, der wohlgesitteten Ordnung machte Petersburg auf mich einen großartigen Eindruck, obwohl die Verwaltung das Stadtbild dominierte. Solch einen breiten, großen Fluss wie die Newa hatte ich noch nie zuvor gesehen. Die wundervollen Brücken, die unzähligen Kanäle in der Straßenmitte, die originellen Denkmäler auf den Plätzen – all das war für mich ungewohnt und prägte sich tief in mein Gedächtnis ein. Aber in unserem Moskau herrschte mehr Behaglichkeit, Wärme und Schlichtheit. Natürlich gab es auch in diesen Zeiten, wie immer, fanatische Verehrer der einen oder der anderen Stadt, die endlos über die Vorzüge ihrer Favoritin streiten konnten.

* * *

Oft besuchte uns der bekannte Schauspieler des Maly-Theaters Alexander Lenski (sein richtiger Name war Virviziotti) im Kornejew'schen Haus – ein interessanter Gesprächspartner und ernsthafter und gebildeter Schauspieler, der sehr gut Tschechows Erzählungen vortragen konnte. Er kam immer mit seiner Frau Lidia Nikolajewna.

Fast immer kamen die Lenskis zum Großen Fasten – «zum Sauerkraut». Dann schlossen die Theater auf Forderung der geistlichen Behörden, und die Schauspieler hatten frei. Gemäß den Traditionen wurde in der ersten Woche gefastet, das heißt, man aß kein Fleisch, und das Hauptnahrungsmittel war Sauerkraut. Unsere Mutter konnte es sehr schmackhaft zubereiten, und daher kamen so viele Freunde und Bekannte zu uns «zum Sauerkraut».

Die Freundschaft mit Lenski dauerte mehrere Jahre, bis Antons Erzählung «Irrwisch» erschien. Darin beschreibt mein Bruder einen Stammgast bei der Kuwschinnikowa, einen «dicken Schauspieler». Lenski glaubte sich in dieser Figur wieder zu erkennen, war beleidigt und grüßte uns fast acht Jahre nicht mehr. Ende 1899, als Anton bereits berühmt war, traf ich Lenski einmal im Club des literarisch-künstlerischen Zirkels. Er trat auf mich zu, was ich nicht erwartet hatte, «schüttelte lange meine Hand», wie ich meinem Bruder schrieb, «und bat mich, dir zu übermitteln, dass er dich immer geliebt hat und liebt. Mich hat das kein bisschen gerührt, kannst du dir das vorstellen! Viel zu viel Selbstdarstellung. Schon allein, dass er zu mir kam, nachdem er mich acht Jahre nicht gegrüßt hat!»

Auf der Sadowaja Kudrinskaja war noch ein anderer Schauspieler oft bei uns zu Gast – Wladimir Dawydow, den Anton näher kennen gelernt hatte, als im Korsch-Theater sein Stück «Iwanow» inszeniert wurde. Dawydow war der erste Schauspieler, der den Iwanow spielte, später dann den Swetlowidow im Stück «Schwanengesang (Kalchas)». Anton schätzte seine Schauspielkunst sehr. In einem Brief schrieb er:

Den Iwanow wird Dawydow spielen, der zu meiner Freude vom Stück begeistert ist, sich mit großer Energie an die Arbeit macht und meinen Iwanow so begreift, wie ich es will. Ich habe gestern bis drei Uhr nachts bei ihm gesessen und mich davon überzeugt, dass er wirklich ein großartiger Schauspieler ist.

Auch bei uns saß Dawydow manchmal lange, zuweilen bis tief in die Nacht, in Antons Arbeitszimmer, wo sich die beiden unterhielten oder Ausschnitte aus Stücken lasen.

Im zweiten Jahr nach der Inszenierung von «Iwanow» zog Dawydow nach Petersburg und spielte im Alexandra-Theater. Von da an trafen sich die beiden nur noch, wenn Anton in Petersburg war. Bei einem seiner Aufenthalte hat sich mein Bruder mit Dawydow, Swobodin und Suworin fotografieren lassen. Dieses Foto hängt bis heute in Antons Arbeitszimmer in Jalta.

Zu den interessantesten Besuchern gehörte der Bruder des Dramatikers Alexander Ostrowski, Peter Ostrowski. Ein kluger Mann mit dem «Fingerspitzengefühl» eines Literaturkritikers, wie sich Anton ausdrückte, und ein interessanter Gesprächspartner.

Peter Ostrowski saß manchmal lange im Arbeitszimmer meines Bruders, und sie sprachen über Literatur, auch über Politik.

Einmal stritten sie über den Sozialismus, doch den Kern ihres Gesprächs habe ich damals nicht begriffen. In einem Brief gibt Anton eine interessante Charakteristik von Ostrowski:

Peter Nikolajewitsch ist ein kluger und gutherziger Mensch; sich mit ihm zu unterhalten ist angenehm, aber mit ihm zu streiten genauso schwierig, als zanke man sich mit einem Spiritisten. Seine Ansichten zu Moral, Politik und so weiter gleichen einem verwickelten Draht; man verheddert sich darin. Schaust du ihn von rechts an, ist er ein Materialist, von links – ein Freimaurer. Solch ein Durcheinander kann man sehr oft bei Menschen beobachten, die viel denken, aber wenig Bildung haben und nicht an konkrete Aussagen gewöhnt sind und an Methoden, die helfen, im Kopf Klarheit zu schaffen, um zu wissen, wovon man redet und worüber man nachdenkt.

Anton witzelte manchmal, bei ihm sei häufig der Bruder eines großen Schriftstellers zu Besuch, der gleichzeitig der Bruder eines «Generalministers» sei. Es war nämlich so, dass der andere Bruder des großen Dramatikers – Michail Ostrowski – in Petersburg Minister für Staatsvermögen war. Peter Ostrowski erzählte uns einmal, wie die Treffen der beiden Brüder abliefen: Da kam zum Beispiel Alexander Ostrowski zur Vorführung eines seiner Stücke nach Petersburg, und nach der Aufführung fuhr er wie üblich mit den Schauspielern in ein Restaurant, wo er die ganze Nacht verbrachte. Morgens auf dem Nachhauseweg kam ihm sein Bruder in den Sinn, und er befahl dem Kutscher, ins Ministerium zu fahren. Der Bruder Minister unterschrieb Papiere, und der Bruder Dramatiker saß vor dessen Schreibtisch und erzählte ihm, wie er die ganze Nacht mit den Schauspielern durchgemacht hatte und wie sie auf die Inseln zu den Zigeunern gefahren waren. Der Bruder Minister hörte zu und sagte schließlich: «Ich kann nichts Gutes daran finden, Sascha!» Alexander schwieg, um dann weiterzuerzählen. Und der Bruder Minister, immer noch beim Unterschreiben, sagte erneut: «Das ist nicht gut, was du da berichtest, Sascha, überhaupt nicht gut!»

Wir mussten über diese Erzählungen herzlich lachen und stellten uns bildhaft vor, wie das alles im Arbeitszimmer des Ministers ablief. Diese Sätze des Ministerbruders waren in unserer Familie sehr beliebt und wurden in entsprechenden Situationen als Redewendungen benutzt; auch in Antons Briefen begegnet man ihnen häufig, wenn man allerdings ihre Herkunft nicht kennt, bleiben sie unverständlich. Auch in der Erzählung «Das Duell» (1891) verwendet Anton einen dieser Sätze. Lajewski antwortet Samoilenko: «Ich kann nichts Gutes daran finden, Sascha ...»

* * *

Der Besitzer des Hauses, in dem wir zur Miete wohnten, Jakow Kornejew, war ein guter Mediziner und arbeitete als Stationsarzt in der Universitätsklinik des berühmten Moskauer Professors Sacharin. Kornejew war am Don geboren und stammte von den Kosaken ab. Bei ihm lebte sein Landsmann Stepan Petrow – ob Verwandter oder einfach nur Untermieter, weiß ich nicht mehr –, Student der historisch-philologischen Fakultät der Moskauer Universität. Kornejew selbst war eher ein verschlossener Mensch, trotz unserer freundschaftlichen Beziehungen besuchte er uns nie. Petrow aber, ungefähr genauso alt wie ich, war ständiger Gast in unserer Wohnung und mit Anton gut befreundet. Er interessierte sich für Literatur und las die Sachen meines Bruders. Ohne ihn, den lebensfrohen, lustigen Kosaken und ausgezeichneten Tänzer, fand bei uns keiner der spontan organisierten «Bälle» statt.

Wer konnte ahnen, dass dieser Mann nach dem Studium Mönch werden würde! Anfang der neunziger Jahre erfuhren wir, dass Petrow ins Kloster gegangen war und den Namen Sergi angenommen hatte. Später wurde er Archimandrit, dann Bischof und war Metropolit ganz im Osten Russlands.

Bis zu Antons Tod hatte Vater Sergi Kontakt zu ihm, korrespondierte mit ihm und kam uns in Jalta besuchen. Was ihn veranlasst hatte, das weltliche Leben aufzugeben und Mönch zu werden, erfuhren wir nie. In einigen biographischen Aufsätzen heißt es, dass das Leben des Bischofs Sergi meinem Bruder angeblich Material für seine Erzählung «Der Bischof» geliefert habe. Das trifft nicht zu. Es gibt nichts Gemeinsames zwischen der Figur des Metropoliten und Bischof Sergi.

6 *In Luka*

Eine Zeit lang wohnte mein Bruder Nikolai in den Medwedjew-Zimmern auf der Bolschaja Nikitskaja, gegenüber vom Konservatorium. Das Haus war ein preiswertes Hotel, bot, wie man damals sagte, «möblierte Zimmer». Dort hausten für gewöhnlich arme Studenten von der Universität und vom Konservatorium. Sie lebten spartanisch.

Nikolai freundete sich mit einigen dieser Musikstudenten an: Der Cellist Marian Semaschko und der Flötist Alexander Iwanenko schlossen sich für viele Jahre eng an unsere Familie an und fühlten sich bei uns wie zu Hause.

Marian Semaschko – der Nationalität nach Pole – war ein guter Musiker. Für ihn bat Anton Tschaikowski um Hilfe bei der Suche nach einer Anstellung. Anton liebte «Semaschetschka», wie er ihn nannte, und modelte aus Jux seinen Vor- und Vatersnamen in «Marmelad Fortepianowitsch» um. Alexander Iwanenko war wie Marian Semaschko allein stehend. Iwanenko kam aus der Ukraine, aus einem kleinen Ort in der Nähe der Stadt Sumy im Gouvernement Charkow. Bis zu unserem Umzug nach Jalta war er Stammgast bei uns, egal, wo wir wohnten.

Nachdem wir drei Jahre hintereinander auf der Datscha in Babkino gewesen waren, sehnten wir uns nach einem neuen Ort und anderen Eindrücken. Anton sprach davon, dass wir für den Sommer 1888 eine Datscha irgendwo in der Ukraine mieten sollten. Als Iwanenko davon erfuhr, riet er uns, nach Sumy zu einem gewissen Lintwarjew zu fahren. Der besäße ganz in der Nähe der Stadt ein altes Gut, das an einer Windung des Flusses Psol liege, weshalb dieser Ort auch Luka – Flusswindung – genannt werde.

Brieflich vereinbarte Anton mit den Lintwarjews, den Sommer über einen Seitenflügel zu mieten, und schon im März überwies er ihnen die Anzahlung.

In der zweiten Aprilhälfte fuhr mein jüngster Bruder Michail, damals bereits Student, in unsere Heimatstadt Taganrog und anschließend auf die Krim. Anton beauftragte ihn, in Sumy bei den Lintwarjews vorbeizufahren, sich die neue Datscha anzusehen und uns seine Eindrücke zu schildern. Auf Michail machte das ländlich schlichte Gut keinen guten Eindruck, vor allem wenn er es mit der luxuriösen Datscha in Babkino verglich.

Umso angenehmer überrascht waren wir dann, als wir Anfang Mai nach Luka kamen und ein wunderschönes Gut von romantischer Schlichtheit vorfanden. Gleich am ersten Tag schrieb Anton an Iwan:

Wir sind angekommen. Die Datscha ist großartig. Mischka hatte Unrecht. Der Ort ist romantisch, das Haus geräumig und sauber, die Möbel bequem und ausreichend. Die Zimmer sind hell und schön, die Wirtsleute freundlich, wie es scheint. Der See ist riesig, eine Werst lang. Wie es aussieht, ist er teuflisch voll mit Fischen … Babkino ist im Vergleich zu dieser Datscha keinen Kupfergroschen wert. Allein die nächtlichen Geräusche können einen um den Verstand bringen! Es duftet wundervoll, der Garten ist uralt …

Wir zogen in den alten Seitenflügel in dem verwilderten Garten; auf diesem Landsitz war alles alt, die Bäume, die Alleen und unser Flügel mit den Säulen, das Haus der Besitzer, die Möbel, das Geschirr … Unser Haus stand direkt am Fuß eines Hügels, und wenn man hinaufstieg, hatte man einen wundervollen Ausblick auf den Fluss Psol, auf die Inseln, die Wälder und Wiesen am anderen Flussufer, auf die malerischen Dörfer in der Umgebung. Meine Brüder behaupteten, der Psol sei breiter und tiefer als die Moskwa. Gegenüber dem Haus der Besitzer, oder dem Herrenhaus, wie wir es nannten, war ein großer und tiefer See, durch ein Wehr vom Fluss abgetrennt. Gleich daneben begann das Dorf

Luka, das sich am Flussufer hinstreckte. Alles, was wir hier fanden, war ganz anders als das, was wir von Babkino her kannten, alles sah erstaunlich schlicht aus, behaglich und bestechend schön.

Unsere Wirtsleute, mit denen wir uns schnell anfreundeten, waren interessante Leute, sehr liberal, sie standen unter Polizeiaufsicht. Anton charakterisiert sie gekonnt in seinem Brief vom 30. Mai 1888 an Suworin:

Ich wohne am Fluss Psol, im Flügel eines alten Herrenhauses … Der Fluss ist breit, tief, reich an Inseln, Fischen und Krebsen, das Ufer schön, mit viel Grün … Und die Hauptsache, alles ist so weit, dass mir scheint, ich habe ein Recht, für meine hundert Rubel auf einem Land zu leben, von dem kein Ende zu sehen ist. Natur und Leben sind wie aus einem Bilderbuch, das heutzutage veraltet ist und von den Zeitungsredaktionen ausgesondert wird; ganz zu schweigen von den Nachtigallen, die Tag und Nacht singen, vom Hundegebell, das man in der Ferne hört, von den alten, verwunschenen Gärten, den verriegelten und verrammelten, sehr romantischen und traurigen Gütern, in denen der Geist schöner Frauen lebt, und ganz zu schweigen von den alten, im Sterben liegenden leibeigenen Lakaien, von den Mädchen, die sich nach der schönsten Bilderbuchliebe sehnen, ganz in meiner Nähe gibt es sogar solch ein triviales Bilderbuchbild wie eine Wassermühle (mit sechzehn Rädern) mit Müller und Müllerstochter, die ständig am Fenster sitzt und offenbar auf etwas wartet. Alles, was ich jetzt sehe und höre, scheint mir aus alten Erzählungen und Märchen längst bekannt. Neues weht mir von dem geheimnisvollen Vogel entgegen – der Rohrdommel, die weit weg von mir im Schilf sitzt und Tag und Nacht Schreie ausstößt, die einmal klingen, als ob man auf ein leeres Fass schlägt, und einmal, als ob eine Kuh muht, die in der Scheune eingesperrt ist …

Jeden Tag fahre ich mit dem Boot zur Mühle und abends mit den wild versessenen Anglern aus der Fabrik von Charitonenko auf die Inseln zum Angeln. Die Gespräche sind interessant. Zu Pfingsten werden alle passionierten Angler auf den Inseln ihr Lager aufschlagen und die ganze Nacht Fische fangen; ich inbegriffen. Vortreffliche Typen sind dabei.

Meine Wirtsleute haben sich als liebe und gastfreundliche Leute entpuppt. Eine Familie, die zu studieren sich lohnt. Sie besteht aus sechs Menschen. Die alte Mutter, eine gutherzige, beleibte Frau, die im Leben ziemlich viel durchgemacht hat, liest Schopenhauer und fährt in die Kirche zum Akathistos; liest beflissen jede Nummer des «Westnik Jewropy» und des «Sewerny Westnik» von Anfang bis Ende durch und kennt Schriftsteller, die mir nicht mal im Traum erscheinen, findet es bedeutend, dass in ihrem Flügel einmal der Maler Makowski gewohnt hat und jetzt ein junger Schriftsteller …

Ihre älteste Tochter ist Ärztin, der Stolz der Familie – ihre Bauern singen ein Loblied auf sie: Sie sei eine Heilige – tatsächlich etwas Besonderes. Sie hat einen Tumor im Gehirn, davon ist sie völlig blind, leidet unter Epilepsie und ständigen Kopfschmerzen. Sie weiß, was sie erwartet, und spricht mit stoischer Ruhe und umwerfender Gelassenheit vom bevorstehenden Tod. Als Arzt bin ich es gewohnt, Menschen zu sehen, die bald sterben müssen, und ich hatte irgendwie immer ein seltsames Gefühl, wenn Menschen, deren Tod naht, in meinem Beisein redeten, lachten oder weinten, aber hier, wenn ich auf der Terrasse die Blinde sehe, wie sie lacht, Späße macht oder lauscht, wenn ihr jemand meine «Dämmerung» vorliest, kommt es mir nicht seltsam vor, dass die Frau Doktor stirbt, sondern dass wir für unseren eigenen Tod kein Gefühl haben und so etwas wie «Dämmerung» schreiben, als ob wir nie sterben müssten.

Die zweite Tochter – ebenfalls Ärztin – ist eine alte Jungfer, ein stilles, schüchternes, unendlich gutherziges, alle liebendes, hässliches Geschöpf. Die Kranken sind für sie eine echte Qual, und sie sorgt sich ängstlich um ihre Patienten, bis zur Psychose. Auf den Ärztekonsilien sind wir immer unterschiedlicher Meinung: In Fällen, wo sie den Tod sieht, bin ich optimistisch und gebe immer die doppelte Dosis von dem, was sie gibt. Wo der Tod offensichtlich ist und unumgänglich, da fühlt sich meine Frau Doktor überhaupt nicht wie ein Doktor … Sie arbeitet mit großem Eifer in der Landwirtschaft und versteht sich auf alle möglichen Sächelchen. Sie hat sogar Ahnung von Pferden. Wenn beispielsweise das Beipferd nicht zieht oder unruhig wird, weiß sie, wie man dem Übel zu Leibe rückt, und gibt dem Kutscher gute Ratschläge. Sie träumt von dem Familienleben, das ihr das Schicksal versagte; wenn abends bei uns im großen Haus gespielt und gesungen wird, läuft sie nervös und angespannt auf der dunklen Allee hin und her wie ein Tier im Käfig. Wahrscheinlich hat sie noch nie jemandem etwas Böses getan, war noch nie wirklich glücklich und wird keine Minute glücklich sein.

Die dritte Tochter, die im Bestushew-Institut studiert hat, ist ein junges Fräulein mit männlicher Figur, stark, knochig, muskulös, braun gebrannt, mit mächtiger Stimme. Sie lacht so laut, dass man es auf eine Werst Entfernung hört. Sie liebt die Ukraine. Sie hat bei sich auf dem Landgut auf eigene Rechnung eine Schule bauen lassen und bringt den ukrainischen Kindern die Fabeln von Krylow in kleinrussischer Übersetzung bei … Arbeitet ebenfalls in der Landwirtschaft, singt und lacht gern und hat nichts gegen eine Bilderbuchliebe, obwohl sie das «Kapital» von Marx gelesen hat, aber heiraten wird sie kaum, weil sie hässlich ist.

Der älteste Sohn ist ein stiller, bescheidener, kluger, untalentierter und arbeitsamer junger Mann, anspruchslos und anscheinend zufrieden mit dem, womit ihn das Leben beschenkt hat. Im vierten Studienjahr wurde er exmatrikuliert, was er nicht an die große Glocke hängt. Spricht wenig. Liebt die Wirtschaft und den Boden, mit den Ukrainern lebt er im gegenseitigen Einvernehmen.

Der zweite Sohn ist ein junger Mann, der versessen behauptet, Tschaikowski sei ein Genie. Pianist. Träumt von einem Leben à la Tolstoi.

Das also ist die Kurzbeschreibung des Publikums, mit dem ich es jetzt zu tun habe.

Mit der jüngsten Lintwarjewa, Natalja, war ich eng befreundet. Einmal fuhren wir sogar gemeinsam auf die Krim, und verschiedentlich kam uns Natalja in Moskau, in Melichowo und später dann in Jalta besuchen. Anton gegenüber war sie durchaus nicht gleichgültig. Sie liebte die Ukraine und das ukrainische Volk und führte ihren Unterricht mit den Bauernkindern auf Ukrainisch durch, was damals mit Strafe geahndet wurde. Anton ging oft zu ihr in die Schule und hörte interessiert zu, wie die Kinder die Krylow'schen Fabeln auf Ukrainisch lasen.

Georgi Lintwarjew, oder George, wie ihn seine Familie nannte, war ein talentierter Musiker, seine Klavierabende bereiteten uns allen großes Vergnügen. In den Semesterferien kamen Semaschko und Iwanenko zu uns, und dann fanden im großen Haus Konzerte statt.

Anton ging es in Luka wunderbar, er war fröhlich, lebensfroh und wie immer sehr erfindungsreich. Sein ganzes Leben lang war er ein leidenschaftlicher Angler. Wir kamen immer erst um zwei Uhr nachts in Luka an, aber schon in aller Herrgottsfrühe saß mein Bruder mit der Angel am Lintwarjew'schen See, womit er Natalja, die schwimmen gehen wollte, in Verlegenheit brachte und in Verwunderung versetzte. Oft fuhren wir alle mit ganz primitiven Booten, die aus einem einzigen Baumstamm geschnitten waren, auf dem Fluss. Meist ging es in Richtung Mühle, die uns an die Puschkin'sche «Nixe» erinnerte, wo auch die schöne Müllerstochter am Fenster saß. So war also unser Leben in Luka zwar anders, aber genauso abwechslungsreich und angenehm wie in Babkino.

Anton war zu dieser Zeit bereits populär und kannte viele interessante Menschen – Schriftsteller und Schauspieler. Im Dezember 1987 war er während eines Petersburger Aufenthaltes dem Dichter Alexej Pleschtschejew begegnet. Schon in der zweiten Maihälfte kam Pleschtschejew uns besuchen. Welch ein großes Ereignis! Zusammen mit den Lintwarjews holten wir ihn nachts vom Bahnhof ab.

In seiner Jugend hatte Pleschtschejew aktiv am revolutionären Zirkel der Petraschewzen teilgenommen. 1849, mit vierundzwanzig Jahren, wurde er verhaftet und dann als gemeiner Soldat in ein Grenzbataillon nach Orenburg geschickt. Erst 1858 wurde er amnestiert und erhielt die Erlaubnis, in der Hauptstadt zu wohnen. Als wir Pleschtschejew kennen lernten, war er bereits dreiundsechzig. Er lebte in Petersburg und leitete die Literaturredaktion der Zeitschrift «Sewerny Westnik».

Pleschtschejews Gedicht «Vorwärts, ohne Angst und Zweifel, zur tapfren Heldentat, mein Freund», das er in den vierziger Jahren geschrieben hatte, war überall bekannt und auch später noch populär. Die liberal eingestellten Lintwarjews empfingen Pleschtschejew begeistert, kümmerten sich um ihn und erwiesen ihm jegliche Aufmerksamkeit.

Tagsüber gingen Anton und Pleschtschejew viel spazieren, in den Wald, durchs Dorf, fuhren Boot, und wenn es Abend wurde, luden uns die Lintwarjews zu sich ein. Georgi spielte Klavier, und Pleschtschejew erzählte Geschichten aus seinem Leben. Oft baten wir ihn, seine Gedichte vorzutragen, natürlich auch das bekannte «Vorwärts, ohne Angst und Zweifel». Er rezitierte es großartig, bekam glänzende Augen und sah plötzlich ganz jung aus.

Pleschtschejew weilte ungefähr drei Wochen in Luka. Ihm gefiel es sehr gut bei uns, und er versicherte, er fühle sich wie zu Hause. Als er wieder abreiste, begleiteten wir ihn zusammen mit den Lintwarjews im Zug nach Woroshbo.

Während er bei uns wohnte, setzte er sich jeden Morgen an die Arbeit und schrieb Gedichte. Eines aus jener Zeit widmete er Anton:

Des blühenden, friedlichen Winkels,
Wo ich von der Stadthast genas,
Vom Schweiß der schwülen Hauptstadt,
Werd ich lange gedenken,
Wenn heimwärts die Schritte lenken
Mich treuen Diener des Schicksals.
Von Zeit zu Zeit tut's wohl,
Wenn träumend ich mich einroll
In einer Familie Schoß,

Deren Willkommensgruß
Mich unerwartet empfing, wo weder
Weltläufiger Ekel, geziertes Gezeter,
Noch Kartenspiel und Lästern spukt
Übers leere Kettenleben.
Wo die Tage mit Arbeit vergehn,
Zu schätzen weiß der einfache Mann
Reines, selbstloses Tun
Zum Wohle des eigenen Lands,
Indem er's mit Liebe dankt …
So manches Mal trug mich der Traum
In jenes gemütliche Haus,
Drin abends der Klang des Klaviers
Die müde Seele belebte,
Die Wogen fern vergangener Tage
Meines verflossenen Frühlings
Mit Entzücken und Trauer!
Danke, gute Freunde,
Für den warmen Empfang
Und eurer Freundschaft Band!
Habt Dank! Und wenn das Leben
Mich nicht mehr zu euch führt,
Dann gedenkt mit freundlichen Worten
Meiner, den tief ihr gerührt.
Luka, 6. Juni 1888

* * *

Pleschtschejew war einer der alten Schriftsteller, die sofort auf Tschechows Talent aufmerksam wurden. Als mein Bruder das Manuskript der «Steppe» an die Redaktion des «Sewerny Westnik» schickte, sandte ihm Pleschtschejew, nachdem er die Novelle gelesen hatte, einen Brief mit seiner Einschätzung:

Ich habe sie mit großer Anteilnahme gelesen. Einmal angefangen, konnte ich mich nicht mehr losreißen … Sie ist so wundervoll, so voll Poesie. Das ist ein packendes Stück, und ich sage Ihnen eine große, große Zukunft voraus.

Auch später noch unterhielt Anton freundschaftliche Beziehungen zu Pleschtschejew. Kurz vor seinem Tod widerfuhr Pleschtschejew eine, man kann sagen, tragikomische Geschichte. Sein ganzes Leben über war er ein armer Mann gewesen, der von bescheidenen Honoraren lebte. Aber Anfang der neunziger Jahre erbte er unerwartet mehrere Millionen von einem verstorbenen Verwandten. Daraufhin reiste er nach Paris und führte dort ein luxuriöses Leben. Anton scherzte einmal: «Er könnte uns wenigstens aus Freude ein Dutzend Stühle schenken!»

Aber Pleschtschejews Wohlstand dauerte nicht lange. Es fand sich ein anderer, näherer Verwandter, der Anrecht auf das Erbe hatte. Und so wurde Pleschtschejew wieder ein armer Dichter.

* * *

Bei den Lintwarjews lernten wir auch ihre Verwandten, die Smagins aus dem Gouvernement Poltawa, kennen. Auch sie waren verwandt mit dem bekannten Dekabristen Murawjow-Apostol. Sie lebten auf dem Gut Bakumowka. Die Familie bestand aus zwei Brüdern – Alexander und Sergej – und der Schwester Jelena.

Die Brüder Smagin erwiesen sich als lustige und herzliche Leute, und wir freundeten uns schnell mit ihnen an (die Schwester lernten wir erst etwas später kennen). Als die Smagins wieder aufbrachen, luden sie uns eindringlich zu sich ein. Anton versprach, dass wir auf jeden Fall kommen würden. Ihm gefiel die Ukraine, das arbeitsliebende, lebensfrohe Volk, die wundervolle Natur. Er wollte das Leben der einfachen Menschen und ihre Gebräuche noch besser kennen lernen. Die Smagins lebten tief in der Ukraine, an einem berühmten Ort, den wir von Gogol her gut kannten.

Wir mieteten vier Pferde, die Lintwarjews gaben uns ihre riesige Großvaterkutsche, von der Anton im Spaß sagte, sie sei «von Iwan Fjodorytsch Schponkis Tantchen an die Lintwarjews vererbt worden» (Figur von Gogol, A. d. Ü.), Mitte Juni machten wir uns zu viert – Anton, Natalja, ihre Cousine Wata und ich – auf den Weg zu den Smagins.

Wir fuhren an die vierhundert Werst durch die Ukraine. Schwer zu sagen, was uns mehr Spaß machte: die vergnügliche Reise oder die Romantik, wahrscheinlich das eine wie das andere. Wir hatten strahlendes Sommerwetter, auf den Feldern hatte die Heumahd begonnen, wundervolle Ausblicke, eine Landschaft schöner als die andere. Wir fuhren durch riesengroße, für uns ungewohnte ukrainische Dörfer, die sich manchmal über zehn Werst erstreckten.

Was für tolle Hochzeiten wir unterwegs gesehen haben, was für wundervolle Musik in der Abendstille erklang und wie verrückt es nach frisch gemähtem Gras roch! Am liebsten hätte man seine Seele dem Teufel verschrieben für das Vergnügen, zum warmen Abendhimmel zu schauen, auf die Flüsschen und Wiesen, in denen sich matt und wehmütig der Sonnenuntergang spiegelte,

schrieb mein Bruder an Pleschtschejew. Und dann beschrieb er, wie wir auf dem Hof der Smagins ankamen:

Wir trafen nachts ein. Die Begrüßung war von schweren Selbstverstümmelungen begleitet. Als Sergej Smagin unsere Stimmen hörte, kam er aus dem Haus gestürzt, lief zum Tor, stolperte in der Dunkelheit über einen Stein und legte sich der Länge nach hin. Alexander stürzte ebenfalls aus dem Haus und rannte in der Dunkelheit mit voller Wucht gegen eine alte Kastanie, sodass er drei oder vier Tage mit einem roten Horn auf der Stirn herumlief; Wata verletzte sich die Wange. Nach der überaus herzlichen und fröhlichen Begrüßung brachen alle in ungezügeltes Lachen aus, und dieses Lachen wiederholte sich jeden Abend.

Der Landsitz der Smagins ist groß und üppig, aber alt, heruntergekommen und tot, wie ein Spinnennetz vom Vorjahr. Das Haus hat sich gesenkt, die Türen schließen nicht, die Kacheln am Ofen drücken sich gegenseitig heraus und bilden Kanten, aus den Ritzen im Fußboden wachsen junge Triebe von Kirsch- und Pflaumenbäumchen. In dem Zimmer, in dem ich schlafe, hat sich zwischen Fenster und Fensterladen eine Nachtigall ihr Nest gebaut, und in meinem Beisein sind die kleinen, nackten Jungen geschlüpft … Auf dem Scheunendach leben ausgewachsene Störche. In der Imkerei haust ein Großvater, der an den Zaren Goroch (russische Märchenfigur, A. d. Ü.) *und gleichzeitig an Kleopatra erinnert.*

An die Kirsch- und Pflaumenbaumtriebe, die angeblich aus den Ritzen im Fußboden wuchsen, kann ich mich nicht erinnern, das war sicher wieder einer von Antons Scherzen.

Wir blieben fünf Tage bei den Smagins. Beide Brüder kamen uns später oft in Moskau und dann in Melichowo besuchen. Ich traf mich in dieser Zeit häufig mit Alexander, wir pflegten über mehrere Jahre eine innige Freundschaft. Daher kam es für mich nicht völlig überraschend, als er mir einen Heiratsantrag machte. Er war ein schöner und interessanter Mann und gefiel mir sehr, und obwohl ich mir heute nicht sicher bin, ob ich ihn liebte, zog ich ernsthaft eine Ehe mit ihm in Erwägung. Lange habe ich ihm nicht geantwortet und auch in der Familie nichts von seinem Antrag erzählt. Aber dann beschloss ich doch, mit Anton darüber zu sprechen. Ich ging in sein Arbeitszimmer und sagte: «Weißt du, Antoscha, ich habe beschlossen zu heiraten.»

Mein Bruder begriff natürlich, wen, entgegnete aber nichts. Da merkte ich, dass ihn diese Nachricht unangenehm berührte, obwohl er immer noch schwieg. Was sollte er auch sagen? Ich merkte, er konnte sich nicht eingestehen, dass es schwer für ihn wäre, wenn ich ein anderes Zuhause hätte, eine neue, eigene Familie gründete. Aber das Wort «nein» hätte er nie über die Lippen gebracht.

Verstört und hilflos verließ ich sein Arbeitszimmer und weinte lange in meinem Zimmer. Ich wusste nicht, was ich tun sollte.

Mehrere Tage vergingen. Anton sagte nach wie vor kein Wort zu mir, scherzte aber weniger und war mir gegenüber distanziert. Vieles ging mir durch den Sinn. Die Liebe zu meinem Bruder und meine Anhänglichkeit entschieden schließlich die ganze Sache. Ich brachte es nicht übers Herz, etwas zu tun, was Anton unangenehm sein könnte und seine gewohnte Lebensweise zerstörte, ihn der schöpferischen Atmosphäre beraubte, die ich immer für ihn zu schaffen bemüht war. Daher schlug ich Smagins Antrag aus, obwohl ich ihm damit Leid zufügte. Er schickte mir einen schroffen Brief voller Vorwürfe.

Anton ahnte nicht, was damals in mir vorging. Als ich zwanzig Jahre später den Briefnachlass meines Bruders herausgab, las ich zum ersten Mal seine Briefe an Suworin. Da erfuhr ich, was Anton ihm damals schrieb:

Meine Schwester hat nicht geheiratet, aber die Liebschaft wird in Briefen fortgesetzt. Ich begreife nichts. Ich habe den Verdacht, dass sie auch diesmal abgelehnt hat. Sie ist die einzige Jungfrau, die aus Überzeugung nicht heiratet.

Als ich das las, war ich froh, dass mein Bruder damals nicht geahnt hatte, wie mir wirklich zumute gewesen war.

Über vierzig Jahre später erhielt ich von Smagin einen Brief, in dem er sich mit Wärme an die Gefühle erinnert, die wir in unseren jungen Jahren füreinander empfanden. Den Grund meiner Ablehnung hat er nie erfahren.

* * *

Im Frühjahr 1889 wurde unser ältester Bruder Nikolai schwer krank. Es begann mit Bauchtyphus, dann kamen Komplikationen hinzu, eine Lungenentzündung, die in einen Tuberkuloseprozess überging. Nikolai lebte damals in der Nähe des Roten

Tores. Als Anton von Koljas Krankheit erfahren und ihn zusammen mit dem befreundeten Arzt Obolonski untersucht hatte, begriff er, wie ernst es um die Gesundheit des Bruders stand, und brachte ihn zu uns nach Hause in die Sadowaja Kudrinskaja.

Ich erinnere mich, wie mir Anton eines Abends vorschlug, mit ihm auf dem Nowinski-Boulevard spazieren zu gehen. Dann erzählte er mir: «Weißt du, Nikolais Zustand ist ernst. Eigentlich müssten wir ihn sofort auf die Krim schicken, aber es ist kein Geld da. Wir müssen ihn also nach Sumy zu den Lintwarjews bringen, je schneller, desto besser.»

Ich habe bereits erwähnt, dass Nikolai in unserer Familie sehr beliebt war, und deshalb fiel es mir nicht leicht, diese Nachricht zu vernehmen. Ich sah, dass es auch für Anton schwer war. Als Arzt erkannte er möglicherweise schon den hoffnungslosen Zustand des Bruders. In diesen Tagen schrieb er an Jelena Lintwarjewa:

Einen kranken Bruder zu haben ist ein Elend; der Arzt des kranken Bruders zu sein ist doppeltes Elend.

Es wurde beschlossen, dass Anton mit Mutter und unserer Köchin Nikolai nach Luka bringen und ich nachkommen sollte, wenn das Schuljahr zu Ende war und ich keine Pflichten mehr im Gymnasium hatte.

In der zweiten Aprilhälfte brachen die vier nach Sumy auf. Bald erhielt ich von Anton eine humorvolle Postkarte, so als ob ihm Mutter den Text diktiert hätte. Diesen Brief habe ich bisher noch nicht veröffentlicht. Ich hielt ihn für nicht «anständig», da Anton darin unsere Mutter, wenn auch im Scherz, kränkt. Ich führe ihn hier erstmals an (die Hervorhebungen stammen von Nikolai):

Moskau, Kudrinskaja Sadowaja, Haus von Kornejew
An Maria Pawlowna Tschechowa
(Poststempel: Moskau, 30. April 1889)

Hänge mein Seidenkleid in die Garderobe (damit es die Mäuse nicht auffressen) und bringe die Küchenhandtücher mit, die die Krassowskaja vergessen hat. Ein Stubenmädchen ist gefunden. Bringe Nikolai das geflochtene Täschchen mit den Bleistiften mit (in Mutters Zimmer. N. Tsch.) *und das Foto ‹Hofnarren bei Anna Iwanowna›, das bei Anton im Schlafzimmer auf dem Fensterbrett liegt. Meinen Vorhang vom Fenster. Unbedingt die fabrikgefertigten Strümpfe und Papier im Format ½ und Nadeln Größe 6 und 7.*

Suche nach dem Spannrahmen im Schuppen oder bei der Tante und bring ihn mit. Als Muster. N. Tsch.

Deine dich liebende Mutter, deine Jewgenija Tschechowa, ihrer schlechten Rechtschreibung wegen an ihrer statt ihr Sohn, der Schriftsteller.

Bei der Tante einen Spannrahmen holen als Muster, um hier beim Tischler einen nachbauen zu lassen.

Unsere Mutter schrieb tatsächlich ungern Briefe, und diese Postkarte schrieb mein Bruder auf ihre Bitte hin. Die Krassowskaja ist unsere Köchin Marjuschka. Anton nannte sie im Spaß so, weil sie einer alten Schauspielerin aus dem Moskauer Korsch-Theater, der Krassowskaja, so ähnlich sah.

Die Bleistifte und den Spannrahmen, die im Brief erwähnt werden, brauchte Nikolai, weil er vorhatte, zu malen.

In Luka traf ich Nikolai in unverändertem Zustand an, nur noch abgemagerter. Der schlimme Husten setzte ihm dermaßen zu, dass er nur noch im Sitzen schlafen konnte. Anton pflegte ihn und bemühte sich, alle Bitten des Kranken zu erfüllen, aber gesund machen konnte er den Bruder nicht mehr. Wie Anton selbst in einem Brief sagte, lautete die Frage nur: «Wie lange wird das Ganze dauern?» Und nicht: «Wann wird er wieder gesund?» Natürlich war die seelische Verfassung unserer Familie nicht sehr heiter, auch wenn uns unsere Gäste von den düsteren Gedanken ablenkten.

* * *

So herzlich die Lintwarjews Pleschtschejew empfangen hatten, so demonstrativ feindlich waren sie zu Suworin, wenn er uns besuchen kam. In der Absicht, ihren Hass auf die von ihm herausgegebene Zeitung «Nowoje Wremja» und die von ihr vertretene reaktionäre Politik zu betonen, unterließen sie es nicht nur, uns in diesen Tagen zu sich einzuladen, sondern zeigten sich auch selbst nicht auf ihrem Landgut. Sie hielten ihre Fenster und Türen fest verschlossen, und es sah so aus, als seien sie weggefahren.

Suworin blieb einige Tage bei uns, übernachtete allerdings immer in einem Hotel in Sumy. Anton freute sich über seinen Besuch. Sie fuhren zusammen mit dem Boot zur Mühle zum Angeln und unterhielten sich endlos über Literatur und Kunst. Obwohl sie im Alter weit auseinander lagen – Suworin war sechsundzwanzig Jahre älter als Anton – und auch sehr unterschiedliche Meinungen hatten, waren sie voneinander fasziniert.

Tschechows Freundschaft mit Suworin verwunderte seinerzeit viele Menschen und tut es auch heute noch. Ich erhalte nicht selten Briefe, in denen ich gebeten werde zu erklären, wie ein so fortschrittlicher Mann wie Tschechow mit dem reaktionären Suworin befreundet sein konnte. Die Leute fragen, ob Tschechow nicht gemerkt hätte, dass Suworin ein Schwarzhunderter war.

Das ist alles nicht so einfach. Die Beziehungen zwischen Tschechow und Suworin sind kompliziert und haben sich im Lauf der Jahre grundlegend verändert. Suworins Vorfahren waren, genau wie unsere, einfache Bauern. Wie Tschechow hatte die Natur Suworin mit Klugheit und Talent beschenkt. Er begann als Lehrer in einer städtischen Lehranstalt mit einem Monatsgehalt von vierzehn Rubel und siebenundsechzig Kopeken. Schon damals befasste er sich mit Journalismus und Belletristik. Dann zog er nach Moskau, war aber noch immer mittellos.

In Moskau begann Suworin, für die «Otetschestwennyje Sapiski» und für den «Sowremennik» zu schreiben. Er lernte Pleschtschejew kennen, der ihn sehr unterstützte. Wenn Suworin beispielsweise nach Petersburg musste, um ein Honorar abzuholen, organisierte Pleschtschejew ihm eine kostenlose Eisenbahnfahrt im Postwagen hin und zurück. Ein anderes Mal, als Suworin auf der Suche nach Arbeit nach Petersburg fuhr, «hat mir Pleschtschejew für die Reise seinen Mantel geliehen, den ich ihm dann wieder zurückgab. Ich hatte keinen warmen Mantel, warm genug, um im Winter in der dritten Klasse in einem ungeheizten Waggon zu reisen.» (Aus Suworins Tagebuch)

Suworins journalistische Arbeit trug in dieser Zeit liberale Züge. Die intelligent geschriebenen Feuilletons, unterzeichnet mit dem Pseudonym «Der Unbekannte», erfreuten sich bei breiten Leserkreisen großer Beliebtheit.

1876 kaufte Suworin von Trubnikow die Zeitung «Nowoje Wremja» und kam plötzlich zu Reichtum, zum großen Teil durch Annoncen von Dienstpersonal, das seine Arbeit anbot, weswegen es auch hieß, Suworin wäre mit «Köchinnengeldern» zu seinem Vermögen gekommen. Allmählich passte sich Suworin mit seiner Zeitung an die herrschenden Regierungskreise an und wurde, nachdem er seine früheren Prinzipien vergessen hatte, zum eifrigen Gehilfen der Reaktion. Diejenigen, die eine einflussreiche Zeitung brauchten, verschafften ihm eine gute gesellschaftliche Stellung und Reichtum, um wiederum seinen Einfluss zu verstärken. Suworin erhielt zum Beispiel von der Regierung die Konzession, Zeitungen und Bücher an Eisenbahnkiosken zu verkaufen, womit er viel Geld verdiente.

Einmal in den Fängen von Ruhm, Reichtum und Einfluss, starb der liberale Journalist in Suworin, und er wurde zum Verräter jener Sache, der er sich eigentlich hatte widmen wollen. Als kluger Mann begriff er dies allerdings genau. Ihm war der Schmutz, in den er geraten war, bewusst, und er begann sich selbst und andere zu belügen. Wenn man in seinem «Tagebuch» die Stellen liest, die nicht zur Veröffentlichung bestimmt waren, entdeckt man einen anderen Suworin, der sich über den Zaren, die Minister und hohe Beamte lustig macht, der giftig entlarvende Fakten aus dem Leben des reaktionären Lagers aufzeichnet. In der Zeitung aber, die den Spitznamen «Wie hätten Sie's gern?» erhielt, passte er sich der offiziellen Politik an und war ein treuer Helfer der schwarzen Kräfte.

Tschechow lernte Suworin Ende 1885 bei einer Reise nach Petersburg kennen. 1886 begann er für die «Nowoje Wremja» Erzählungen zu schreiben. Suworins Klugheit und sein außergewöhnliches Talent machten großen Eindruck auf meinen Bruder. Suworins Auffassungen zu Fragen von Literatur und Kunst interessierten Anton sehr (Suworin war übrigens ein begeisterter Theaterliebhaber und gründete später in Petersburg ein eigenes Theater). Anton bemerkte im Kreis der Familie oft, Suworin sei für ihn ein außerordentlich interessanter Gesprächspartner. Als mein Bruder 1888 von Luka aus zu Suworin nach Feodossija auf die Krim fuhr, schrieb er von dort:

Den ganzen Tag bringen wir mit Gesprächen zu. Wir haben bereits alle Probleme gelöst und einen Haufen neuer, noch von niemandem gestellter Fragen vorgemerkt. Mit Suworin zusammen zu sein und zu schweigen ist genauso schwer, wie bei Palkin (bekanntes Restaurant in Petersburg) *zu sitzen und nicht zu trinken. Suworin ist in der Tat das verkörperte Feingefühl. Er ist ein großartiger Mensch. In der Kunst ist er so etwas wie ein Satter bei der Schnepfenjagd, das heißt, er arbeitet mit teuflischem Fingerspitzengefühl und brennt vor Leidenschaft. Er ist ein schlechter Theoretiker, hat sich nicht mit Wissenschaft befasst und weiß vieles nicht, er ist in allem ein Autodidakt – daher kommen seine verdammte Unverdorbenheit und seine Integrität, daher die Unabhängigkeit seiner Ansichten. Ohne große Theorien entwickelte er aus sich selbst, womit die Natur ihn reich beschenkt hatte, und brachte es damit zu großer Klugheit. Mit ihm zu reden ist ein Vergnügen. Und wenn man seine Art zu argumentieren begreift, seine Aufrichtigkeit, die die Mehrheit meiner Gesprächspartner nicht besitzt, so wird selbst ein Schwätzchen mit ihm fast zum Genuss.*

So war Antons damaliges Verhältnis zu Suworin, und offenbar war ihm der Schaden nicht bewusst, den die «Nowoje Wremja» der Gesellschaft zufügte. Selbst wenn man Anton darauf hinwies, dass es ein Fehler sei, seine Sachen in einer so reaktionären Zeitung zu veröffentlichen, widersprach er und sagte, für die Leser sei es nützlicher, «fünfhundert meiner unschädlichen Zeilen zu lesen als fünfhundert schädliche, die im Feuilleton abgedruckt würden, wenn ich meine nicht hingäbe».

Erst allmählich erkannte er seinen Irrtum und gestand sich schließlich ein, dass seine persönlichen Überzeugungen mit denen der Zeitung unvereinbar waren. Ab 1893 schrieb er nicht mehr für sie. Mit Suworin blieb er zunächst weiterhin befreundet, unabhängig von der Zeitung. Das war Antons zweiter Fehler: zu glauben, dass der Zeitungsredakteur und Herausgeber Suworin ein anderer sei als der Mensch Suworin. Ihr Verhältnis wurde immer distanzierter. Die berühmte Dreyfusaffäre führte dann zum endgültigen Bruch. Suworin und die «Nowoje Wremja» verhielten sich nach Antons Worten so widerlich, dass er die persönliche Beziehung zu Suworin beendete. Jetzt erst wurden ihm die Verlogenheit und Heuchelei Suworins bewusst, die früher von interessanten Gesprächen und Briefen überdeckt worden waren. Als unser jüngster Bruder Michail 1901 plötzlich beschloss, für die «Nowoje Wremja» zu schreiben, redete Anton ihm dies aus:

Die «Nowoje Wremja» hat zurzeit eine schlechte Reputation ... Suworin ist verlogen, unheimlich verlogen, vor allem in den so genannten vertraulichen Minuten, das heißt, er redet dann möglicherweise aufrichtig, aber man kann nicht die Hand dafür ins Feuer legen, dass er nicht eine halbe Stunde später genau das Gegenteil tut.

Ihren Briefwechsel allerdings setzten beide bis zum Jahr 1903 fort, und sie begegneten sich auch ab und zu, doch ihre Beziehung hatte nicht mehr den ehemals freundschaftlichen Charakter.

In Tschechows Nachlass sind die Briefe an Suworin die interessantesten und aussagekräftigsten überhaupt. Aus ihnen werden seine Weltanschauung, seine ethischen Prinzipien, sein Verhältnis zu Literatur und Kunst, die Beurteilung vieler russischer und ausländischer Schriftsteller und Ähnliches deutlich. Als ich bald nach dem Tod meines Bruders die sechsbändige Briefausgabe veröffentlichen wollte, gab mir Suworin seine Briefe von Anton. Die letzte Ausgabe der Briefe aus dem Nachlass enthält daher die vollständigen 333 Briefe von Tschechow an Suworin.

Als Suworin sie mir überreichte, bat er mich, ihm im Gegenzug alle Briefe zurückzugeben, die er an Tschechow geschrieben hatte. Offenbar fürchtete er, dass auch sie einst veröffentlicht werden könnten. Ich war gezwungen, seiner Bitte nachzukommen, und habe ihm alle seine Briefe ausgehändigt.

Suworin überlebte Tschechow um acht Jahre, er starb 1912.

Im Januar 1889 erlebte Anton bei der Petersburger Premiere von «Iwanow» erstmals den Schauspieler Pawel Swobodin, der die Rolle des Schabelski spielte. Sie standen in Briefkontakt. Ende Februar, als sich Swobodin in Moskau aufhielt, kam er zu uns in die Sadowaja Kudrinskaja, wo ich ihn kennen lernte. Swobodin war ein talentierter Schauspieler, ein interessanter Mensch – fröhlich, mit scharfem Verstand –, und er befasste sich auch ein bisschen mit Literatur, schrieb Gedichte und Aufsätze. Anton und Swobodin freundeten sich an. Im Frühling forderte mein Bruder Swobodin nachdrücklich auf, im Sommer unser Gast auf der Datscha in Luka zu sein.

Swobodin kam Ende Mai zu uns und fühlte sich gleich wie zu Hause. Mit ihm begannen wieder die Streiche und lustigen Improvisationen, die wir noch aus der Kindheit kannten. Einmal ging ich zum Fluss und sah, wie Anton und Swobodin direkt am Wasser standen und Krebse fingen. Swobodin trug einen eleganten schwarzen Frack, ein gestärktes Hemd und einen Zylinder.

Krebse fingen wir so: An die an einem langen Stock befestigte Angelschnur wurde ein Stück Fleisch gebunden, das wir auf den Grund des Flusses versenkten. Das Fleisch lockte die Krebse an, sie klammerten sich mit ihren Scheren daran fest. Nach einer bestimmten Zeit wurde die Schnur hochgezogen, und die Krebse schwammen nun an der Wasseroberfläche. Der zweite Mann musste sie dann schnell mit einem Kescher rausholen, denn über Wasser ließen sie ihre Beute los und fielen folglich zurück in den Fluss.

Oder Anton und Swobodin fuhren ins nächste Städtchen Achtyrka und nahmen sich ein Hotel. Swobodin gab sich als Graf aus und Anton als sein Lakai. Beide spielten so großartig, dass der Besitzer des Hotels und die Dienerschaft allein schon deshalb ganz selig waren, dass eine «erlauchte Persönlichkeit» ihr Haus besuchte. Und als ein Diener achtungsvoll den «Lakaien» nach seinem «Herrn» ausfragte, erzählte Anton mit unerschütterlichem Gleichmut die tollsten Lügengeschichten aus dem «Leben des Grafen» ...

* * *

In der ersten Junihälfte kam unser ältester Bruder Alexander nach Luka. Anton nutzte die Gelegenheit und bat Alexander, ihn an Koljas Krankenbett abzulösen, er wollte sich ein wenig erholen und ablenken. Daher schlug er Swobodin und den Lintwarjews vor, ins Gouvernement Poltawa zu den Smagins zu fahren. Nikolais Zustand war unverändert, und es gab keine Hinweise darauf, dass das tragische Ende nahe war. Sein Tod kam für uns alle völlig unerwartet.

Am Tag nach Antons Abfahrt wurde Nikolai plötzlich ganz schwach, er starb still und unbemerkt. Wir schickten Anton sofort ein Telegramm an die Adresse der Smagins. Von dieser Fahrt und Rückkehr erzählt Anton in einem Brief an Pleschtschejew:

Der arme Maler ist tot. In Luka ist er dahingeschmolzen wie Wachs, und es gab keine einzige Minute, wo ich nicht an die nahende Katastrophe dachte. Man konnte nicht vorhersagen, wann Nikolai stirbt, dass er aber bald sterben würde, war für mich klar. Die Lösung des Knotens spielte sich unter folgenden Umständen ab. Swobodin war bei mir zu Besuch. Ich nutzte die Ankunft meines älteren Bruders, der mich ablösen konnte, und wollte mich erholen, ungefähr fünf Tage andere Luft atmen; ich überredete Swobodin und die Lintwarjews und fuhr mit ihnen in das Gouvernement Poltawa zu den Smagins. Als Strafe dafür, dass ich weggefahren war, blies den ganzen Weg über ein kalter Wind, und der Himmel war so finster, dass man denken konnte, wir sind mitten in der Tundra. Nach der Hälfte der Strecke fing es an zu gießen. Bei den Smagins kamen wir nachts an, nass, kalt, legten uns in kalte Betten, schliefen beim Lärm des kalten Regens ein.

Am nächsten Morgen immer noch dasselbe ungeheuerliche Wologdaer Wetter; mein ganzes Leben werde ich den schlammigen Weg, den grauen Himmel und auch nicht die Tränen an den Bäumen vergessen; ich sage, nicht vergessen, denn am nächsten Morgen kam aus Mirgorod ein Männlein angefahren und brachte ein nasses Telegramm: «Kolja ist tot.» Sie können sich vorstellen, wie mir zumute war. Wir mussten mit der Pferdekutsche zurück zum Bahnhof, dann weiter mit der Eisenbahn, und auf den Bahnhöfen bis zu acht Stunden warten … In Romny wartete ich von sieben Uhr abends bis zwei Uhr nachts. Aus Langeweile ging ich in die Stadt. Ich sitze also in einem Garten; dunkel, unheimliche Kälte, eine Trostlosigkeit wie Höllengift, und hinter der graubraunen Mauer, an der ich sitze, proben Schauspieler ein Melodrama.

Zu Hause empfing mich Leid. Unsere Familie kannte den Tod noch nicht, und wir sahen zum ersten Mal einen Sarg.

Wir begruben Nikolai auf dem Dorffriedhof in Luka.

Anton war nach Nikolais Tod sehr niedergedrückt. Als er ungefähr zwei Wochen nach der Beerdigung den Wunsch äußerte, irgendwohin zur Erholung zu fahren, begrüßten wir das alle sehr, und in den ersten Julitagen brachten wir ihn zum Bahnhof.

Zuerst wollte er ins Ausland reisen, aber in Odessa überlegte er es sich anders und fuhr für einen Monat nach Jalta.

Im August kehrte er nach Luka zurück, er hatte sich von den schlimmen Erlebnissen erholt. Anfang September fuhren wir wieder nach Moskau.

Ich werde nie vergessen, wie mich Anton im Zug peinigte. Wir saßen im selben Wagen wie Professor Storoshenko, bei dem ich Vorlesungen gehört und meine Prüfungen gemacht hatte, als ich Studentin am Gerje-Institut gewesen war. Daher bat ich meinen Bruder, nicht so viel Unfug zu machen. Aber er dachte sich absichtlich alle möglichen komischen Improvisationen aus, womit er mich in Angst und Schrecken versetzte. Plötzlich erzählte er aus heiterem Himmel laut, dass er als Koch bei einer Gräfin gearbeitet, wie er in der Küche verschiedene Speisen zubereitet, wie ihn die «Herrschaft» gelobt habe und wie gut sie zu ihm gewesen sei. Der Cellist Semaschko, der mit uns fuhr, gab sich als Kammerdiener aus, der ebenfalls bei irgendwelchen «Herrschaften» im Dienst stand. Sie erzählten einander ungewöhnliche Geschichten aus ihrem «Arbeitsleben».

Ich saß völlig erstarrt und tat so, als ob ich sie nicht kannte und allein mit meiner Mutter führe. Aber Anton ließ mich nicht in Ruhe. Er holte eine Wodkaflasche aus dem Koffer und begann mit Semaschko zu trinken. Dabei wandte er sich vor jedem Glas an Mutter, verbeugte sich und wünschte ihr, dass sie in Moskau schnell eine gute Anstellung fände.

Ich bin fest davon überzeugt: Aus Anton wäre ein guter Schauspieler geworden.

Noch ein Wort zu Semaschko. In jener Zeit hing er sehr an uns. Wohin wir auch fuhren, er folgte uns. In Luka sagten die Lintwarjews schon im Spaß: «Und der Hund hinterm Herr immer hinterher, hinterher.» Semaschko hatte immer sein Cello dabei, allerdings unterhielt er uns nicht nur jeden Abend mit seiner wundervollen Musik, sondern übte jeden Morgen, wie es sich für einen ernsthaften Musiker gehört. Anton sagte dann im Scherz: «Semaschetschka sägt auf seiner entzweigegangenen Frau.» Alexander aber machte sogar, nachdem er eine Zeit lang bei uns in Luka gewohnt hatte, aus dem Stegreif ein lustiges Gedicht über Semaschko:

Inmitten sumpfiger Weiten,
Wo das Röhricht ragt und schäumt
Und faulige Nebel streichen,
Steht Marian Semaschko und träumt.
Die Hände verschränkt hinterm Rücken,
Umrauscht von Kiefer und Tann,
Spürt er Trauer und Schauer
Bei des Violoncellos Klang.

Und er schrieb Anton:

Das ist die Rache dafür, dass er mir in Luka die Seele aus dem Leib gesägt hat mit seinen Übungsstücken, vor denen sich sogar die Krebse im tiefen Wasser versteckt haben und nicht anbeißen wollten.

Aber das alles war nicht ernst gemeint, und der liebe «Marmelad Fortepianowitsch» war lange Jahre der beste und treueste Freund unserer Familie.

Auch im nächsten Sommer fuhren wir nach Luka, jedoch ohne Anton. Er war auf Sachalin.

7 *Die Reise nach Sachalin*

Von einer Reise nach Sachalin sprach Anton schon im frühen Winter, und bis zum Frühling gewöhnten wir uns allmählich an den Gedanken, dass unser Bruder eine so weite Fahrt unternehmen wollte.

Schritt für Schritt bereitete er sich auf die Reise vor. Er las Bücher über Sachalin, sammelte Material und bemühte sich, noch in Moskau alles über Sachalin zu erfahren, was ihm nützlich sein könnte. Er studierte Klima und Natur von Sibirien und Sachalin, die Aufzeichnungen anderer Reisender, statistisches Material und so weiter. Da es nicht so einfach war, alte Literatur über Sachalin zu finden, übertrug er mir diese Arbeit. Wenn ich nicht im Gymnasium unterrichtete, war ich in der Bibliothek, wühlte in Katalogen und Büchern, schrieb Exzerpte. Einige Bücher nahm ich mit nach Hause, die studierte er dann selbst. Kurz, mein Bruder bereitete sich in wissenschaftlicher Hinsicht sehr gründlich auf die Reise nach Sachalin vor. Wie sich später herausstellte, hatte er das Einleitungskapitel für sein Buch «Die Insel Sachalin» bereits in Moskau zu schreiben begonnen.

Außer Büchern über Sibirien und Sachalin studierte er auch juristisches Material über Strafrecht. Unser jüngster Bruder Michail hatte gerade sein Studium an der juristischen Fakultät beendet und bereitete sich auf die Prüfungen vor. Anton las alle seine Vorlesungsmitschriften zu Strafrecht, Gerichtsverfahren und zur Gefängnisverwaltung.

Mit welchem Ziel unternahm mein Bruder diese schwere Reise ans Ende der Welt?

Anton reiste leidenschaftlich gern. Diese Suche nach neuen

Eindrücken ist das instinktive Bedürfnis eines Schriftstellers, das Bedürfnis, dem schöpferischen Drang Raum zu geben.

In Russland wusste man damals von Sibirien, dem Fernen Osten und Sachalin so gut wie nichts. Die Vorstellungen waren simpel: Sibirien ist riesig, keine Menschenseele, viel fruchtbares Land, im Winter schrecklicher Frost; Sibirien ist der Ort der Verbannung für Revolutionäre und Menschen, die die zaristische Regierung für politisch unzuverlässig hält. Damals hatte man die Prozesse gegen die Dekabristen noch in guter Erinnerung und die Qualen, die sie auf Befehl von Nikolai I. in der Verbannung erleiden mussten.

Sachalin ... ein schreckliches Wort, das kein humanistisch eingestellter Russe ohne Scham und Schaudern aussprechen konnte.

Die Zwangsarbeit auf Sachalin war eine direkte Frucht der zaristischen Selbstherrschaft. Auf Dampfern und Lastkähnen wurden die Verbrecher auf die Insel gebracht: Straffällige, Mörder, Diebe – alle Opfer des sozialen Systems; aber auch politische Gefangene – Gegner des Zarismus und Kämpfer für die Freiheit des Volkes. Die Lebensbedingungen in den Gefängnissen waren unmenschlich, die Häftlinge schufteten in Bergwerken und Kohleschächten. Wenn sie ihre Strafe verbüßt hatten, wurden sie auf Sachalin zwangsangesiedelt, viele lebenslang. Was auf Sachalin geschah, wusste man in Russland kaum, bekannt war lediglich, dass schreckliche Willkür herrschte.

Alles mit eigenen Augen zu sehen, das Leben und den Alltag der verbannten Menschen von Sachalin zu studieren, darüber zu schreiben, das war Antons eigentlicher Wunsch. Sein Buch sollte nicht nur literarischem, sondern auch wissenschaftlichem Anspruch genügen.

Tschechow reichten die Bücher und Exzerpte nicht, die ich ihm in der Bibliothek besorgte. Als er im Winter in Petersburg war, wühlte er auch dort in Büchern und schrieb Artikel ab. Zum

Beispiel durchsuchte er die Monatszeitschrift «Morskoi Sbornik» seit 1852, alle Bände der vergangenen dreißig Jahre! Anton schreibt in einem Brief:

Aus den Büchern, die ich las und lese, ist ersichtlich, dass wir Millionen von Menschen in Gefängnissen verkommen lassen. Und zwar ohne Grund, ohne Überlegung, barbarisch; wir haben die Menschen in Ketten gelegt und Zehntausende Werst weit getrieben, bei Kälte und Frost, sie mit Syphilis infiziert, verdorben, haben Verbrecher vermehrt und das alles auf Gefängniswärter mit roten Nasen abgeladen … Schuldig sind nicht die Aufseher, sondern wir alle, aber auf diesem Ohr sind wir taub, das ist uninteressant.

Die letzten Worte bezogen sich auf den Empfänger des Briefes, auf Suworin, der Anton anlässlich der Spendensammlung für Sachalin geschrieben hatte: «Sachalin braucht niemand, es ist für niemanden interessant.» Auf diesen Satz entgegnete Anton:

Sachalin kann nur für eine Gesellschaft überflüssig oder uninteressant sein, die nicht Tausende von Menschen dorthin verbannt und Millionen dafür ausgibt.

Mit dem Bekanntwerden von Tschechows Absicht, nach Sachalin zu reisen, kamen die unverständigen Kommentare – wozu muss der Schriftsteller Tschechow zu den Zwangsarbeitern fahren? Manche nannten den Plan ganz offen töricht. So schrieb Swobodin aus Petersburg an meinen Bruder:

«Was ist das für eine abartige Phantasie!», hat kürzlich ein Schriftsteller über Sie gesagt. «Wozu muss er unbedingt die Zwangsarbeiter studieren? Als ob es auf der weiten Welt nichts anderes als Sachalin gäbe, was zu studieren sich lohnte.» (…) Gott sei mit Ihnen, Antoine! Gute Reise! Nehmen Sie alles auf, was Ihr blühendes Talent und Ihre Jugend aufnehmen kann.

Kaum einer verstand, wie ernst es Anton mit seiner Reise war.

* * *

Je näher der Tag der Abreise rückte, die mein Bruder auf Mitte April festgesetzt hatte, wenn das Eis auf dem Fluss Kama aufgehen würde, desto mulmiger wurde mir zumute. Anton merkte das, und eine Woche vor der Abreise schrieb er an Suworin:

Ich bin noch nicht weg, und meine Schwester sehnt sich schon nach mir … Ich schicke sie für zwei Wochen auf die Krim.

Anton hatte folgende Reiseroute gewählt: Moskau – Jaroslawl mit dem Zug, Jaroslawl – Perm mit dem Dampfer, Perm – Jekaterinburg – Tjumen wieder mit der Bahn, von Tjumen nach Tomsk wollte er eigentlich mit dem Schiff fahren, da aber das Eis auf den sibirischen Flüssen spät schmilzt, rechnete er damit, von Tjumen nach Irkutsk, das heißt zum Baikalsee, mit einer Pferdekutsche fahren zu müssen. Dann wollte er weiter über den Baikal, durch Ostsibirien und den Fernen Osten und schließlich über den Tatarensund mit einem Hochseeschiff. Die schwierigste Strecke war, wie sich später zeigte, der Weg von Tjumen nach Irkutsk. Eine Bahnlinie durch Sibirien gab es damals noch nicht, diese Strecke von mehr als viertausend Werst musste Anton in einem Pferdereisewagen zurücklegen!

Alle Familienmitglieder halfen beim Packen. Mutter und ich bereiteten die Wäsche, die Kleidung und die Lebensmittel vor. Mischa kaufte einen großen Koffer, der sich später, als Anton den Reisewagen benutzen musste, als furchtbar unpraktisch erwies.

Anton fuhr auf eigenes Risiko nach Sachalin. Materiell wurde er von niemandem unterstützt, er bat lediglich Suworin, ihm tausend Rubel zu leihen, die er abarbeiten wollte, indem er von unterwegs Artikel über Sibirien an die Zeitung schickte. Allerdings hatte sich Anton in Petersburg an den Chef der Hauptverwaltung der Gefängnisse, Galkin-Wraski, mit dem Gesuch gewandt, ihm den Zugang zu ermöglichen und ihn bei der Untersuchung der Zustände zu unterstützen. In einem persönlichen Gespräch versprach Galkin-Wraski meinem Bruder, einen Brief an die Behörden von Sachalin zu schreiben. Wie sich aber später herausstellte, hat er sein Versprechen nicht eingehalten.

Weder Galkin noch die anderen Genies, an die um Hilfe mich zu wenden ich die Dummheit hatte, haben mir die geringste Unterstützung angedeihen lassen; ich musste auf eigenes Risiko handeln, schrieb Anton nach seiner Ankunft auf Sachalin.

Böse Zungen verbreiteten später das Gerücht, Tschechow sei auf Kosten der Redaktion der «Nowoje Wremja» nach Sachalin gefahren. Das kränkte meinen Bruder sehr. Denn das von Suworin geliehene Geld hat er tatsächlich mit hochinteressanten Schilderungen von Sibirien und der Reise abgearbeitet, die Suworin in seiner Zeitung veröffentlichte. Und der Journalistenausweis der «Nowoje Wremja», den Anton bei sich trug, war auf Sachalin das einzige offizielle Dokument, das seine literarischen Absichten beim Studium der Zwangsarbeit bescheinigte.

Eigentlich war vereinbart gewesen, dass wir alle – alle Tschechows – Anton bis zur Station Troize-Sergijew-Kloster begleiten sollten. Da aber meine Mutter und ich nahe ans Wasser gebaut hatten, wurde beschlossen, dass wir uns in Moskau auf dem Bahnhof «ausheulen» und nicht mitfahren sollten, damit wir im Kloster «nicht noch einmal dasselbe taten».

Auf dem Jaroslawler Bahnhof fand sich eine große Menschenmenge ein, um Tschechow zu verabschieden. Außer unserer Familie waren dort: Lewitan, Semaschko, Iwanenko, meine Freundinnen, die Kundassowa und die Misinowa, das Ehepaar Kuwschinnikow und viele andere. Vor der Abfahrt des Zuges überreichte Doktor Kuwschinnikow Anton feierlich eine Flasche Kognak mit der Anweisung, sie erst am Ufer des Großen Ozeans zu öffnen und auszutrinken (was von meinem Bruder auch befolgt wurde).

Aus dem ersten Brief, den Anton uns vom Wolgadampfer auf dem Weg von Jaroslawl nach Nishni schickte, erfuhren wir plötzlich, dass auf seinem Schiff die Kundassowa mitfuhr, die ihn Gott weiß wohin «begleiten» wollte, was ganz im Stil von Olga war. Mein Bruder schrieb:

Mit mir fährt die Kundassowa. Wohin sie fährt und warum, weiß ich nicht. Wenn ich sie danach frage, ergeht sie sich in irgendwelchen höchst nebulösen Andeutungen über jemanden, der angeblich mit ihr ein Treffen in einer Schlucht bei Kineschma verabredet hat, dann bricht sie in hysterisches Lachen aus und fängt an, mit den Füßen zu stampfen oder mit dem Ellenbogen gegen alles zu stoßen, was ihr in den Weg kommt … Wir haben längst Kineschma und die Schluchten hinter uns gelassen, aber sie fährt immer weiter mit, worüber ich natürlich sehr froh bin.

Während der gesamten Fahrt schrieb uns Anton hochinteressante Briefe mit Schilderungen der Reise, des Lebens und der Gebräuche, die er in Sibirien und im Fernen Osten beobachtete. In einem Brief aus Tomsk berichtet er über die Fahrt mit der Pferdekutsche über endlose überflutete und schlammige Wege, von den Fähren über die sibirischen Flüsse bei Regen, Wind und Eis; er erzählt von einem Zusammenstoß mit einer Pferdetroika, bei dem er aus purem Zufall mit dem Leben davongekommen und unversehrt geblieben ist. Oder von der Bootspassage bei starkem Wind und hohen Wellen über den Fluss Tom, der über die Ufer getreten war, und Anton dachte: «Wenn jetzt das Boot kentert, dann reiße ich mir zuerst den Schafspelz und den Ledermantel vom Leib, dann die Filzstiefel, dann …»

Von Tomsk aus fuhr Anton in einer Kutsche weiter, die er für hundertdreißig Rubel gekauft hatte, nachdem er den unpraktischen Koffer (Mischas Moskauer Einkauf) gegen «ein ledernes Miststück» getauscht hatte, «das die gute Eigenschaft besitzt, sich auf dem Boden der Kutsche so auszubreiten, wie man es braucht». Auch die Straße jenseits von Tomsk war schlecht, und bei Krasnojarsk brach die Kutsche zweimal entzwei und musste repariert werden.

Großartige Briefe schrieb Anton vom Ufer der Angara und

des Baikalsees, und dann von den Schiffen, mit denen er auf dem Amur fuhr. Er war begeistert von der sibirischen Natur:

Dieses Schwein Lewitan, dass er nicht mitgefahren ist. Rechts ein Wald, der einen Berg hochsteigt, links ein Wald, der zum Baikalsee hinuntergeht. Was für Schluchten, was für Felsen! Der Farbton des Baikalsees ist zart, warm … Und in Transbaikalien habe ich alles gefunden, was man nur will: den Kaukasus, die Flusstäler des Psol, die Natur von Swenigorod und den Don. Tagsüber kutschierst du durch den Kaukasus, nachts durch die Donsteppe, und am Morgen erwachst du aus dem Schlummer, und sieh da! – das Gouvernement Poltawa –, und so geht es die ganzen tausend Werst.

«Am Baikal beginnt die sibirische Romantik», schrieb er in einem anderen Brief. Sehr herzlich äußerte sich Anton über das Volk, das am Amur lebte.

Der Amur ist ein äußerst interessantes Land. Teuflisch originell. Hier brodelt ein Leben, von dem man in Europa keine Ahnung hat. Hier haben die Leute keine Angst, laut zu reden. Hier gibt es niemanden, der dich verhaften, und keinen Ort, wohin man dich verbannen könnte … Das Volk hier ist unabhängig und selbständig.

* * *

Bald nach Antons Abreise fuhren wir auf die Datscha zu den Lintwarjews nach Sumy. Es war bereits der dritte Sommer, den wir bei ihnen verbrachten. Die recht teure Wohnung im Kornejew-Haus gaben wir auf, da wir sie im Sommer nicht nutzten und mein Bruder von seiner Reise erst im Dezember zurückkehren wollte.

Im Hochsommer unternahm ich mit Natalja Lintwarjewa meine erste Reise auf die Krim. Anton hatte mir noch vor seiner Abfahrt Geld dafür gegeben.

Ich denke, jeder, der zum ersten Mal auf die Krim kommt, sammelt unvergessliche Eindrücke von der einmaligen Schönheit der Südküste. Wenn du das sonnenüberflutete Meer siehst, die grünen Berge, die bis ans Ufer reichen, die üppige Vegetation in den Gärten und Parks. Wenn du zum ersten Mal ins Meer tauchst, sein salziges Wasser schmeckst und mit ungewohnter Leichtigkeit losschwimmst. Wenn du zum ersten Mal die dunklen südlichen Nächte erlebst, die Silhouetten der schlanken Zypressen siehst, das unaufhörliche Zirpen der Zikaden in der Nacht hörst.

Auch mich haben diese ersten Empfindungen überwältigt. Seitdem ist viel Zeit vergangen, aber ich erinnere mich noch ganz deutlich, wie ich mir für die Postkutsche ein Billett erster Klasse kaufte, das heißt für einen der vorderen Plätze, und mit fast kindlicher Begeisterung alles aufnahm, was sich auf dem Weg von Simferopol nach Jalta vor meinen Augen auftat. Und man fuhr damals lange mit der Pferdekutsche, einen ganzen Tag, manchmal sogar länger.

In Jalta blieb ich mehr als zwei Wochen. Ich war überall, schaute mir alle Sehenswürdigkeiten der Südküste an.

* * *

Von Sachalin schrieb uns Anton nicht, wenn man von dem Brief am Tag vor seiner Rückreise absieht. Wir erhielten noch ein sachliches Telegramm, gerichtet an unseren Bruder Iwan, das Schulbücher, Programme der Landlehrer und so weiter betraf, die wir nach Sachalin schicken sollten. Einen besonders schlimmen Eindruck hatte Anton von den Sachaliner Kindern. Schulen gab es nur wenige, Lehrbücher überhaupt nicht, die Schulbibliotheken befanden sich in einem jämmerlichen Zustand. Als er noch auf der Insel war, kümmerte sich Anton um die Kinder der Zwangsarbeiter und Verbannten und half ihnen auch nach seiner Rückkehr nach Moskau. Er organisierte eine Sammlung von Lehrbüchern und Lehrmitteln, und ich musste ziemlich häufig Pakete packen und nach Sachalin schicken.

Anton leistete auf Sachalin schwere Arbeit. Was für Kraft ihn allein die Zählung der gesamten Inselbevölkerung kostete! Eigenhändig füllte er zehntausend statistische Karteikarten aus, wobei er mit jedem einzelnen Zwangsarbeiter und Verbannten redete, in jeder einzelnen Hütte war. Später sagte er, er habe auf Sachalin alles gesehen, außer der Vollstreckung der Todesstrafe. Sein Buch «Die Insel Sachalin» enthüllte sogar in der zensierten Fassung die schlimme, unerträgliche Lage der verbannten Bevölkerung. Auf das Buch mussten unweigerlich auch die höheren Beamten der Gefängnisbehörden aufmerksam werden. Trotzdem wurden keine grundlegenden Veränderungen durchgeführt, die die Lage der Menschen verbessert hätten.

Anton kehrte auf einer anderen Route nach Hause zurück. Er umschiffte Asien und nahm den Seeweg bis nach Odessa. Er war in Hongkong, Singapur, auf der Insel Ceylon und in anderen südlichen Häfen. Er war sehr zufrieden mit seiner Reise.

Im Herbst, als wir von der Datscha nach Moskau zurückkamen, mieteten wir in der Malaja Dmitrowka eine neue Wohnung. Hierher kehrte Anton am 8. Dezember von Sachalin zurück. Außer vielen interessanten Dingen und Andenken brachte er von der Insel Ceylon drei kleine Tiere mit, die Mangusten hießen. Allerdings entpuppte sich eins davon als Palmenroller. Dieser war sehr wild und saß hauptsächlich unterm Bücherschrank. Anton scherzte in einem Brief:

Die Mangusten haben schon Namen bekommen. Der eine heißt Lump – so haben ihn die Matrosen liebevoll getauft; der andere, der sehr listige Gauneraugen hat, wird Viktor Krylow (ein Vielschreiber, dessen Stücke Anton nicht mochte) *genannt; das dritte, ein Weibchen, furchtsam, unzufrieden, ständig unterm Waschtisch sitzend, heißt Omutowa* (Schauspielerin im Korsch-Theater, die die Rolle der Sarah in Tschechows «Iwanow» spielte).

Wir behielten nur eine Manguste, ein wundervolles und hochinteressantes Tierchen. Es wurde schnell zahm und führte sich auf wie der Herr im Haus. Umwerfend und ungewohnt war seine Neugier. Es untersuchte jede Ritze, kletterte auf die Tische, betrachtete alles, was dort lag, blätterte in Büchern, lugte ins Tintenfass, tunkte sogar seine Pfote hinein und hinterließ Tintenspuren. Eine komische, wenn auch nicht unbedingt angenehme Eigenart der Manguste war, dass sie alle Taschen untersuchte. Stellen Sie sich folgendes Bild vor: Es kommt ein Gast, setzt sich auf den Stuhl, plötzlich springt ein Tierchen von der Größe einer ausgewachsenen Katze auf seinen Schoß und beginnt, die Jackentaschen des Besuchers umzustülpen und sich für alles zu interessieren, das es dort gab. Den Frauen zerwühlte es die Frisur und zog alle Nadeln und Kämme heraus. Wenn die Manguste ein Loch in der Tapete entdeckte, dann riss sie es noch weiter auf und schaute nach, was es da wohl zu sehen gäbe. In ihrer Heimat töten die Mangusten Giftschlangen. Diese Fähigkeit demonstrierte das Tierchen, als wir im Sommer auf der Datscha in Bogimo lebten. Einmal kam im Park eine große Schlange aus dem Gras gekrochen. Mischa rannte ins Haus und holte die Manguste. Zuerst rollte sie sich wie ein Igel zusammen, beobachtete lange die Schlange, sprang dann auf sie und biss ihr den Kopf ab.

Die Manguste liebte Menschen, und wenn man sie allein ließ, weinte sie regelrecht. Wenn jemand ins Zimmer trat, sprang sie zu ihm hin und schmiegte sich an ihn wie ein Hund. Und nachts musste sie unbedingt schnurrend wie eine Katze bei irgendjemandem auf dem Bett schlafen.

Obwohl wir sie alle liebten, mussten wir uns von ihr trennen. Es gab zu viel Aufregung. In den Zimmern herrschte stets Unordnung, alles war durcheinander geworfen, fast jeden Tag Erde aus den Blumentöpfen herausgeholt, Geschirr zerschlagen. Alles Gestrickte und Eingewickelte wurde aufgetrennt und ausgepackt. Die Neugier der Manguste kannte keine Grenzen. Wir beschlossen, sie in den Moskauer Zoo zu geben, der noch kein Exemplar dieses Tierchens hatte. Ich brachte unser liebes Mangustilein dorthin und gab es in der Verwaltung ab. In meiner Freizeit fuhr ich oft in den Zoo und besuchte das Tierchen. Ich sprach mit ihm, neigte meinen Kopf zu ihm, und sofort zog es mir wieder alle Kämme und Nadeln aus dem Haar und zerwühlte meine Frisur.

* * *

Nachdem Anton einen Monat in Moskau geblieben war, fuhr er nach Petersburg, um an seinem Buch über Sachalin zu arbeiten. Er wohnte bei Suworin. Zum Schreiben kam er allerdings kaum, die Gespräche mit Suworin oder mit den unzähligen Besuchern, die mit Anton über Sachalin reden wollten, hinderten ihn daran. Mein Bruder schrieb uns:

Den ganzen Tag, von elf Uhr morgens bis vier Uhr morgens, bin ich auf den Beinen; mein Zimmer gleicht einem Büro, in dem der Reihe nach die Herren Bekannten und Visiteure ihren Dienst tun. Ich rede unaufhörlich. Ich mache Besuche, und es ist kein Ende abzusehen. Meiner Reise nach Sachalin wird eine Bedeutung beigemessen, die ich nicht erwartet habe: Zu mir kommen Staatsräte und Wirkliche Staatsräte. Alle warten auf mein Buch und sagen ihm einen nachhaltigen Erfolg voraus, nur zum Schreiben selbst komme ich nicht.

In Petersburg ging mein Bruder zu dem bekannten und progressiven Gerichtsbeamten Koni, mit dem er bald freundschaftliche Beziehungen unterhielt. Er erzählte ihm von den Schrecken der Zwangsarbeit und von der Lage der Kinder und Jugendlichen auf Sachalin. Beide wollten zu einer Hofdame gehen, die als Wohltäterin für Verbannte und deren Familien galt. Aber aus diesem Besuch wurde nichts, und Anton beschloss, ihn auf einen späteren Zeitpunkt zu verschieben, wenn das Buch über Sachalin erschienen war.

Er kam nur langsam mit der Arbeit voran. Das eine Mal fuhr er irgendwohin, ein andermal störten ihn dringende Angelegenheiten, wie zum Beispiel die Hilfsaktion für die hungernden Bauern, aber der Hauptgrund waren die ständigen Geldsorgen. Das Buch erforderte viel Zeit, doch wir mussten von irgendetwas leben! Deshalb schrieb Anton kleinere Sachen, für die er sofort Honorar bekam. Wenn man bedenkt, wie viele Erzählungen mein Bruder vom Moment seiner Rückkehr aus Sachalin bis zum Abschluss der Arbeit am Buch geschrieben hat, wird deutlich, warum sich das Erscheinen des Buches so verzögerte. An der «Insel Sachalin» arbeitete Tschechow von 1891 bis 1894. Und in dieser Zeit schrieb er ungefähr zwanzig andere Stücke, darunter umfangreiche und ernsthafte wie «Das Duell», «Krankensaal Nr. 6», «Irrwisch», «Der schwarze Mönch» oder «Die Erzählung eines unbekannten Menschen».

«Die Insel Sachalin» wurde ab 1893 in der Zeitschrift «Russkaja Mysl» in Fortsetzung abgedruckt. Die ersten Kapitel erschienen in der Oktobernummer, die letzten in der Julinummer 1894. 1895 wurde «Die Insel Sachalin» vom Verlag Russkaja Mysl als Buch herausgegeben.

Tschechow hatte sein Ziel, die Aufmerksamkeit der russischen Gesellschaft für die Lage der Verbannten auf Sachalin zu wecken, erreicht. Die gesellschaftliche Bedeutung des Buches war immens. Und ich war stolz und froh, als mein Bruder 1902 in der Zeitschrift «Mir Boshi» lesen konnte:

Selbst wenn Herr Tschechow nichts weiter geschrieben hätte als dieses Buch, wäre sein Name in die Geschichte der russischen Literatur eingegangen, und in der Geschichte der russischen Verbannung wäre er nie vergessen worden. («Mir Boshi» , Nr. 9, 1902)

8 *Sommer in Bogimo*

Mitte März 1891 fuhr Anton nach Petersburg, um zusammen mit Suworin ins Ausland zu reisen. Ich war ein wenig verwundert über diesen Plan meines Bruders. Denn es waren ja erst drei Monate seit seiner Rückkehr von der großen Reise nach Sachalin vergangen. Und von diesen drei Monaten hatte er bereits drei Wochen in Petersburg zugebracht. Er hatte sich eigentlich noch gar nicht richtig erholt und fuhr gleich wieder weg. Das war ihm selbst bewusst, und er schrieb im Scherz an Maria Kisseljowa:

Es steht geschrieben: Er schafft es nicht mal, «ach» zu sagen, da hat der Bär ihn schon am Kragen. So geht es auch mir: Ich schaff es nicht mal, «ach» zu sagen, und schon zieht mich eine unerklärliche Kraft wieder in geheimnisvolle Fernen.

Immer sehnte er sich nach neuen Eindrücken, und in solchen Fällen sagte ich zu ihm: «Du bist ein unruhiger Geist, Antoscha!»

Es war die erste Reise meines Bruders durch Westeuropa. Er blieb ein paar Tage in Wien und fuhr dann weiter nach Italien. Venedig machte gewaltigen Eindruck auf ihn. Florenz, Rom, Neapel. Auf dem Rückweg kam er durch Nizza und Paris.

Anton bewunderte die Schönheit Italiens, die herrliche Architektur, die unsterblichen Schöpfungen der großen Meister der Malerei und Bildhauerei. Er war begeistert von der Musikalität der Italiener, nannte auch die Franzosen ein «hervorragendes Volk», schrieb uns aber auch mit Bitterkeit vom «verachtungswürdigen und grässlichen Leben mit seinen Artischocken, Palmen und dem Pomeranzengeruch», vom «Roulett-Luxus», der den Eindruck von einem «Luxus-WC» hinterlasse. Nach seiner

Rückkehr erzählte er uns, wie sehr er sich nach der simplen russischen Krautsuppe «Schtschi» und der Buchweizengrütze «Gretschka» gesehnt habe. Antons Liebe zu Russland und allem Russischen war sehr groß. Aus Paris zum Beispiel schrieb er, dass die «russischen Maler viel ernsthafter sind als die französischen», und aus Italien: «Die Eisenbahnwagen und die Zustände bei der Eisenbahn sind im Ausland schlechter als in Russland. Unsere Wagen sind bequemer und die Menschen gutmütiger.» Auch später, wenn Anton im Ausland weilte, hatte er immer bald Sehnsucht nach Russland.

Während Antons Sachalin-Aufenthalt hatte Mischa eine Anstellung in Alexino im Gouvernement Tula erhalten und war dorthin gezogen. Alexino war ein winziges Städtchen am Ufer der Oka. Am anderen Flussufer, in der Nähe des Bahnhofs, standen drei oder vier kleine Sommerhäuschen aus Holz, die nicht einmal umzäunt waren. Zum Fluss war es recht weit, außerdem hatten diese Häuschen nichts Interessantes zu bieten, vor allem nach Sommersitzen wie Luka und Babkino. Mischa, der von Anton den Auftrag hatte, in der Umgebung von Alexino nach einer Datscha zu suchen, konnte aber nichts Besseres finden und mietete eines dieser Häuschen.

Gleich nach Antons Rückkehr zog unsere Familie dorthin. Wirklich nachteilig war, dass die Datscha nicht groß genug war: vier kleine Zimmer für unsere große Familie und dazu noch die ständigen Gäste! «Innen eng, außen weit», scherzte Anton.

Doch auf dieser Datscha blieben wir nicht lange. Denn als meine Freundin Lika und Lewitan zu uns nach Alexino kamen, lernten sie auf dem Dampfer den Gutsbesitzer Bylim-Kolossowski kennen. So erfuhr dieser, dass der Schriftsteller Tschechow auf einer Datscha ganz in der Nähe seines Landsitzes im Dorf Bogimo weilte. Eines Tages schickte er zwei Troikas zu uns mit der Einladung, ihn zu besuchen. Wir fuhren hin und fanden ein großes, heruntergekommenes Gut mit einem riesigen zweistöckigen Haus, zwei oder drei Nebengebäuden und einem wundervollen alten Park mit Alleen und kleinen Seen vor. Als Bylim-Kolossowski merkte, dass Anton das Anwesen gefiel, schlug er ihm vor, unsere kleine Datscha in Alexino aufzugeben und die obere Etage seines großen Hauses zu mieten. Das Gut, der Park und die ganze Atmosphäre begeisterten Anton so sehr, dass er trotz der Miete für zwei Häuser (für Alexino hatte er bereits neunzig Rubel bezahlt, das neue kostete hundertsechzig Rubel) beschloss, so schnell wie möglich umzuziehen.

Anton war begeistert von der romantischen Lage dieser Datscha. In einem Brief an Suworin beschreibt er sie:

Was für eine Weite! Das obere Stockwerk eines großen Herrenhauses steht mir zur Verfügung. Die Zimmer sind riesig; zwei sind so groß wie Ihr Saal, sogar noch größer; eins hat Säulen; es gibt eine Galerie für Musikanten. Als wir die Möbel aufstellten, sind wir ganz außer Puste geraten, weil wir es nicht gewohnt sind, durch solche riesigen Räume zu laufen. Ein wunderschöner Park; ein See, ein Flüsschen mit Mühle, ein Boot – eine ganze Reihe von einfach bezaubernden Details … Die Karauschen beißen ausgezeichnet. Gestern habe ich alle traurigen Dinge vergessen: Mal sitze ich am See und ziehe Karauschen raus, mal neben der verlassenen Mühle und fange Barsche … Ich erwarte Sie hier. Gut wäre es, wenn Sie sich beeilten, denn bald hören die Nachtigallen auf zu schlagen und der Flieder verblüht.

Suworin nahm Antons Einladung an und kam uns zweimal besuchen, blieb aber jedes Mal nur einige Tage.

In Bogimo war meine Freundin Natalja Lintwarjewa bei uns zu Gast. Dann fuhr ich zu ihrer Familie nach Sumy, allerdings nicht lange, weil Anton mich bat, so schnell wie möglich zurückzukommen. Er schrieb Natalja, sie solle mich «mit einer langen Gerte» nach Hause treiben, «denn Mascha wird hier gebraucht». Und mir schrieb er im Scherz:

… ohne dich ist unser umfangreicher Haushalt ganz runtergekommen. Nichts zu essen, die Fliegen haben uns übermannt … Die Man-

guste hat ein Glas Konfitüre kaputtgeschmissen und so weiter und so weiter.

* * *

Außer uns gab es in Bogimo noch andere Sommergäste. Im Parterre wohnte die Familie des bekannten Malers Alexander Kisseljow, der lustige Kinderchen hatte, die «Kisselchen», wie wir sie nannten – lauter Mädchen. Wie alle Kinder gewannen auch diese Mädchen Anton lieb und freundeten sich mit ihm an, sie gingen mit ihm spazieren, kamen zu uns hinauf, aber das Bemerkenswerteste war, dass sie Erzählungen von Anton inszenierten und dann auch selbst spielten. Von diesen Aufführungen will ich noch erzählen.

In einem der Seitenflügel des Herrenhauses wohnte der junge Zoologe Wladimir Wagner, der an der Moskauer Universität Vorlesungen hielt. Später wurde er Professor. Mit ihm verbrachten seine Frau und sein Tantchen den Sommer in Bogimo. Für gewöhnlich saß er von morgens bis abends im Park unter einem Baum und studierte die Spinnen. Mein Bruder machte sich liebevoll über ihn lustig, nannte ihn «Spinnchen» und scherzte, dass Wagner, wenn er mit den Spinnen fertig wäre, sich an die Flöhe machen werde, die er «auf seinem Tantchen einsammelt!». Oft setzte sich Anton abends zu Wagner, und sie führten ernste Gespräche, ja sogar Streitgespräche über naturwissenschaftliche und philosophische Themen. In diesem Sommer schrieb Anton die Novelle «Das Duell». Als er die Figur des Zoologen von Koren schuf, verwendete er viele Gedanken und Thesen aus seinen Streitgesprächen mit Wagner.

Mit Wagner ist ein Aufsatz Antons in der Presse zur Verteidigung der Wissenschaft gegen Scharlatanerie verbunden. Dieser Artikel bezog sich auf die Tätigkeit des großen russischen revolutionären Wissenschaftlers der Moskauer Universität Kliment Timirjasew. Im Jahr 1891 erschien eine kleine Broschüre von Timirjasew mit dem Titel «Parodie der Wissenschaft», in der er der Direktion des Moskauer Zoologischen Gartens, vor allem dem Direktor, dem bekannten Professor Anatoli Bogdanow, vorwarf, dass die zum Zoo gehörende «botanische Versuchsstation» nichts mit Wissenschaft zu tun habe und Scharlatanerie sei. Er schrieb:

Wenn die Direktion des Zoologischen Gartens den Mut hat, ihr klägliches Unternehmen als «botanische Versuchsstation» zu bezeichnen, dann sind die Botaniker, die etwas von ihrem Beruf verstehen, gezwungen, dem Publikum zu sagen: Glauben Sie das nicht, das ist eine unwürdige Parodie, die von einer betrüblichen Missachtung der Wissenschaft und des Publikums zeugt.

Wagner erzählte Anton von den schrecklichen Verhältnissen im Zoologischen Garten, zeigte ihm Rechenschaftsberichte und deckte die pseudowissenschaftliche Tätigkeit der «Männer der Wissenschaft» dieses Zoos auf. Auf der Grundlage dieses Materials schrieb Anton in Bogimo den Artikel «Gaukler» und schickte ihn zum Abdruck in der «Nowoje Wremja» an Suworin. Im Begleitbrief erklärte mein Bruder:

Es ist so, dass es bei uns in Moskau und in Russland einen Professor namens Bogdanow gibt, Zoologe, eine Persönlichkeit von Einfluss, die alles und jedes an sich reißt, angefangen mit der Zoologie und endend mit der russischen Presse. Selbige Person kann sich ungestraft alles erlauben, was ihr beliebt. Und nun hat Timirjasew das öffentlich gemacht …

Als Zusatz zur Broschüre schicke ich eine Anmerkung mit. Timirjasew kämpft mit der Scharlatanerie in der Botanik, aber ich möchte hinzufügen, dass die Zoologen keinen Deut besser sind. Lesen Sie die Anmerkung bis zu Ende; man muss kein Botaniker oder Zoologe sein, um zu begreifen, wie es um die Dinge bestellt ist, die wir aus Unkenntnis so hochschätzen … Ich unterzeichne mit dem Buchstaben Z und nicht mit meinem Namen, weil erstens die Anmerkung nicht von mir allein stammt, zweitens der Verfasser unbekannt bleiben muss, denn Bogda-

now weiß, dass Wagner bei Tschechow lebt, aber Wagner muss seine Doktorarbeit verteidigen und so weiter – und meiner Sünden wegen könnte man Wagner ohne irgendwelche Erklärungen seine Dissertation zurückgeben.

In seinem Artikel beschuldigt Anton die Direktion des Zoologischen Gartens, dass ihre gesamte Tätigkeit, die neu eröffnete botanische Versuchsstation und das zoologische Laboratorium, «Beispielchen für eine betrübliche Missachtung der Wissenschaft und des Publikums darstellen». Tschechows «Gaukler» und Timirjasews Broschüre wirbelten viel Staub auf. Timirjasew wusste lange Zeit nicht, dass der Verfasser der «Gaukler» Tschechow war. Erst viel später, als sich Anton und Timirjasew in der Redaktion der «Russkaja Mysl» trafen, erfuhr Timirjasew, wer damals mit ihm gegen die Scharlatanerie in der Wissenschaft zu Felde gezogen war. Davon berichtete mir Timirjasew selbst in einem Brief: 1914, zu Antons zehntem Todestag, gab der Verlag der Schriftsteller in Moskau, dessen Gesellschafter ich war, den Band «Slowo» mit Erinnerungen an Tschechow und Materialien über ihn heraus. In diesem Band war auch der Artikel «Gaukler» abgedruckt. Ein Exemplar dieses Bandes schickte ich 1916 mit einer Widmung an Timirjasew und erhielt von ihm diesen Antwortbrief:

Hochverehrte Maria Pawlowna! Für den hochinteressanten Artikel Ihres unvergesslichen Bruders, den Sie mir geschickt haben, bin ich Ihnen zu großem Dank verpflichtet. Dieser Artikel war für mich viele Jahre ein Rätsel, bis Anton Pawlowitsch bei einem Treffen in der Redaktion der «Russkaja Mysl» das Geheimnis lüftete. Aber selbst nach seinem Tode glaubte ich, nicht das Recht zu haben, dieses Geheimnis auszuplaudern, denn unser Gespräch fand ohne Zeugen statt. Jetzt ist das Geheimnis entsiegelt, und irgendwann einmal erzähle ich in der Presse in allen Einzelheiten davon. Ich will nur vorab berichten, was das letzte Ergebnis von Professor Bogdanows wissenschaftlicher Tätigkeit ist: Ich wurde aus der Peter-Akademie entlassen und die Akademie selbst geschlossen.

Da haben Sie ein Beispiel aus der Intimgeschichte unserer russischen Forschung!

* * *

In Bogimo war unser Leben sehr abwechslungsreich. Wie immer waren Antons Lieblingsbeschäftigungen neben dem Schreiben das Angeln und Spaziergänge in den Wald zum Pilzesammeln.

Anton führte manchmal Arztsprechstunden durch: Mal wurde ihm ein Kranker gebracht, mal wurde er zu jemandem ans Bett gerufen.

Unser Vermieter, Jewgeni Bylim-Kolossowski, gab sich anfangs große Mühe, seriös und «gebüldet» zu erscheinen, wie Anton scherzte, entpuppte sich dann aber als einfacher und sympathischer Mann. Er trug einen leichten taillierten russischen Herrenmantel, hatte liberale Ansichten und bezeichnete sich als «Sozialisten». Die Verwandten nannten ihn Goethe, und auch wir übernahmen diesen Spitznamen. Einmal organisierte Bylim-Kolossowski für seine Sommergäste ein Picknick, das unter keinem glücklichen Stern stand. Anton und Bylim-Kolossowski waren bereits um drei Uhr nachts mit dem Reisewagen losgefahren. Auf der Fahrt scheuten die Pferde so, dass sie durchgingen und die Kutsche zerbrach. Mein Bruder kam zu Fuß und mit geschwollener Nase zurück

In unserer lieben Freizeit besuchten wir vorzugsweise die Theateraufführungen der Kisseljow-Mädchen. Es war interessant zu verfolgen, wie gekonnt diese Kinder kurze Erzählungen Antons inszenierten und spielten und dabei erwachsene Männer und Frauen darstellten. So führten sie beispielsweise einmal die Erzählung «Der Waschlappen» auf. Die Rolle des Herrn, der der Gouvernante zu wenig Geld gibt, spielte die zehnjährige Sonja, ihrem Charakter nach ein sanftes und schüchternes Mädchen, und die betrogene Gouvernante spielte die achtjährige Nadja – ein sehr lebhaftes Mädchen. Dabei kam genau das Gegenteil heraus: Die Gouvernante gewann die Oberhand und sah überhaupt nicht wie ein Waschlappen aus, und der Herr, der sie gekränkt hatte, war der Leidtragende. Anton musste herzlich lachen. Nach solchen Aufführungen wurden meist noch lebende Bilder gezeigt, manchmal veranstalteten wir auch Fackelzüge durch den Park.

Ein anderes Mal, es war Hochsommer, feierten wir einen ganzen Tag lang, und nach der Theateraufführung wurde in der von Lampions erleuchteten Lindenallee getanzt und gespielt. Plötzlich war Anton verschwunden. Als er wenig später wieder auftauchte, hatte er sich den Kasten einer alten Standuhr über den Kopf gestülpt und über das Ganze noch ein Plaid geworfen. So lief er zwischen den Kindern herum und brüllte wie ein wildes Tier, womit er alle «Kisselchen» in Begeisterung versetzte. Mein Bruder konnte richtig ausgelassen sein und übertölpelte die Kinder gern mit wunderlichen Dingen.

Einmal schrieb Anton nach einer lustigen Theateraufführung der «Kisselchen» aus Spaß eine Rezension, über die alle Sommergäste von Bogimo herzlich lachten. Als ich fast ein Vierteljahrhundert später damit begann, die gesammelten Werke meines Bruders herauszugeben, nahm ich diese Rezension in den Briefband des Jahres 1891 auf, und so wurde sie 1913 erstmals veröffentlicht. Ich möchte Antons Rezension hier zitieren:

Gestern wurde im Dorf Bogimo von Liebhabern der Bühnenkunst eine Theatervorstellung gegeben. Dieses bedeutende Ereignis fiel wunderbarerweise mit dem Aufenthalt der mächtigen Flotte einer mit uns befreundeten Macht in Kronstadt zusammen, und so förderten die jungen Schauspieler ohne ihr Wissen die Festigung der Sympathie und der Verbindung zweier im Geiste verwandter Nationen. Vive la France! Vive la Russie!

Das Stück wurde zu Ehren des ehrwürdigen Zoologen W. A. Wagner gegeben. Es ist nicht an uns, über die Bedeutung der Zoologie als Wissenschaft zu sprechen. Den Lesern ist bekannt, dass Wanzen, Flöhe, Mücken und Fliegen – Geißeln der Menschheit und Urfeinde der Zivilisation – bis zum heutigen Tag ausschließlich mit einem persischen Pulver und anderen Produkten der lateinischen Küche vernichtet wurden, jetzt aber verrecken alle genannten Insekten wunderbar an der Langeweile, die von den Werken unserer ehrwürdigen Zoologen ausgeht.

Auf der Bühne wurde etwas dargestellt, das sehr an Szenen aus dem «Revisor» erinnert, dazu die folgenden lebenden Bilder:

1. ein Inder in den Pantalons von Chlestakow, 2. Zigeuner auf dem Festmahl bei den griechischen Kaisern, 3. griechische Kaiser im Zigeunerlager, 4. ein Genie, das einem Hottentotten und einer Spanierin einen Kranz aus Saunaruten aufsetzt.

Die Aufführung, im höchsten Maße talentiert, gewissenhaft und durchdacht, rief allgemeine Begeisterung hervor. Kisseljow, der mit seinem Aussehen wunderbar für die Bühne geeignet ist (Kisseljow war ein kleines und schmächtiges Männlein!)*, stellte sein hervorragendes komisches Talent unter Beweis. Er ist zweifellos ein Komiker. Doch wenn er dem Publikum sein Profil zeigt, spürt man in seiner Darstellung und in seinem Kostüm eine große, erschütternde Tragik. Frau Kisseljowa die Erste hat von Anfang an die Aufmerksamkeit und das Mitgefühl des Publikums erregt und sich in jeder Beziehung als herausragende Schauspielerin erwiesen. Eine gute Stimme, dazu zweifellos die Begabung, dieselbe wundervoll einzusetzen, ein Bühnentalent, wunderbar ausgebildet, eine hervorragende Kenntnis der Bühne und szenische Erfahrung machen aus ihr eine ausgezeichnete Schauspielerin. Sie erhielt leidenschaftlichen Applaus, und man überreichte ihr nach jedem Akt Kränze und Blumensträuße, die das Publikum hinter den Kulissen bei den Herren Darstellern erwerben konnte – diese hatten sich rechtzeitig darum bemüht, für die Ehrung der Künstlerin entsprechend vorbereitet zu sein.*

In der Darstellung von Frau Kisseljowa der Zweiten, die die schwere Rolle des Mischka spielte, begegneten wir nicht jenen Mängeln, die uns bei Sarah Bernhardt und der Duse so missfallen; die Debütantin betrat das Zimmer mit Hut und nahm den Brief nicht an, den man ihr geben wollte, und mit solch scheinbar winzigen Nuancen und Strichen stellte sie die Originalität ihrer Begabung unter Beweis, um die sie sogar die Jermolowa beneidet hätte.

Was Frau Wagner betrifft, so machte ihr Spiel Furore; die exzentrische Darstellung, voller lustiger Karikaturen, die Leichtigkeit, die Luftigkeit, das Himmlische und gleichzeitig die wunderbare Aussprache im Zusammenhang mit einer hervorragenden Kenntnis der Bühne waren ein wahrhaftiger Triumph ihres Talents (Wagners Frau Maria Apollowna war eine unauffällige, stille, etwas seltsame junge Frau, die mit der ältesten Tochter der Kisseljows, Vera, befreundet war)*; ihr Erscheinen und ihr Abgang riefen beim Publikum jedes Mal ungeheures Gelächter hervor. Von den Darstellern der lebenden Bilder muss vor allem Frau Kisseljowa die Dritte hervorgehoben werden, deren leuchtendes Gesicht den Schauspielern und dem Publikum die ganze Zeit das bengalische Feuer ersetzte.*

Amenaïssa Erastowna nahm leider nicht teil an der Aufführung. (Amenaïssa Erastowna war die Wirtschafterin auf dem Gut von Bylim-Kolossowski, eine rotblonde Frau mit Silberblick, eine ungebildete und recht böse Person. Eigentlich hieß sie Animaïssa Orestowna, aber Anton nannte sie immer Amenaïssa Erastowna. Er behauptete, sie sei nicht gleichgültig gegenüber ihrem Herrn und sehr eifersüchtig! In seinen Briefen aus Bogimo erwähnt Anton sie des Öfteren.)

* * *

Den ganzen Sommer über beschäftigte ich mich ernsthaft und voll Freude mit Malerei. Mein Zimmer war bis zur Decke mit Skizzen voll gehängt. Einmal kam Alexander Kisseljow zu mir herein, betrachtete meine Arbeiten, lobte sie und sagte: «Aus einer Berufung wird ein Künstler!»

Jetzt, später, kann ich sagen, dass ich zwar die Berufung hatte, mich der Malerei aber nicht völlig hingeben konnte. Andere Wege, andere Ziele, die mit dem Leben und der Arbeit meines Bruders in Zusammenhang standen, lagen vor mir.

Bis in die ersten Septembertage hinein wohnten wir auf der Datscha in Bogimo und kehrten dann nach Moskau zurück, in unsere alte Wohnung auf der Malaja Dmitrowka.

9 *Auf der Suche nach einem Landsitz*

Wenn ich Arzt bin, brauche ich Kranke und ein Krankenhaus; wenn ich Schriftsteller bin, muss ich mit dem Volk leben, nicht in der Malaja Dmitrowka, mit einer Manguste. Wenigstens ein kleines Stück gesellschaftliches und politisches Leben brauche ich, wenigstens ein ganz kleines Stück, dieses Leben in vier Wänden ohne Natur, ohne Menschen, ohne Heimat, ohne Gesundheit und Appetit ist kein Leben …

Das schrieb Anton anderthalb Monate nach der Rückkehr aus Bogimo in einem Brief. Mein Bruder sprach immer öfter vom Kauf eines Weilers irgendwo in der Ukraine, den er als ständigen Wohnsitz haben wollte.

Anfang des Winters rief er mich in sein Zimmer und sagte: «Hör mal, Mascha, wie wär's, wenn du zu den Smagins nach Bakumowka fährst, um dir dort ein paar Weiler anzusehen, die zum Verkauf stehen?»

«Ich habe doch Unterricht. Ich kann erst in den Weihnachtsferien fahren», entgegnete ich. Und so wurde es beschlossen. Nicht lange vor diesem Gespräch war Alexander Smagin bei uns zu Gast gewesen und hatte versprochen, uns bei der Suche eines Weilers in seiner Gegend, in der Nähe von Sorotschinzy, zu helfen.

Antons Überlegungen, in ein eigenes Landhaus zu ziehen, hatten auch materielle Gründe. Wie sehr er auch arbeitete, wir brauchten in Moskau alles bis auf den letzten Groschen auf, die Geldprobleme ließen Anton keinen Tag Ruhe. In einem Brief schrieb er:

Ach, Freiheit, Freiheit! Wenn ich im Jahr nicht mehr als zweitausend ausgebe, was ich nur in einem eigenen Landhaus kann, dann werde ich absolut frei von jeglichen Gedanken an Geld, Einkünfte und Ausgaben sein. Dann werde ich arbeiten und lesen, lesen …

Aber er sorgte sich auch um seine Gesundheit. Der Husten hörte nicht auf, manchmal spuckte Anton sogar Blut. Weder er noch wir kannten damals die wahre Ursache. Aber als Arzt spürte mein Bruder, dass er seiner Gesundheit zuliebe den Lebensstil ändern, nicht mehr in der Hauptstadt, sondern auf dem Lande leben musste. So schrieb er an Alexander Smagin:

Wenn ich nicht in diesem Jahr in die Provinz ziehe und wenn der Kauf des Weilers aus irgendeinem Grund nicht zustande kommt, dann spiele ich meiner Gesundheit einen schlimmen Streich. Ich komme mir vor, als ob ich ausgetrocknet bin und Risse habe wie ein alter Schrank, und wenn ich in der kommenden Saison in Moskau bleibe und in einem Übermaß Papier voll schmiere, dann wird Giljarowski das wunderbare Gedicht aufsagen können, in dem er meinen Eintritt in jenen Weiler willkommen heißt, wo du weder sitzen noch aufstehen, noch niesen kannst, sondern nur liegen musst und weiter nichts. Ich muss unbedingt aus Moskau weg.

Alexander Smagin hatte für mich drei Landgüter zur Besichtigung vorbereitet. Eines davon lag in Sorotschinzy, ein kleines Gutshaus in der Mitte des Dorfes an einem schönen Platz. Aber das Haus selbst machte auf mich keinen guten Eindruck. Die Wände waren schief, die Fenster klein, dazu konnte man die Fensterflügel nicht öffnen, sondern nur mit dem gesamten Fensterrahmen nach oben schieben. Das Haus war nicht groß, in einigen Zimmern gab es keinen Fußboden. Es wieder in Ordnung zu bringen hätte viel Zeit und Geld gekostet. Ich sagte ab und schaute mir noch einen Gutshof in Malyje Sorotschinzy an, aber es zeigte sich gleich, dass auch er nicht taugte: ein niedriger, morastiger Ort. Dann suchte ich nach irgendeinem Haus, das man im Sommer als Datscha mieten könnte, fand aber nicht einmal das.

Das Einzige, was mir gefiel und infrage kam, war der Weiler

von Jazenko. Aber der kostete viel Geld, und es stand kein Haus darauf, man hätte eines bauen müssen. Während ich noch mit Anton darüber Briefe austauschte, überlegte es sich Jazenko anders. So war also meine Reise in die Ukraine ergebnislos geblieben. Schlecht gelaunt kehrte ich Anfang Januar nach Moskau zurück. Fast zur selben Zeit kam auch Anton aus Petersburg wieder.

* * *

Nach dem unfruchtbaren Sommer 1891 war in vielen Gouvernements Zentralrusslands die Hungersnot ausgebrochen. Besonders stark betroffen waren die Gouvernements Nishni Nowgorod und Woronesh. Für das Vieh gab es nichts zu fressen, und die Bauern verkauften ihre Pferde zu besonders niedrigen Preisen. Das bedeutete, dass auch das kommende Jahr ein Hungerjahr werden würde, denn der Boden blieb ungepflügt, und es wurde nichts ausgesät.

Anton setzte sich aktiv für die Hilfeleistungen für die hungernden Bauern ein. Mit unserem alten, bereits erwähnten Bekannten Jewgraf Jegorow, der damals Landamtmann in einem der Bezirke des Gouvernements Nishegorod war, stand Anton in Briefkontakt. Nachdem er eine Sammlung von Sachspenden und Geldern organisiert hatte, schickte er das zusammengekommene Geld an Jegorow. Der kaufte bei den Bauern Pferde, die er im Winter durchfüttern wollte, um sie dann im Frühjahr seinen ehemaligen Besitzern zurückzuschenken. So wurde die Ernte des kommenden Jahres gerettet.

Im Januar 1892, gleich nach der Rückkehr aus Petersburg, reiste Anton persönlich zu Jegorow ins Gouvernement Nishegorod. Er wollte in eines der Dörfer und fuhr bei großer Kälte und Schneesturm mit dem Schlitten, das Pferd kam vom Weg ab, und die Verirrten wären fast zugeweht worden. Als mein Bruder stark erkältet nach Hause zurückkehrte, erzählte er uns, was er in diesen Stunden durchgemacht hatte.

Außer dem Ankauf der Pferde organisierten Anton und Jegorow in einigen Dörfern kostenlose Essstuben für die hungernden Menschen und halfen, wo sie nur konnten. Bei diesen Begegnungen lernte mein Bruder die Bauern kennen und erzählte mit viel Wärme von ihnen. Er schrieb:

Was für ein wundervolles Volk es im Gouvernement Nishegorod gibt. Die Männer sind kernig, richtige Mittelpferde, einer toller als der andere – jeder könnte dem Kaufmann Kalaschnikow als Vorbild dienen. Und ein kluges Volk.

Anton blieb zehn Tage zu Hause und fuhr dann erneut ins Hungergebiet Woronesh, begleitet von Suworin, der aus diesem Gouvernement stammte und gern in seine alte Heimat wollte. In einem Brief an mich schrieb Anton ironisch über Suworins Naivität, was die Lösung praktischer Fragen bei der Organisierung von Essstuben betraf.

* * *

Nach meinem Misserfolg in Sorotschinzy ließen wir von dem Kauf eines Weilers in der Ukraine ab. Wir studierten Annoncen, und unsere Freunde und Bekannten halfen uns beim Suchen. Kurze Zeit davor hatte Anton die bekannte ukrainische Schauspielerin Sankowezkaja kennen gelernt. Sie fand ihn wohl sehr sympathisch und hielt nun ebenfalls nach einem Weiler im Gouvernement Tschernigow in der Nähe von ihrem eigenen Anwesen Ausschau. Aber auch daraus wurde nichts.

Einmal lasen wir in der Zeitung vom Verkauf eines Gutes im Kreis Serpuchow, in der Nähe der Eisenbahnstation Lopasnja. Der Besitzer des Gutes war der Maler Sorochtin. Zuerst schrieben wir ihm, dann fuhren Mischa und ich auf Antons Bitte in den letzten Januartagen 1892 selbst dorthin, um uns das Ganze anzusehen und über die Kaufbedingungen zu sprechen. Es war tiefer Winter, und bis zum Dorf Melichowo, in dem Sorochtins Gut lag, mussten wir ungefähr dreißig Werst mit dem Pferdeschlitten zurücklegen.

Das Anwesen lag mitten im Dorf. Es hatte eine durchaus respektable Größe – 213 Desjatinen, von denen mehr als hundert Desjatinen (etwa hundert Hektar, A. d. Ü.) Wald waren. Uns gefiel das Haus: Es war geräumig, nicht alt, hatte ein Metalldach und eine Terrasse zum Garten hinaus. Allerdings war es innen sehr runtergekommen, alte, zerrissene Tapeten hingen von den Wänden, Wanzen, Schaben und andere Herrlichkeiten liefen herum. Das konnte man natürlich alles sauber machen und renovieren.

Im großen Garten waren Lindenalleen und Obstbäume, und nicht weit vom Haus entfernt lag ein kleiner See. Die Wirtschaftsgebäude, die Scheune und die Speicher waren neu. Kurz, Mischa und mir gefiel das Gut, obwohl wir uns die Umgebung wegen des Schnees noch gar nicht genau angesehen hatten. Wieder zu Hause, erzählten wir Anton, dass wir das Gut für geeignet hielten und sich ein Kauf lohne. Auch die Kaufbedingungen waren einigermaßen erträglich: Es kostete dreizehntausend Rubel, von denen wir viertausend gleich bar bezahlen sollten, für fünftausend gab es einen Pfandbrief des Malers, für den wir nur Zinsen bezahlen mussten, die letzten viertausend sollte der Verkäufer von der Bank erhalten, nachdem wir das Gut dort verpfändet hatten. Mein Bruder wäre dann viele Jahre bei dieser Bank ziemlich hoch verschuldet.

Anton willigte in den Kauf ein, ohne selbst dort gewesen zu sein, schon am 2. Februar wurde beim Notar der Kaufvertrag abgeschlossen, und Sorochtin erhielt den Pfandbrief. Erst als alle Formalitäten erledigt waren, eine Woche vor unserem endgültigen Umzug, fuhr Anton nach Melichowo. Ich hatte bereits eine vollständige Renovierung des Hauses veranlasst: Alle Zimmer waren neu tapeziert, alles war sauber gemacht, die Böden instand gesetzt worden, die Küche war aufgelöst und daraus das Zimmer für unsere Mutter gemacht worden. Im Hof, gleich neben dem Haupthaus, wurden in zwei neu gekauften Blockhäusern zwei Küchen eingerichtet (eine mit Kochherd, die andere mit einem Ofen) und die Zimmer für die Köchin, das Stubenmädchen und die Arbeiter für den Pferdestall und das Gut. Mein Bruder war bei der Besichtigung bester Laune, es schien ihm zu gefallen.

Am 5. März 1892 endete unsere Moskauer Zeit, und die Melichower begann. An diesem Tag zog unsere gesamte Familie auf ein eigenes Gut mit Wald, Feldern, Garten, Pferden, Hühnern und einer Kuh.

10 *Melichowo*

Anton war beim Umzug nach Melichowo in Hochstimmung. Obwohl der Schnee hoch lag, stapfte er überall herum, schaute sich den Garten an, den Wald und sprach mit den Bauern, die anfangs sehr zurückhaltend waren. Anton hatte seine aufrichtige Freude daran, dass er zum ersten Mal im Leben ein eigenes Haus mit Grund und Boden, einem Garten und Wald besaß.

Nur wenige Schritte vom Haus entfernt lag ein kleiner See. Fünfmal am Tag ging Anton aus dem Haus und warf Schnee in den See, damit er im Sommer mehr Wasser hätte. Er trat aus dem Haus, warf Schnee in den See und ging wieder zurück in sein Zimmer an die Arbeit. Ein, zwei Stunden später machte er sich wieder mit einer Schaufel zu schaffen.

Bald wurde es Frühling, der dem Moskauer überhaupt nicht ähnlich war. Anton schrieb an Suworin über seine Stimmung:

In der Natur geht etwas Ungewöhnliches vor, etwas Rührendes, was durch seine Poesie und Frische alle Unbequemlichkeiten des Lebens hier wieder wettmacht. Jeden Tag gibt es neue Überraschungen, eine schöner als die andere. Die Stare sind zurück, überall murmelt das Wasser, wo der Schnee getaut ist, grünt bereits das Gras. Der Tag dauert eine Ewigkeit. Du lebst wie in Australien, irgendwo am Ende der Welt; das Gemüt ist ruhig, beschaulich und tierisch, in dem Sinne, dass du das Gestrige nicht bedauerst und auf das, was morgen kommt, nicht wartest. Von hier, aus der Ferne, scheinen die Menschen sehr gut zu sein, und das ist natürlich, denn wenn wir aufs Land gehen, verstecken wir uns nicht vor den Menschen, sondern vor unserer Eigenliebe, die in der Stadt so viele Menschen kränkt und maßlos ist. Wenn ich den Frühling sehe, habe ich den heftigen Wunsch, dass es im Jenseits ein Paradies gäbe. In manchen

Augenblicken fühle ich mich so wohl, dass ich mich aus Aberglauben zügle und an meine Gläubiger denke, die mich irgendwann aus meinem selbst erworbenen Australien vertreiben werden.

In Melichowo änderte sich unser Lebensablauf von Grund auf. Wir standen früh auf, gingen früh zu Bett und aßen wie die Bauern um zwölf Mittag. Anton selbst war bereits um fünf Uhr früh auf den Beinen und schlief um zehn Uhr abends schon wieder. Wir arbeiteten in dieser Zeit alle sehr hart, um unseren Landsitz zu verschönern, sodass wir manchmal sogar schon um acht im Bett lagen und fest schliefen. Eines Morgens sah Anton aus dem Fenster und begriff gar nichts – das Haus der Kuwschinnikowa war weg.

«Guck mal, Mascha, diese Sinnestäuschung, wo ist denn das Haus der Kuwschinnikowa geblieben?», fragte er mich und rief mich zum Fenster. Ich schaute raus und begriff ebenfalls nichts. Es stellte sich heraus, dass das Gut in der Nacht bis zu den Grundmauern abgebrannt war und keiner von uns etwas von dem nächtlichen Geschrei und Glockengeläut gemerkt hatte.

Das große Eckzimmer mit dem breiten Fenster, so breit wie drei normale, wurde Antons Arbeitszimmer. Von hier führte eine Tür ins Wohnzimmer, wo ein großes uraltes Klavier stand, das wir mit dem Haus erworben hatten. Vom Wohnzimmer führte die eine Tür in mein Zimmer, die andere auf die Terrasse, die dritte in ein Durchgangszimmer mit einem wunderschönen italienischen Fenster aus buntem Glas. Einmal hatte mir Alexander Smagin die Reproduktion eines bekannten Porträts von Puschkin geschenkt, eine Lithographie des Malers Kiprenski. Anton gefiel dieses Porträt, und ich hängte es im Durchgangszimmer auf. Seit jener Zeit hieß es «Puschkinzimmer». Von dort kam man auf den Vorplatz und auf der anderen Seite in den Korridor, von dem die Türen zu Antons Schlafzimmer, zu Vaters Zimmer, zum Esszimmer und zu Mutters Zimmer abgingen. Der Korridor wurde von einer Tür begrenzt, die in die Diele des Hintereingangs führte, durch den aus der Küche das Essen gebracht wurde. Alle Zimmer, außer Antons Arbeitszimmer und dem Wohnzimmer, waren nicht groß, aber sehr bequem und gemütlich.

Plan des Hauses in Melichowo

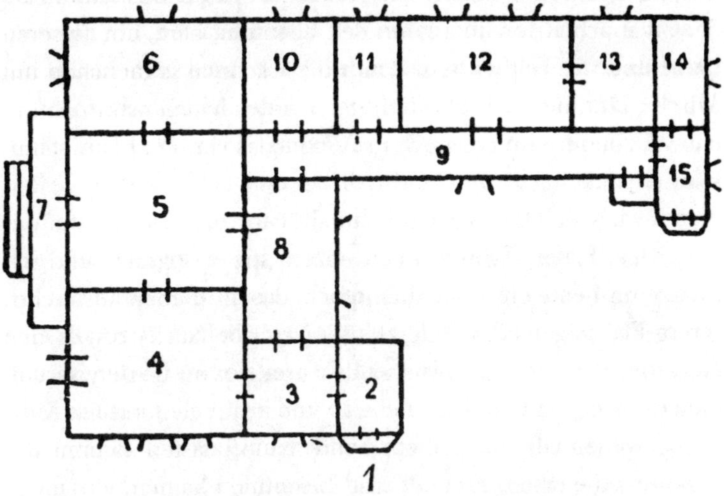

1. Haupteingang – 2. Diele – 3. Vorzimmer – 4. Anton Tschechows Arbeitszimmer – 5. Wohnzimmer – 6. Zimmer von Maria Tschechowa – 7. Terrasse – 8. «Puschkinzimmer» – 9. Korridor – 10. Anton Tschechows Schlafzimmer – 11. Zimmer des Vaters – 12. Esszimmer – 13. Zimmer der Mutter – 14. Vorratskammer – 15. Diele des Hintereingangs

* * *

Als der Frühling kam und der Schnee taute, begann für uns eine harte Zeit: Wir mussten pflügen, säen, den Obstgarten in Ordnung bringen, das Haus instand setzen. Hier sei gesagt, dass unser Vorgänger, der Maler Sorochtin, sich offenbar nicht für die Bewirtschaftung des Gutes interessiert hatte und es ziemlich verwahrlosen ließ. Jeder übernahm eine bestimmte Arbeit. Anton bekam den Garten zugeteilt. Dort standen Apfelbäume, Pflaumenbäume, Kirschbäume, Himbeersträucher, Stachelbeeren und Johannisbeeren. Er verbrachte ganze Tage damit, die Bäume zu beschneiden und neue zu pflanzen. Er bat mich, aus Moskau Fichten-, Kiefern-, Lärchen- und Eichensamen mitzubringen, und säte sogar Bäume aus. Außerdem pflanzte er Rosen, die er sehr mochte. Ich übernahm den Gemüsegarten, die Blumenbeete und die Feldwirtschaft, um die ich mich gemeinsam mit Mischa kümmerte. Unser jüngster Bruder lebte nicht in Melichowo, sondern immer noch in Alexino, wo er im Dienst stand, kam aber häufig zu uns und half bei den Feldarbeiten. Grund hatten wir viel. Und was wir nicht alles anbauten: Roggen, Weizen, Klee, Hafer, Erbsen, Buchweizen, später sogar Flachs (ich besitze bis heute ein Linnenhandtuch, das in Melichowo aus unserem Flachs gewebt wurde). Unser Vater bekam ebenfalls eine Aufgabe: Von morgens bis abends wuselte er im Garten herum, hielt die Wege sauber, legte neue an und bestreute sie jeden Morgen gewissenhaft mit gelbem Sand. Kurz, als mit Beginn des Sommers die ersten Freunde und Bekannten kamen, war unser Melichowo nicht wieder zu erkennen.

Dieses tätige Leben gefiel meinem Bruder sehr. Pflanzen, bauen, anlegen, großziehen – das war Antons Element. Im ersten Jahr schrieb er an unseren ältesten Bruder Alexander:

Wenn Großväter und Urgroßväter auf dem Lande lebten, so können die Enkel nicht ungestraft in die Stadt ziehen. Was für ein Unglück ist es, dass wir nicht schon in unserer Kindheit ein eigenes Fleckchen Land hatten.

* * *

Trotz unseres Umzugs gab ich meine Lehrertätigkeit nicht auf. In Moskau hatte ich ein Zimmer gemietet und hatte, wenn man so will, nun zwei Wohnungen. Aber jeden freien Tag versuchte ich mit meiner Familie zu verbringen, außerdem fuhr ich jeden Freitagabend nach Hause, nach Melichowo, und blieb bis Montag früh. Ganz zu schweigen von den Weihnachts-, Oster- und Sommerferien, die ich ebenfalls in Melichowo verbrachte.

Zum ersten Mal brauchten wir für den Sommer keine Datscha zu suchen und woandershin zu fahren. Unser Landleben auf dem eigenen Gut, umgeben von Wäldern und Feldern, war besser als jedes «Datschenleben», das wir bisher geführt hatten.

Anton mochte Flüsse, Seen und Tümpel schon immer. Er liebte es, zu baden, Boot zu fahren und zu angeln. Doch die Pfütze von Melichowo war ihm zu klein, deshalb beschloss mein Bruder gleich im ersten Sommer, auf unserem Gut einen neuen, großen See anzulegen. Es wurden Arbeiter in Dienst genommen, die den ganzen Sommer und Herbst gruben. Das kostete uns hundertfünfzig Rubel – für die damalige Zeit nicht wenig Geld.

Im nächsten Frühjahr füllte sich das Becken mit Wasser, es war ungefähr zwei Meter tief, vielleicht auch mehr. Um den See herum pflanzte Anton kleine Bäume, und im See selbst setzte er kleine Fische aus, die er aus Moskau mitgebracht hatte (auf dem Trubnaja-Platz gab es einen Tiermarkt, auf dem junge Hunde, Kätzchen, Vögel und Fische verkauft wurden).

Im zweiten oder dritten Jahr, als der See bis zum Rand voll war, sah Anton einmal eine Flasche im Wasser schwimmen, die mit Siegellack verschlossen war. Er hantierte lange herum, um sie mit einer langen Gerte ans Ufer zu holen. Als er sie schließlich herausgefischt und geöffnet hatte, fand er schließlich einen Brief in mehreren Sprachen, auch in Griechisch und Latein. Zu lesen war, dass auf diesem See ein Schiff, das mit Waren in ferne Länder unterwegs war, untergegangen sei …

Der geistreiche, parodistische Stil der Nachricht und die fremden Sprachen verrieten den Verfasser – unseren ältesten Bruder Alexander, einen sehr begabten Linguisten. Er hatte uns kurz zuvor in Melichowo besucht. Über den Streich mussten wir alle herzlich lachen.

* * *

Mit dem Landsitz erbten wir die Hofhunde Scharik und Arapka und junge Mischlingshunde, die von uns die Namen Mure und Merilise erhielten (nach den Besitzern des bekannten Moskauer Geschäfts auf der Petrowka neben dem Bolschoi-Theater). Aber Anton wollte unbedingt Rassehunde haben. Als wir einmal bei Lejkin in Petersburg waren, gefielen Anton dessen Dackel Apel und Rogulka. Mein Bruder bestellte bei ihnen ein Junges und schrieb Lejkin dann mehrere Male, der «Sohn von Apel» solle seinen Eltern unbedingt ähnlich sehen. Doch aus der Bestellung wurde zunächst nichts. Erst im Frühjahr 1893 wurden aus Petersburg Welpen in meine Moskauer Wohnung gebracht, die ich bei nächster Gelegenheit nach Melichowo mitnahm. Sie gewöhnten sich schnell an die neue Umgebung und wurden die Herren im Haus. So entdeckten wir zum Beispiel gleich am Morgen nach ihrer Ankunft, dass aus dem Vorplatz sämtliche Galoschen verschwunden waren. Es stellte sich heraus, dass die Welpen sie in der Nacht buchstäblich in alle Zimmer verschleppt hatten!

Die Hündchen waren reinrassige Dackel auf kurzen krummen Beinen, mit lang gestreckten Körpern und lustigen Schnauzen. Ihre langen Ohren hingen fast bis zur Erde. Ich gab ihnen die Namen Khina und Brom. Als sie erwachsen waren, kräftig und dick, gab ihnen Anton auch noch Vatersnamen: Khina Markowna und Brom Issajewitsch. Khina war braun, Brom schwarz.

Anton liebte diese zärtlichen Hunde sehr und führte mit ihnen oft höchst komische Gespräche.

Einmal zeigte Anton auf Khinas lang gestreckten Körper mit den kurzen Beinen und dem Bauch, der beinahe den Boden berührte, und behauptete, diese Hunderasse sei aus einer Kreuzung zwischen einem Mischlingshund und einem Krokodil entstanden. Vor allem die junge, naive Tanjetschka Schtschepkina-Kupernik bekam solcherart «Belehrungen» ab, die sie tatsächlich glaubte, weil sie aus Anton Pawlowitschs Mund kamen.

Einmal zeigte Brom Interesse für eine unserer Mischlingshündinnen, und Anton führte mit ihm ein «ernstes Gespräch». Er warf ihm vor, wie er sich einfach «in Mademoiselle Merilise verlieben kann» und seine «Gattin Khina Markowna so leiden lässt»! Bis heute vergesse ich nicht Antons liebevoll komische Zärtlichkeit, wenn er mit diesen wunderbaren Hunden sprach. Wenn sie übrigens bestraft wurden, begriffen sie ausgezeichnet, wofür, und weinten richtig.

Kurz vor unserem Umzug von Melichowo nach Jalta starb Khina, der Liebling meines Bruders. Sie war von einer unserer Mischlingshündinnen gebissen worden, die Junge hatte und in dieser Zeit sehr aggressiv war. Nach Jalta nahmen wir nur Brom mit.

Anton liebte Tiere sehr. In der Erzählung «Kaschtanka» heißt der Kater Fjodor Timofejewitsch nach unserem Kater. Als Anton noch studierte und wir in einer unserer schnell wechselnden Wohnungen lebten, brachte er vom kalten Abort ein Kätzchen mit, das sich dorthin verlaufen hatte. Als das Kätzchen groß war, nannte Anton es Fjodor Timofejewitsch. Schließlich wurde aus dem Kätzchen ein respektabler, schöner Kater. Wenn Anton müde von der Universität kam und nach dem Mittagessen auf dem Sofa ruhte, setzte er den Kater auf seinen Bauch, streichelte ihn und sagte: «Wer hätte gedacht, dass aus einem Abort so ein Genie herauskommt!»

Diesen Satz gebrauchte Tschechow später im übertragenen Sinne auch in anderen Situationen, wenn er im Spaß von etwas Schönem erzählte, das unerwartet kam. Dieser Satz findet sich auch in seinen Briefen wieder.

Während Anton früher vor allem im Sommer als Arzt gearbeitet hatte, wenn wir auf einer Datscha wohnten, so empfing er in Melichowo das ganze Jahr hindurch Patienten. Ich habe schon erzählt, wie schlecht die medizinische Versorgung der Bauern im zaristischen Russland war. Als sich in Melichowo und Umgebung herumgesprochen hatte, dass der neue Besitzer des Gutes Arzt sei, kamen die Bauern, anfangs recht zögerlich, mit ihren Krankheiten zu uns. Als sie erfuhren, dass der Doktor aus Melichowo alle behandelte und sogar Arznei austeilte, dazu völlig kostenlos, kamen die Kranken aus allen umliegenden Dörfern.

So entstand in Melichowo eine richtige Arztpraxis. Anton legte seine Sprechstunden auf den Morgen. Und nun saßen täglich, kaum dass es hell wurde, Kranke auf unserem Hof und warteten. Aus den anderen Dörfern kamen viele mit Pferdewagen. Anton registrierte jeden einzelnen Patienten, und aus diesen Eintragungen, die ich aufbewahrt habe, ist ersichtlich, dass viele Kranke aus Dörfern kamen, die zwanzig, fünfundzwanzig Werst von Melichowo entfernt lagen.

Anton hielt seine Sprechstunde neben der Diele des Hintereingangs ab. Ich übernahm die Rolle der Assistentin: Ich half ihm beim Verbinden und bei unkomplizierten chirurgischen Eingriffen. Meine Aufgabe war es auch, den Patienten die von Anton verschriebene Arznei auszuhändigen.

Außer den Sprechstunden zu Hause musste Anton oft zu schwer kranken Bauern in die Hütten gehen und in andere Dörfer fahren. Manchmal wurde er nachts gerufen, mal zu einer Entbindung, mal zu einem Kranken, der dringend Hilfe brauchte.

Im Frühsommer unseres ersten Melichower Jahrs brach im Bezirk Serpuchow eine Choleraepidemie aus. Anton übernahm die Aufgaben eines Sanitätsarztes. Zu seinem Bezirk gehörten fünfundzwanzig Dörfer und ein Männerkloster, außerdem unterstanden ihm noch zwei Fabrikambulatorien in den Dörfern Krjukow und Ugrjumow.

Den ganzen Sommer und Herbst 1892 kam Anton kaum zum Schreiben, sondern fuhr seinen Bezirk ab, behandelte die Kranken und richtete Krankenhäuser und Quarantänebaracken ein. Während der Epidemie hielt er den Bauern Vorträge über Prophylaxemaßnahmen; da er Mitglied verschiedener Kommissionen und des Sanitätsrats von Serpuchow war, musste er an allen Sitzungen teilnehmen, auch an Besichtigungen von Räumlichkeiten in Schulen und Fabriken und so weiter. Kurz, er hatte alle Hände voll zu tun. In einem Brief schreibt er:

Ich wurde zum Choleraarzt unseres Bezirks ernannt (ohne Lohn). Ich stecke bis über den Hals in Arbeit. Fahre in Dörfer und Fabriken … Ich habe fünfundzwanzig Dörfer und keinen einzigen Gehilfen.

Neben seiner Tätigkeit als Arzt musste Anton auch zu den Gutsbesitzern, Kaufleuten und Fabrikanten fahren und sie um Spenden für die Cholerabekämpfung und die Einrichtung von Krankenhäusern und Cholerabaracken bitten. Das war eine sehr undankbare Aufgabe. Manchmal musste sich mein Bruder erniedrigen, um von den Dickwänsten ein paar Groschen zu erhalten. Es gab reiche Nachbarn, die den Sinn der Spenden nicht verstehen wollten und ihm die Unterstützung versagten. So weigerte sich beispielsweise der Klostervorsteher, einen Raum als Krankensaal zur Verfügung zu stellen, und als Anton sagte, es könne ja auch die Menschen treffen, die im Klostergasthof wohnten, erklärte er, die seien wohlhabend genug, um Anton Pawlowitsch zu bezahlen. Solche Leute brachten meinen Bruder in Rage, und er antwortete ihnen verärgert, er sei ebenfalls reich genug und brauche ihr Geld nicht!

Dank der durchgeführten Maßnahmen wuchs sich die Cholera im Bezirk Serpuchow nicht zu einer wirklich gefährlichen Epidemie aus. In unserem Kreis gab es überhaupt keine Fälle, im Nachbarbezirk, dreißig Werst von Melichowo entfernt, erkrankten sechzehn Menschen. Vier davon starben.

Unser Cholerarevier wurde am 15. Oktober geschlossen. Der

Sanitätsrat von Serpuchow verfügte auf einer Versammlung, «dem Arzt A. Tschechow für seine selbstlose und nützliche Teilnahme im Kampf gegen die drohende Choleraepidemie im Bezirk Serpuchow zu danken».

Obwohl dieser Cholerasommer meinen Bruder sehr viel Kraft gekostet hatte, befriedigte ihn die Aufgabe. Auch wenn er ihn manchmal verwünschte, vor allem bei dringenden nächtlichen Fällen oder wenn er bei Unwetter und schlechten Wegen in die Nachbardörfer fahren musste, liebte er seinen Arztberuf.

Im folgenden Sommer brach erneut die Cholera aus, Anton wurde abermals zum Bezirksarzt ernannt und «packte wieder die Cholera am Schwanz», wie er selbst sagte. Dieses Mal kam die Krankheit sehr nahe, Anton war immer auf der Hut und verließ Melichowo keine Sekunde, fuhr nicht einmal in geschäftlichen Angelegenheiten nach Moskau – der «Choleradienst lässt das nicht zu», wie er sagte. Im Spätherbst flaute die Epidemie ab, und der Cholerastützpunkt meines Bruders wurde wieder geschlossen.

Solange wir in Melichowo lebten, arbeitete mein Bruder als Arzt, erst die eigene schwere Krankheit zwang ihn, seinen Beruf aufzugeben. Für seinen Einsatz wurde er von den Bauern sehr geachtet und geliebt. Sie schätzten «ihren» Doktor, waren immer freundlich und aufmerksam zu unserer Familie. An den großen Feiertagen kamen sie zum Gratulieren. «Die Melichower Männer und Frauen kommen und wünschen uns alles Gute. Das Volk hier ist sehr liebevoll», schrieb Anton in einem Brief.

* * *

Es gab noch ein Projekt, mit dem Anton sich für die Bauern stark machte und wofür sie ihn verehrten – das war der Bau von Dorfschulen.

Heutzutage kann man sich nur schwer vorstellen, in welcher

erbärmlichen Lage sich die Schulen im vorrevolutionären Russland befanden. Ende des neunzehnten Jahrhunderts gab es nicht einmal in jedem ländlichen Bezirk eine einfache Grundschule mit Dorflehrer. Die meisten Bauernkinder mussten viele Werst in ein Nachbardorf laufen, in dem sich eine Schule befand. An eine Mittelschule oder gar ein Gymnasium war nicht zu denken. Die wenigen Grundschulen, die es gab, vegetierten in jämmerlichen Hütten, die für eine Schule völlig ungeeignet waren. Es gab keine Lehrmaterialien, nicht einmal die elementarsten hygienischen Einrichtungen. Die Lehrer verdienten so schlecht, dass ihre Familien im Elend lebten. Ich führe hier eine Beschreibung der Schule im Dorf Krjukow an, die Anton an den Sanitätsrat von Serpuchow in einem medizinischen Bericht schickte:

Von den Schulen meines Gebiets habe ich mir nur eine angeschaut – die im Dorf Krjukow. Ich hatte bereits die Ehre, von ihrem jämmerlichen Dasein dem Rat Mitteilung zu machen. Eng, niedrige Zimmerdecken, ein umständlicher, trostloser Ofen, der mitten im Klassenraum steht, schlechte alte Möbel; die Garderobe für die Straßenbekleidung ist wegen Platzmangels ebenfalls im Klassenzimmer untergebracht; in der kleinen Diele schläft der Wächter auf Lumpen, gleich daneben steht ein Bottich mit Wasser für die Schüler; der Abtritt erfüllt nicht einmal die bescheidensten Anforderungen an Hygiene und Ästhetik. Der Lehrer wohnt mit seiner Frau in einem einzigen kleinen Zimmer.

Das ist der Grund, warum Anton zu dem Schluss kam, dass in den Dörfern neue Schulen errichtet werden müssten.

Ende 1894 wurde mein Bruder als Kurator der Dorfschule von Taleg bestätigt: Er kümmerte sich um die Schule, fuhr zu den Prüfungen und unterstützte die Schule materiell. Aber das Gebäude selbst entsprach ganz und gar nicht den Anforderungen. Anton schickte ein Gesuch über den Bau eines neuen Schulgebäudes an die Landverwaltung und legte einen Plan des Neubaus zur Bestätigung bei. Weil die Landverwaltung nicht genügend Geld hatte, übernahm Anton selbst einen Teil der Ausgaben. Die Bauern erklärten sich bereit, kostenlos Holz und anderes Baumaterial über die verschneiten Wege zu transportieren. Ich musste meinem Bruder helfen und das Baugeschehen beaufsichtigen.

Zu Beginn des Schuljahres 1896 wurde die Schule eröffnet. Das neue Gebäude wurde, wie es damals üblich war, geweiht. Drei Geistliche hielten einen feierlichen Gottesdienst ab, dem viele Landbeamte, unsere gesamte Familie und unsere Gäste beiwohnten. Danach überbrachten die Bauern Anton ein Heiligenbild, zwei silberne Salzgefäße und vier Brote – ein Brot aus jedem Dorf, aus dem Kinder in die neue Schule kamen. Ein alter Bauer hielt eine warmherzige Rede, in der er Antons Verdienste würdigte. All das, sowohl die Geschenke als auch die Rede, berührten meinen Bruder sehr.

Unsere Taleger Schule war seitdem die beste im ganzen Bezirk Serpuchow. Anton unterstützte sie weiterhin und kümmerte sich auch um den Lehrer.

Anfang 1897 kamen Bauern als Abgesandte von Nowosjolki und wandten sich mit der Bitte an Tschechow, in ihrem Dorf ebenfalls eine Schule zu errichten, sie boten ihm dreihundert Rubel an, die sie gesammelt hatten. Die Szene war rührend, Anton brachte es nicht übers Herz abzulehnen und kümmerte sich abermals um den Bau. Die Landverwaltung steuerte tausend Rubel bei, benötigt wurden allerdings mehr als dreitausend Rubel. So musste Anton also wieder mehr als die Hälfte der Summe aus eigener Tasche bezahlen. Allerdings beteiligte sich auch die Stadt Serpuchow an diesem Projekt: Im Februar wurde in der Stadt eine Liebhaberaufführung zugunsten der neuen Schule veranstaltet, doch was zusammenkam, war kaum der Rede wert. Im Frühling, als Anton schwer erkrankte, half ich ihm erneut bei der Leitung und Beaufsichtigung der Bauarbeiten.

Die Schule in Nowosjolki wurde Mitte Juli eröffnet. Bei der

Maria Tschechowa, Anfang der 1890er Jahre

Taganrog, Ende des 19. Jahrhunderts

Taganrog, Neuer Basar

Familie Tschechow, Taganrog 1874
Erste Reihe, sitzend, v. l. n. r.: Michail, Maria, Pawel (Vater), Jewgenija (Mutter), Ludmila (Tante), Georgi (Cousin)
Zweite Reihe, stehend, v. l. n. r.: Iwan, Anton, Nikolai, Alexander, Mitrofan (Onkel)

Anton und Nikolai, Moskau 1881/82

Anton und Nikolai, Moskau 1884

Jewgenija, Pawel und Alexander, 1880er Jahre

Obere Reihe: Iwan, Maria, Michail, 1880er Jahre
Untere Reihe: Anton und Nikolai, 1880er Jahre

Franz Schechtel und Nikolai Tschechow, 1880er Jahre

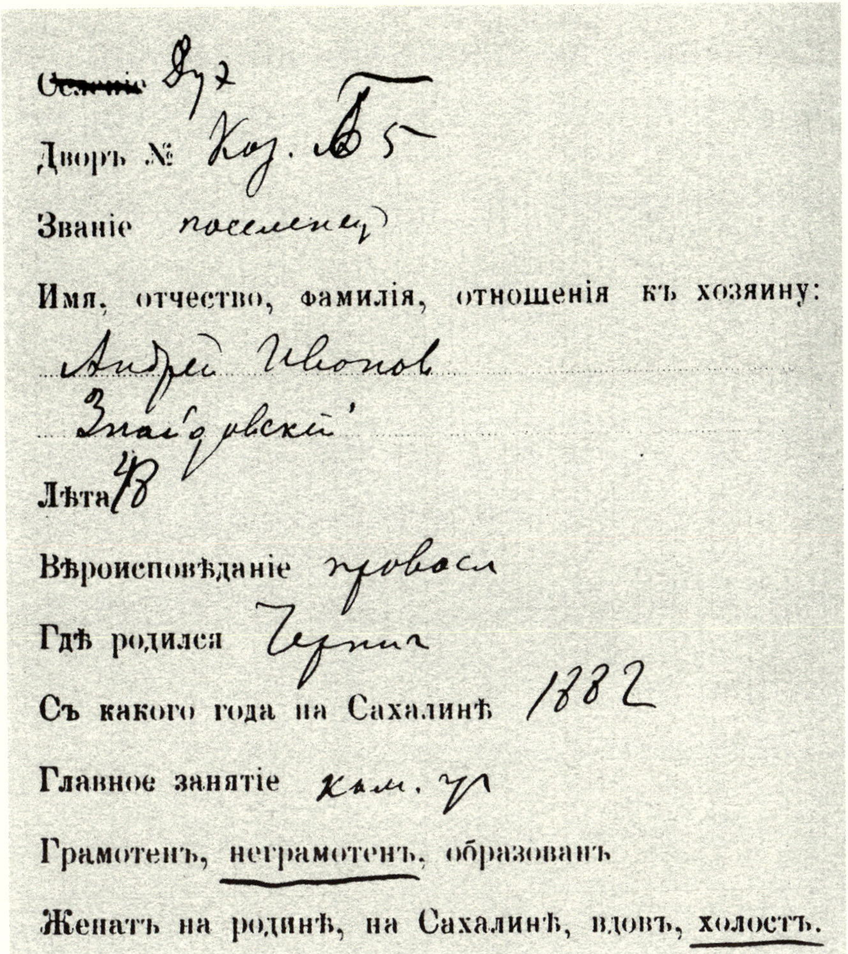

~~Селеніе~~ Дуэ

Дворъ № Каз. Б 5

Званіе поселенецъ

Имя, отчество, фамилія, отношенія къ хозяину:

Андрей Иванов Згайдовский

Лѣта 48

Вѣроисповѣданіе правосл

Гдѣ родился Черниг

Съ какого года на Сахалинѣ 1882

Главное занятіе кам. ур

Грамотенъ, неграмотенъ, образованъ

Женатъ на родинѣ, на Сахалинѣ, вдовъ, холостъ.

Получаетъ ли пособіе отъ казны? Да, нѣтъ.

Чѣмъ болѣнъ.

Fragebogen für die Volkszählung auf Sachalin, zusammengestellt und ausgefüllt von Anton Tschechow

ПРОГРАММА:

Въ Четвергъ, 17-го Октября,

БЕНЕФИСЪ Г-жи ЛЕВКѢЕВОЙ

(за 25-ти-лѣтнюю службу).

Артистами Императорскихъ театровъ представлено будетъ:

I

Въ 1-й разъ:

ЧАЙКА

Комедія въ четырехъ дѣйствіяхъ. **Антона Чехова.**

Дѣйствующія лица:

Ирина Николаевна Аркадина, по мужу Треплева, актриса . Г-жа Дюжикова 1.
Константинъ Гавриловичъ Треплевъ, ея сынъ . . . . . Г-нъ Аполлонскій.
Петръ Николаевичъ Соринъ, ея братъ. . . . . Г-нъ Давыдовъ.
Нина Михайловна Зарѣчная, дочь богатаго помѣщика . . Г-жа Коммисаржевская.
Илья Афанасьевичъ Шамраевъ, поручикъ въ отставкѣ, управляющій у Сорина . . . . . Г-нъ Варламовъ.
Полина Андреевна, его жена . Г-жа Абаринова.
Маша, ихъ дочь . . . . Г-жа Читау.
Борисъ Алексѣевичъ Тригоринъ, беллетристъ . . . . Г-нъ Сазоновъ.
Евгеній Сергѣевичъ Доринъ, врачъ Г-нъ Писаревъ.
Семенъ Семеновичъ Медвѣденко, учитель. . . . . Г-нъ Панчинъ 1.
Яковъ, работникъ . . . . . . Г-нъ Локтевъ.
Поваръ. . . . . Г-нъ Троепольскій.
Горничная. . . . . Г-жа Нальханова.

Дѣйствіе происходитъ въ усадьбѣ Сорина; между третьимъ и четвертымъ дѣйствіемъ проходитъ два года.

II

Въ 1-й разъ по возобновленіи:

СЧАСТЛИВЫЙ ДЕНЬ

Сцены изъ жизни уѣзднаго захолустья, въ трехъ дѣйствіяхъ, соч. **Н. Я. Соловьева.**

Дѣйствующія лица:

Иванъ Захарычъ Сандыревъ, почтмейстеръ уѣзднаго города Г-нъ Медвѣдевъ.
Ольга Николаевна, его жена . Г-жа Левкѣева.
Липочка } ихъ дѣти . . . . { Г-жа Никитина.
Настя } { Г-жа Потоцкая.

Programm zur Aufführung der «Möwe» im Alexandra-Theater in Sankt Petersburg, 17. Oktober 1896

Alexandra-Theater in Sankt Petersburg, Ende des 19. Jahrhunderts

Anton Tschechow, Sankt Petersburg 1888

)atscha der Tschechows in Luka, 1880er Jahre

Iwan, Jewgenija, Maria, Marian Semaschko und Freund, Luka 1889

Isaak Lewitan, Melichowo, 1890er Jahre

Auf der Veranda des Hauses in Melichowo, 1892
Erste Reihe, sitzend, v. l. n. r.: Freundin der Familie, Iwan, Michail, Jewgenija und Pawel.
Zweite Reihe, stehend, v. l. n. r.: Maria, Anton, Alexander Smagin

In Tschechows Arbeitszimmer, Melichowo 1892
V. l. n. r.: Maria, Anton, Iwan, Alexandra Lesowa, Michail, Alexander Smagin

Tatjana Schtschepkina-Kupernik, Lidia Jaworskaja und Anton Tschechow, Moskau 1893

Lidia Misinowa und Anton Tschechow, Melichowo 1897

In der Redaktion der Zeitschrift «Russkaja Mysl», Moskau 1893
Erste Reihe, sitzend, v. l. n. r.: Mitrofan Remesow, Michail Sablin, Iwan Iwanjukow, Wukol Lawrow, Ignati Potapenko
Zweite Reihe, stehend, v. l. n. r.: Anton Tschechow, Viktor Golzew

Vera Komissarshewskaja mit einer Widmung für Anton Tschechow, 1890

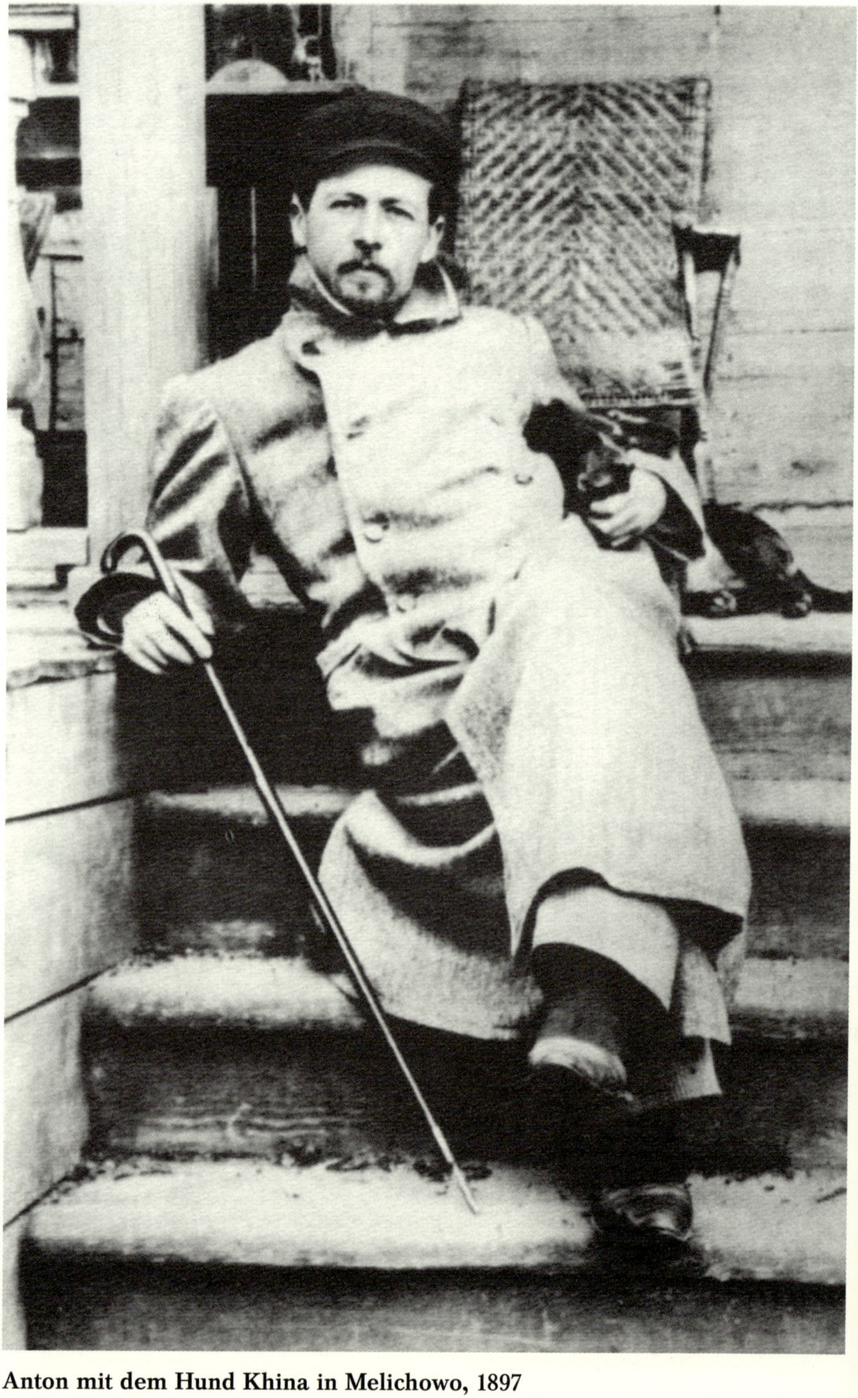

Anton mit dem Hund Khina in Melichowo, 1897

№ 748

ХУДОЖЕСТВЕННО-ОБЩЕДОСТУПНЫЙ
(Каретный рядъ „Эрмитажъ“). ТЕАТРЪ (Каретный рядъ „Эрмитажъ“).

Въ Четвергъ, 17-го Декабря,
поставлено будетъ въ первый разъ:

ЧАЙКА

Драма въ 4-хъ дѣйствіяхъ, сочин. **Антона Чехова.**

ИСПОЛНЯТЪ РОЛИ: Тригорина—**К. С. Станиславскій,** Треплева—**В. Э. Мейерхольдъ,** Дорна—**А. Л. Вишневскій,** Сорина—**В. В. Лужскій,** Шамраева — **А. Р. Артемъ,** Медвѣденка—**І. А. Тихомировъ,** кова—**А. Н. Андреевъ,** Повара—**А. Л. Загаровъ,** Аркадиной—**О. Л. Книпперъ,** Зарѣчной—**М. Л. Роксанова,** Маши—**М. П. Лилина,** Полины Андреевны—**Е. М. Раевская,** Горничной—**М. П. Николаева.**

Режиссеры **К. С. Станиславскій** и **Вл. И. Немировичъ-Данченко.**

Парики и прически Я. Иванова. Декоративныя украшенія цвѣтами садоваго заведенія Ѳ. Ноева.

Начало въ 7½ ч. веч., окончаніе около 11½ ч. ночи.

Лица. записавшіяся на первое представленіе драмы „Чайка“, благоволятъ получить билеты до 4-хъ час. Среды. 16-го Декабря. послѣ чего они поступаютъ въ общую продажу.

Въ Пятницу, 18-го Декабря, второе представленіе драмы: ЧАЙКА.

ЦѢНА МѢСТАМЪ ОБЫКНОВЕННАЯ.

Касса открыта отъ **10** час. утра до **8** час. вечера.

Главный режиссеръ **К. С. Станиславскій.** Завѣдующій репертуаромъ **Вл. И. Немировичъ-Данченко.**

Plakat der «Möwe» im Moskauer Künstlertheater, 1898

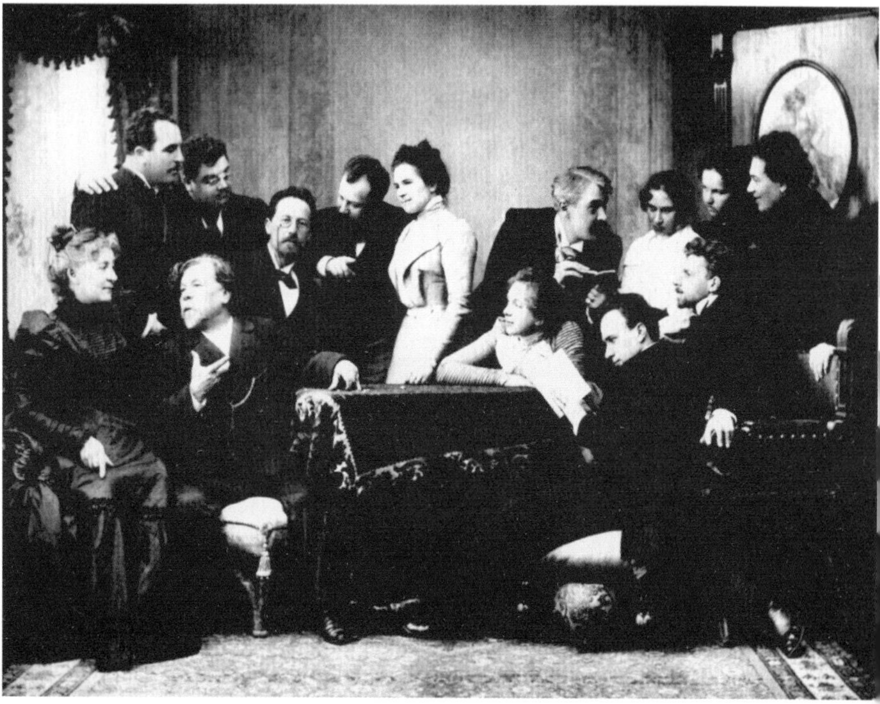

Tschechow mit der Truppe des Moskauer Künstlertheaters, 1899
Erste Reihe, sitzend, v. l. n. r.: Jewgenija Rajewskaja, Alexander Artjom, Anton Tschechow, Maria Lilina, Iosafat Tichomirow, Wsewolod Meyerhold
Zweite Reihe, stehend, v. l. n. r.: Alexander Wischnewski, Wassili Lushski, Wladimir Nemirowitsch-Dantschenko, Olga Knipper, Konstantin Stanislawski, Maria Roxanowa, M. Nikolajewa, Alexander Andrejew

Anton Tschechow und Lew Tolstoi, Gazpra 1901

Anton Tschechow und Maxim Gorki, Jalta 1900

Anton in seinem Arbeitszimmer in Jalta, 1900

Anton, Jalta 1901

Anton Tschechow und Olga Knipper, Axjonowo 1901

Olga Knipper als Ranewskaja im «Kirschgarten»

Jewgenija, Maria, Olga Knipper, Anton (v. l. n. r.), Jalta 1902

Tschechows Haus in Jalta, Anfang des 20. Jahrhunderts

Anton, Maria Drosdowa, Iwan und Maria (v. l. n. r.), Jalta 1902

Anton, Jalta 1904

Weihe schenkten auch hier die Bauern Anton ein Heiligenbild mit Widmung (das war Tradition) und Brot und Salz auf einem geschnitzten Holzteller. Darauf stand: «Reichtum im Heim bringt Freude hinein.»

Damals war Anton bereits Kurator der Dorfschule in Tschirkow, «Verantwortlicher» der kostenlosen Volksbibliothek, die in der Chatuner Landschule eröffnet wurde, und Stellvertreter des Leiters zur Beaufsichtigung der Volksgrundschulen. All diese Funktionen und der Arztberuf kosteten Anton sehr viel Zeit, die er eigentlich für seine literarische Arbeit gebraucht hätte.

* * *

«Weißt du, Antoscha, ich möchte gern selbst in Melichowo eine neue Schule bauen. Ob ich das kann?», fragte ich einmal meinen Bruder.

«Probier's doch einfach!», entgegnete er.

Und ich wurde aktiv. Als Erstes fertigte ich einen Plan der Schule an und bat meinen Bruder, ihn von der Landverwaltung bestätigen zu lassen. Dann begann ich Mittel zu suchen. Im Herbst 1897 erntete ich in unserem Garten Äpfel und Stachelbeeren und verkaufte sie. Die Summe, die ich damit einnahm – fünfundzwanzig Rubel –, war natürlich recht gering. Als ich bald darauf in Moskau bei Lewitan zu Besuch war, bat ich ihn, mir zwei kleine Studien zu schenken, was er gerne tat. Ich nahm sie mit nach Melichowo und veranstaltete mit Nachbarn, Freunden und Bekannten eine Lotterie. Lewitan war zu dieser Zeit schon berühmt und verkaufte sich sehr gut. Wer die Bilder in der Lotterie gewann, weiß ich heute nicht mehr, und das ist auch nicht wichtig. Wichtig ist, dass ich dank meiner «kommerziellen» Operationen eine respektable Geldsumme für den Bau der Schule zusammenbekam. Aber auch das war zu wenig. Wie die Erfahrung zeigte, kosteten Schulgebäude mindestens dreitausend Rubel.

Zwei Jahre lang sammelte ich Geld. Mit meiner Freundin Dunja Konowizer (Efros) veranstaltete ich in Moskau Wohltätigkeitskonzerte, nahm Spenden entgegen, doch es reichte immer noch nicht. Im Winter 1899, als der Bau begann, feilschte ich mit den Lieferanten um jeden Kubikmeter Sand und Stein und mit dem Unternehmer Jegoryschew um die Arbeitskosten und so weiter. Aber ich hätte meinen Bau nicht vollenden können, hätte mir Anton nicht tausend Rubel geschenkt. Als er im Sommer in Melichowo war, half er mir, den Bau fertig zu stellen. Nur dank seiner Unterstützung konnte die Melichower Schule im Herbst 1899 ihre Pforten öffnen; sie existiert bis heute.

Wenn man von der Hilfe spricht, die Anton den Schulen und Lehrern erwies, muss man auch sein Verhältnis zu den Schülern erwähnen. Ich habe bereits erzählt, wie sehr mein Bruder Kinder liebte. Die Bauernkinder bildeten dabei keine Ausnahme. Mein Bruder kümmerte sich ständig um sie, zu Feiertagen machte er allen Geschenke. Einmal schrieb er mir aus dem Ausland:

Bringe in Erfahrung, wie viele Jungen und Mädchen in die Taleger Schule gehen, berate dich mit Wanja und kaufe ihnen zu Weihnachten Geschenke. Für die Ärmsten Filzstiefel; in meiner Garderobe hängen Schals, die vom vergangenen Winter übrig sind, auch die kannst du nehmen. Den Mädchen irgendetwas Buntes; Konfekt brauchst du ihnen nicht zu schenken.

Im Analphabetentum des einfachen Volkes sah Anton die Ursache für Rückständigkeit, mangelnde Bildung und viele Leiden, und er versuchte auf alle mögliche Weise, dies zu ändern, auch Erwachsene zu fördern. Bei uns in Melichowo lebten zum Beispiel eine Zeit lang zwei Zimmermädchen, die weder lesen noch schreiben konnten – Anjuta und Mascha. Anton überredete sie, schreiben und lesen zu lernen. An den Winterabenden unterrichtete er sie selbst und bezog auch mich ein. Dies veranlasste unseren Vater, einen humorvollen Eintrag in sein Tagebuch zu machen:

Wir haben jetzt eine Schule in unserem Haus, die Dienstmädchen Anjuta und Maschutka lernen lesen. Unterrichtet werden sie von den Pädagogen Mascha und Antoscha.

Oder die Geschichte mit dem Kellner Bytschkow, dem Anton riet, mehr zu lesen und zu lernen, und ihm dafür Bücher schenkte. Der Kellner begann daraufhin, sogar Gedichte zu schreiben. Und wie viele populäre Bücher mein Bruder kaufte und sie unseren Melichower Arbeitern zu lesen gab! Und wie er sich freute, wenn in der Gesindestube einer laut vorlas und die Übrigen zuhörten!

Zu Antons gesellschaftlichem Engagement gehörte auch seine Beteiligung an der gesamtrussischen Volkszählung von 1897. Diese komplizierte, schwierige Aufgabe konnte nur mit der aktiven Unterstützung durch die örtliche Intelligenzija durchgeführt werden. Beinahe den ganzen März 1897 war mein Bruder mit der Volkszählung befasst. Er leitete einen Zählstützpunkt. Ein Amtsbezirk mit sechzehn Dörfern wurde ihm zugeteilt sowie fünfzehn Zähler, unter denen «ich so etwas wie ein Bootsmann sein werde», schrieb Anton. Er rief seine Zähler zusammen, instruierte sie, hielt ihnen ausgedehnte Vorträge.

In Melichowo ging Anton selbst durch alle Häuser und zählte die Bevölkerung. Abends beschwerte er sich dann manchmal, dass er Kopfschmerzen habe: Weil er so groß war, stieß er oft an die Decke der niedrigen Bauernhütten, denn er war es nicht gewohnt, sich zu ducken. Auf dem Flügel in unserem Wohnzimmer lag das gesamte Material für die Volkszählung, und wir hatten Angst, etwas anzurühren, um die Fragebogen nicht durcheinander zu bringen. Mein Bruder besaß eine speziell für diesen Zweck zur Verfügung gestellte Aktentasche mit der Aufschrift «Volkszählung 1897».

Anton erschöpfte diese Aufgabe sehr, zumal er auch weiterhin schrieb. Anfang Februar war die Volkszählung zum Glück vorbei, und er atmete auf.

Im Sommer wurde Anton mit einer Bronzemedaille ausgezeichnet.

Ich weiß nicht mehr, wofür Anton sogar den Stanislaus-Orden dritter Klasse erhielt (wahrscheinlich für sein Engagement für die Schulen des Serpuchower Bezirks). Aber ich erinnere mich noch gut, wie er einmal zu mir ins Zimmer kam und mit todernstem Gesicht sagte: «Mascha, ich muss dich bitten, zu veranlassen, dass meine Jacketts hinten unten abgeschnitten werden.»

«Warum?»

«Ich habe den Stanislaus-Orden bekommen. Damit man sieht, dass ich ihn trage.»

Ich konnte Anton nicht mit dem gleichen ernsten Gesicht antworten und lachte laut los.

Diesen Orden hatte ich in meinem Banksafe bis zur Revolution aufbewahrt. Wo er dann hinkam, weiß ich nicht.

* * *

Wie lustig es bei uns im Sommer immer war! Wie viele Leute zu uns kamen! Ständige Gäste in Melichowo waren nach wie vor unsere alten Freunde, die Musiker Marian Semaschko und Alexander Iwanenko. Auch Lewitan blieb immer mehrere Tage. Bei seinem ersten Besuch ging Anton mit ihm auf die Jagd. Recht unglücklich brachten sie eine Waldschnepfe mit nach Hause: Lewitan hatte sie nur angeschossen, und keiner der beiden «Jäger» war in der Lage, das Tier zu töten.

Unvorstellbares ereignete sich auf unserem Gut, wenn Wladimir Giljarowski da war. Der Schriftsteller, Dichter und Journalist, der zu dieser Zeit als der «König der Reporter» galt, hatte eine interessante Biographie. In seiner Jugend war er durch Russland gewandert und hatte eine ganze Menge ausprobiert – vom Wolgatreidler, Lastenträger und Feuerwehrmann bis zum Zirkusakrobaten, wandernden Schauspieler und Zureiter von Steppenpferden. Anton hatte ihn in den ersten Jahren als Schriftsteller in Moskau kennen gelernt, als Giljarowski ebenfalls anfing, für humoristische Zeitschriften zu schreiben. Er hatte uns auch schon in unserer Moskauer Wohnung besucht. Eines der ersten Bücher von Giljarowski, «Elende Menschen», in dem er von seiner Zeit als Wolgatreidler und Lastenträger und dem Leben der armen Leuten schreibt, bekam von der zaristischen Zensur keine Druckgenehmigung und wurde 1887 als «schädlich» verbrannt. Da so etwas höchst selten vorkam, wurde Giljarowski schlagartig populär.

Er besaß große Körperkraft: Er konnte Hufeisen zerbrechen, Eisenstangen verbiegen und schwere Lasten heben. Unheimlich laut, unentwegt redend, immer in Aktion, brachte er das gesamte Gut in Aufruhr. Er konnte so viel Wodka trinken, wie er wollte, ohne dass es ihm etwas ausmachte, er blieb immer der Alte. Anton schrieb über ihn:

Giljarowski war bei mir. Was der alles angestellt hat, mein Gott! Er hat alle meine Pferde zuschanden geritten, ist auf Bäume geklettert, hat die Hunde erschreckt und Baumstämme gebrochen, um seine Kraft zu beweisen. Außerdem hat er unaufhörlich geredet.

Aber er war ein herzlicher, feinfühliger Mensch und liebte Anton, der ihm seinerseits herzlich verbunden war.

Im Tschechow-Museum in Jalta steht ein hoher, weicher Sessel – ein Freundschaftsgeschenk von Giljarowski an Anton zum Einzug. In Jalta war es einmal zu einem Vorfall gekommen, der zeigt, wie rührend sich Giljarowski um Antons Gesundheit sorgte: In Antons Arbeitszimmer saßen Giljarowski und ein Besucher, der eine Zigarre rauchte, obwohl an der Wand ein kleines, von Anton geschriebenes Schild hing, auf dem stand «Bitte nicht rauchen». Das Zimmer füllte sich allmählich mit blauem Dunst, und Anton mit seiner kranken Lunge bekam nur schwer Luft. Aus Höflichkeit sagte er nichts. Schließlich fing er an zu husten.

Der empörte Giljarowski sprang auf, nahm das kleine Schild von der Wand und verschwand damit. Setzte sich in seine Kutsche und fuhr in die städtische Druckerei. Dort wies er an, sofort, noch in seinem Beisein, mit großen Buchstaben «Bitte nicht rauchen» zu setzen und einen Abzug zu machen. Dann kehrte er in Antons Arbeitszimmer zurück und heftete demonstrativ das neue Schild an die Wand. Dort hängt es bis heute.

Einmal schenkte Giljarowski, als er nach Melichowo kam, Anton einen Gedichtband von sich: «Das vergessene Heft» mit einem Faksimile auf dem Umschlag:

Die Jahre gehn, ein flüchtiger Schaum.
Du öffnest das Heft der Oktaven,
Und in plötzlichem Wellenschlagen
Ersteht aus bleichen Krakeln
Der fernen Jugend Traum!

Das war im Januar 1894. Seitdem ist viel Zeit vergangen, aber ich erinnere mich immer noch mit herzlicher Dankbarkeit an Giljarowskis zärtliche und freundschaftliche Liebe zu Anton, an die «plötzliche Welle», den lieben Onkel Giljai.

* * *

Im Sommer 1892 kam uns der Schauspieler Pawel Swobodin besuchen. Er hatte sich stark verändert. Zu dieser Zeit litt er bereits an Angina Pectoris und war nicht mehr so lustig wie früher. Dreieinhalb Monate später starb er unverhofft auf der Bühne des Alexandra-Theaters während der Aufführung der «Narren» von Ostrowski. Swobodin hatte in seinem letzten Lebensjahr großen Anteil an Tschechows Versöhnung mit der Redaktion der Zeitschrift «Russkaja Mysl», was sich folgendermaßen zugetragen hat:

Noch vor Antons Abfahrt nach Sachalin war in dieser Zeitschrift anonym ein kritischer Artikel gedruckt worden, in dem folgende Passage vorkam:

Noch gestern haben sogar die Jünger der prinzipienlosen Schriftsteller, wie es die Herren Jassinski und Tschechow sind …

Anton war über diese Verleumdung empört und schrieb an Lawrow, den Redakteur und Herausgeber der Zeitschrift, einen Brief:

Auf Kritik antwortet man eigentlich nicht, aber in diesem Fall handelt es sich nicht um Kritik, sondern um Verleumdung. Ich hätte wohl auch nicht auf eine Verleumdung geantwortet, aber dieser Tage verlasse ich Russland für lange Zeit und komme vielleicht nicht mehr wieder, und so kann ich es mir nicht verkneifen, auf den Artikel zu reagieren.

Ein prinzipienloser Schriftsteller oder, was das Gleiche ist, ein nichtsnutziger Kerl bin ich nie gewesen.

Allerdings bestand meine schriftstellerische Tätigkeit aus einer ununterbrochenen Reihe von Fehlern, manchmal grober, aber das erklärt sich durch das Maß meiner Begabung und ganz und gar nicht dadurch, dass ich ein guter oder schlechter Mensch bin …

Ihre Beschuldigung ist eine Verleumdung. Ich kann Sie nicht bitten, sie zurückzunehmen, da sie schon ihre Wirkung tut und man sie nicht mehr ungeschehen machen kann; sie mit Unvorsichtigkeit, Leichtsinn oder Ähnlichem zu erklären, vermag ich ebenfalls nicht, da in Ihrer Redaktion, wie mir bekannt ist, zweifellos anständige und wohlerzogene Leute sitzen, die, wie ich hoffe, ihre Artikel nicht zufällig schreiben und lesen, sondern mit Verantwortung für jedes Wort. Mir bleibt nur, Sie auf Ihren Fehler hinzuweisen und Sie zu bitten, an die Echtheit des quälenden Gefühls zu glauben, was mich veranlasst, Ihnen diesen Brief zu schreiben. Dass es nach Ihrer Beschuldigung zwischen uns nicht nur keine Geschäftsbeziehungen mehr geben kann, sondern nicht einmal eine normale oberflächliche Bekanntschaft, versteht sich von selbst.

Danach brach Tschechow für zwei Jahre jegliche Verbindung zur Redaktion der «Russkaja Mysl» und dem Redakteur Lawrow ab.

Swobodin redete immer wieder auf Anton ein, sich mit Lawrow zu versöhnen und wieder für die «Russkaja Mysl» zu schreiben. Swobodin war mit Lawrow befreundet und forderte diesen auch auf, sich bei Tschechow zu entschuldigen. So schrieb Lawrow im Sommer 1892 meinem Bruder folgenden Brief:

Hochverehrter Anton Pawlowitsch! Unser gemeinsamer Freund P. M. Swobodin erzählte mir von Ihrer Absicht, eine Erzählung an die «Russkaja Mysl» zu geben. Natürlich findet Ihr Werk auf den Seiten der «Russkaja Mysl» die glücklichste Aufnahme, außerdem soll für immer das traurige Missverständnis aus dem Weg geräumt werden, das es vor zwei Jahren zwischen uns gab. Damals, als alles noch frisch war, wollte ich schon auf Ihren Brief antworten, wollte Ihnen versichern, dass weder ich, dass wir alle nicht die geringste Absicht hatten, gegen Sie als Schriftsteller und Mensch irgendeine feindliche Einstellung zu bekunden, dass die von mir geleitete Zeitschrift Ihre schriftstellerische Tätigkeit immer mit großer Anteilnahme verfolgte, und wenn wir darin irgendwelche Mängel entdeckt haben, dann stets von großem Verständnis begleitet. Aber ich habe es leider nicht rechtzeitig geschafft, Ihnen zu schreiben: Sie waren bereits im Ausland. Jetzt will ich die mir gegebene Möglichkeit nutzen und beeile mich, und für mich als leidenschaftlichen Verehrer Ihres Talents ist es eine besondere Genugtuung, Ihnen zu sagen, was nicht von mir abhängende Umstände mich gehindert haben zu sagen, und Sie zu bitten, an die Aufrichtigkeit meiner Verehrung für Sie zu glauben.

Anton war zufrieden gestellt und schrieb an meine Freundin Lika Misinowa, von der ich noch erzählen werde:

Ich habe eine sensationelle Neuigkeit: Die «Russkaja Mysl» hat mir über Lawrow einen Brief geschickt, voller Feingefühl und Beteuerungen. Ich bin gerührt, wenn ich nur nicht die schlechte Angewohnheit hätte, auf Briefe nicht zu antworten, dann würde ich ihnen schreiben, dass ich das Missverständnis, das es vor zwei Jahren gab, für beigelegt betrachte. Jedenfalls schicke ich die liberale Novelle, die ich begonnen habe, als Sie hier waren, mein Kindchen, an die «Russkaja Mysl». So eine Geschichte ist das!

Die erwähnte Novelle «Erzählung eines unbekannten Menschen» wurde in der zweiten Nummer der «Russkaja Mysl» im Jahr 1893 veröffentlicht.

So kamen auf Swobodins Initiative die Beziehungen zwischen Tschechow und der Redaktion der «Russkaja Mysl» wieder ins Lot, und es wurde eine sehr enge Freundschafts- und Arbeitsbeziehung daraus, die bis zu Antons Tod anhielt.

* * *

Auch im Winter bekamen wir in Melichowo viel Besuch, vor allem zu Weihnachten. An diesen Feiertagen waren wir immer sehr ausgelassen. Wir organisierten Kostümabende, Maskierte kamen – aus der Nachbarschaft. Und auch wir fuhren manchmal verkleidet zu den Nachbarn.

Einmal wollten wir kurz nach Weihnachten maskiert ins Dorf Waskino zu unserem Nachbarn Semenkowitsch fahren. Wir zogen die absonderlichsten Kostüme an. Damals war Mischa bereits verheiratet. Seine junge Frau Olga entpuppte sich als wunderbare Schauspielerin. Sie verkleidete sich als Landstreicher, machte ihre Haare unordentlich, hängte sich einen Beutel um und sah nun genauso aus wie ein Barfüßler. Sie spuckte auf die Erde und bat mit heiserer, versoffener Stimme um Almosen. Als Anton das sah, setzte er sich an seinen Schreibtisch und entwarf schnell einen Brief für sie:

Euer Hochwohlgeboren! Ich wurde im Leben von zahlreichen Feinden verfolgt und habe für die Wahrheit gelitten, ich habe meine Wohnung verloren, meine Frau ist sehr krank, in ihrem Bauch redet es, meine Kinder haben Ausschlag, deshalb bitte ich Sie untertänigst, einem edelmütigen Menschen von Ihren Mitteln quelque chose abzugeben.

Wassili Spiridonow Swolotschow (assoziiert Schuft, A. d. Ü.)

Diesen Brief sollte Olga Semenkowitsch und anderen Bekannten, zu denen wir fahren wollten, übergeben. Überflüssig zu erwähnen, dass die Wirkung unseres Erscheinens mit einem Landstreicher und diesem Brief ungeheuer war.

Semenkowitsch war der Neffe des bekannten russischen Dichters Afanassi Fet. Anton schrieb über ihn:

Fet, der bekannte Lyriker, kurbelte, wenn er durch die Mochowaja fuhr, das Fenster in der Kutsche herunter und spuckte auf die Universität. Er räusperte sich und spuckte: pfui! Der Kutscher war schon so daran gewöhnt, dass er jedes Mal, wenn sie an der Universität vorbeifuhren, anhielt.

Semenkowitsch kam oft zu Besuch, und auch wir waren häufig bei ihnen. Semenkowitschs Frau Jewgenija spielte ausgezeichnet Klavier, und Anton, der klassische Musik sehr mochte, fuhr manchmal extra zu ihnen, um Beethoven-Sonaten zu hören.

Sommers wie winters kamen zeitweise so viele Leute nach Melichowo, dass wir gar nicht alle unterbringen konnten. Wir stellten nicht nur im Wohnzimmer und im Puschkinzimmer Betten auf, sondern auch auf dem Vorplatz, im Korridor und sogar im Umkleideraum unserer Banja.

Oft war Iwan mit seiner Frau Sofja da, ihre Hochzeit wurde im Juli 1893 bei uns in Melichowo gefeiert. Manchmal kamen Gäste von weit her: Alexander aus Petersburg, meine Freundin Natalja aus Sumy, Alexander Smagin aus dem Gouvernement Poltawa, unser Cousin Georgi Tschechow aus Taganrog.

Manchmal kamen aus heiterem Himmel auch noch die «unangenehmen» Besucher. Leute, die wir kaum kannten (manchmal überhaupt nicht) und die auf einer Reise schnell mal beim Schriftsteller Tschechow «vorbeischauen» wollten. Manche kamen aus purer Langeweile, um uns kennen zu lernen, mit uns zu plaudern, eine Verschnaufpause einzulegen, weil sie von der Gastfreundschaft der Familie Tschechow gehört hatten. Für Anton war dies eine regelrechte Folter, aber aus Höflichkeit ließ er sich nichts anmerken. Im Melichower Tagebuch unseres Vaters gibt es folgende Einträge:

18. April: Um 9 ¾ fuhren, dem Herrn sei Dank, zwei dicke Damen ab.

24. April: Konowizer ist gekommen, hat zu Mittag gegessen und ist wieder abgefahren. Abends kam N. I. Korobow. Der Schreihals Semenkowitsch war da.

25. April: Gott sei Dank, Gluchowski ist wieder abgefahren.

«Zwei dicke Damen …» – ich weiß bis heute nicht, wer das sein soll und woher und warum sie zu uns kamen. Wobei solch ein Gästeauflauf bei uns ganz normal war – die einen gingen, die anderen kamen.

Einmal, im April 1894, erhielt ich von Anton einen Brief aus Melichowo:

Mein Gott, wie gern würde ich schreiben! Es sind schon drei Wochen, dass ich nicht für mich sein kann.

Deshalb kam Anton auf die Idee, im Garten ein Nebengebäude zu bauen, wo er allein sein und in Ruhe arbeiten konnte. Außerdem konnte man dort auch noch Gäste unterbringen.

Schon im Sommer 1894 war das Häuschen fertig. Es sah von außen wunderhübsch aus, innen war es gemütlich, aber sehr klein. Es hatte zwei Zimmerchen: Das größere war Antons Arbeitszimmer, das kleinere sein Schlafzimmer, in das mit Ach und Krach ein Bett, ein Tischchen und ein Stuhl passten. Vor diesen Zimmerchen befand sich ein winziger Vorplatz. Den Eingang bildete eine unbeheizte Diele, darüber ein Balkon, von dem aus man auf den Dachboden gelangte, der wegen des Spitzdachs wiederum sehr hoch war.

So konnte mein Bruder in aller Ruhe arbeiten, selbst wenn Gäste da waren: Alle wussten, wenn Anton im Häuschen ist, darf ihn niemand stören. In diesem Anbau schrieb mein Bruder im Sommer 1895 «Die Möwe» und viele andere Werke. In der kalten Jahreszeit wurden die Zimmer mit einem Ofen geheizt, und wir konnten dort viele Gäste zum Schlafen unterbringen. Wenn es im Winter heftig schneite und stürmte, war der Weg vom großen Haus zum Nebengebäude so verweht, dass man einen Gang graben musste. Es entstand so etwas wie ein Tunnel, der unserem Vater «unterstand», er schaufelte ihn frei und kümmerte sich um ihn.

Das Häuschen ist bis heute erhalten, in ihm ist ein kleines Tschechow-Museum untergebracht.

* * *

Folgendes passierte, als wir noch in Moskau auf der Sadowaja Kudrinskaja im Kornejew-Haus wohnten. An einem sonnigen Frühlingstag schippte ich vor unserem Haus Schnee und half so dem frühlingshaften Tauwetter. Da fuhr ein vornehmer Schlitten mit Felldecke vor, und ein kleiner eleganter Mann mit schwarzem Backenbart, Zylinder und Wintermantel mit Pelzkragen stieg aus.

Als er an mir vorüberging, zeigte er auf unseren Eingang und fragte mich: «Geht es hier zu Tschechow?»

«Ja», entgegnete ich, schrecklich verlegen wegen meines Aufzugs, der so gar nicht zum Empfang eines Gastes passte.

Es war Wladimir Nemirowitsch-Dantschenko, mit dem ich dann fast ein halbes Jahrhundert sehr eng befreundet war. Anton und er hatten sich schon früher in Literaturzirkeln getroffen.

Als ich ihn näher kennen lernte, beeindruckte mich der große Charme dieses Mannes, der gebildet war, klug und von angenehmem Äußeren. Er war damals bereits ein populärer Schriftsteller und Dramatiker, der das Theater und die Bühnenkunst leidenschaftlich liebte. Anton und er hatten gemeinsame Interessen und waren sich sympathisch. Später wurden sie enge Freunde und duzten sich.

Nemirowitsch besuchte uns natürlich auch in Melichowo. Er kam mit seiner Frau, Jekaterina Nikolajewna, und ich erinnere mich, wie wir sie in Antons Arbeitszimmer einquartierten. Nemirowitsch wiederholte immer und immer wieder, wie sehr er an Tschechows Talent glaube, und riet ihm, ein großes Stück fürs Theater zu schreiben (mein Bruder hatte bislang nur Vaudevilles und Einakter verfasst). So schrieb Anton in Melichowo «Die Möwe».

* * *

Ich habe bereits erzählt, wie gern Anton seine Freizeit in der Natur mit Angeln und mit Pilzesammeln im Wald verbrachte. Das war wohl kein Zufall. Denn währenddessen dachte er über Themen und Sujets nach und stellte sich Figuren vor. Aus demselben Grund sammelte er im Garten trockene Blätter und Zweige und brachte sie auf den Komposthaufen, oder er bündelte Briefmarken. Später, in Jalta, wo es weder Angeln noch Pilze gab, legte mein Bruder viele Stunden lang Patience. Ich wusste, dass man ihn in dieser Zeit am besten in Ruhe ließ und nicht bei seinen Gedanken über ein neues Werk störte.

Wenn Anton kurz davor war, eine neue, ernsthafte Sache zu schreiben, war er immer in einer ganz besonderen Stimmung, ich spürte das. Sein Gang änderte sich, seine Stimme. Er war zerstreut, gab oft unpassende Antworten. Das dauerte so lange, bis er sich hinsetzte und mit dem Schreiben begann. Dann war er wieder so wie immer. Offenbar waren dann das Sujet und die Figuren herangereift und der Zustand der schöpferischen Anspannung beendet.

Vom ersten Melichower Sommer an ging Anton jeden Tag in den Wald zum Pilzesammeln. Ja, die ganze Familie suchte Pilze. Das sah für gewöhnlich so aus: In aller Herrgottsfrühe, vor allen anderen, ging Mutter los. Sie brachte vom «Viereck» (so hieß die Ecke auf unserem Gut, wo auf der einen Seite Birken standen und auf der anderen Tannen) große Steinpilze mit. Sie kannte nur diese Sorte.

Etwas später ging Anton los, immer in Begleitung von Khina und Brom. Sobald mein Bruder einen Pilz gefunden hatte, kamen die beiden Hunde angeschossen und wühlten mit ihren Schnauzen und Pfoten die Stelle auf, an der der Pilz gestanden hat. Für die Pilze nahm mein Bruder immer einen grob gewebten Kissenbezug mit – das Geschenk einer seiner Verehrerinnen. Auf dem Kissen war eingestickt: «Schlaf, ruhe sanft, und vergiss uns nicht.» Anton brachte in diesem Kissenbezug mittelgroße Pilze aus dem Wald mit – kleine fand er seiner schwachen Augen wegen nicht.

Schließlich ging ich los, als Letzte von allen, und brachte die kleinsten (und schmackhaftesten) Reizker und Steinpilze nach Hause, die weder Mutter noch Anton gesehen hatten.

Manchmal ging Anton in Begleitung eines Gastes Pilze sammeln und hatte damit gleich einen angenehmen Gesprächspartner. Einmal war er mit einem Franzosen namens Jules Legras unterwegs, der in Bordeaux Professor war. Für den «Reizker» gibt es im Französischen keinen Namen, und Legras bezeichnete diese Pilze als «les petits rouges» – die «kleinen Roten». Legras wohnte auf dem Nachbargut bei Gladkow. Anton nannte ihn auf Russisch Juli Antonowitsch. Später wurde Legras einer der ersten Übersetzer von Tschechows Werken ins Französische.

In seinem Buch, das in Frankreich erschien, berichtete er von den Begegnungen mit Tschechow. Hier ein Auszug daraus, in dem Anton sehr gut beschrieben ist:

Vor mir steht ein hoch gewachsener schlanker Mann von dreißig Jahren mit langen Haaren, die er mit einer ungezwungenen Geste mechanisch aus der offenen Stirn streicht. In seinem wissbegierigen Blick liegen Aufrichtigkeit und Verschmitztheit. Er benimmt sich ungezwungen, nur ein bisschen kühl, weil er natürlich weiß, mit wem er es zu tun hat, und merkt, dass ich ihn beobachte. Aber dann ist die erste Verlegenheit weg, und wir sprechen darüber, was die Franzosen von Russland wissen und umgekehrt …

Einige Tage später hatte ich erneut den Wunsch, Anton Pawlowitsch zu sehen. Ich muss zugeben, dass er etwas Anziehendes hat. Diesmal ist sein Empfang etwas freudiger. In der Unterhaltung schimmert freundschaftlicher Humor durch. Da ich einige Tage vor meinem Besuch allein umhergewandert war, wurde seine Gesellschaft, in der ich mich von allem Alltäglichen erholen konnte, für mich im positiven Sinne eine Notwendigkeit. Diese Erholung finde ich hier, in dieser schlichten Atmosphäre, deren ganze Herrlichkeit in der Freiheit besteht, die sogar in den banalsten Erscheinungsformen des russischen Lebens durchscheint …

Tschechow ist von der Medizin zur Literatur gekommen. Er ist Arzt, übt diesen Beruf jedoch nur im Sommer auf dem Lande aus, wo er die Bauern behandelt. Ich habe immer die Gesellschaft intelligenter Ärzte bevorzugt, und wenn ich darunter Schriftsteller traf, gute Schriftsteller, dann haben sie schnell meine Sympathie erobert. Der praktische Verstand und der Ernst der medizinischen Wissenschaften hinterlassen in den geistigen Fähigkeiten des Menschen eine unauslöschliche Spur. […] Ein Schriftsteller, der Medizin studiert hat, kommt zu einer größeren Tiefe und Kraft der Gedanken als ein professioneller Schriftsteller, da Ersterer viel häufiger mit dem Leben konfrontiert ist. Die Berührung mit der Wirklichkeit verleiht seinen Werken Empfindsamkeit und Vielseitigkeit. Diejenigen, die den Verlauf und die Bewegungen des Lebens sehen, bewahren in ihren Urteilen Toleranz und Geduld. Anton Tschechow gehört zu Letzteren.

* * *

Es kamen auch kuriose Gäste. So findet man beispielsweise in einem Brief von Anton an mich folgende Bemerkung: «…und der Student kommt immer wieder und immer wieder.» Bei diesem Studenten handelte es sich um den Bruder meiner Freundin Dunja Efros, die später den Advokaten Konowizer heiratete. Efros war in der Sommerfrische bei unserem Nachbarn Schachowskoi und besuchte uns wegen unseres Zimmermädchens

Anjuta. Anjuta war sehr hübsch und talentiert, ein richtiges Melichower Bauernmädchen. Da bringe ich zum Beispiel aus Moskau ein neues Sonntagskleid mit und sehe fünf Tage später unsere Anjuta in dem gleichen. Angeblich wollte der «Student» uns besuchen. Er kam, saß eine Weile, redete eine Weile, trank aus Anstand ein Glas Tee und ging dann in den Garten. Dort wartete er, bis Anjuta freihatte, ging mit ihr den ganzen Abend spazieren und ließ sich nicht mehr bei uns blicken. Am nächsten Tag kam er wieder, redete, trank Tee und ging mit Anjuta spazieren ... Wie die Sache mit ihnen ausging, weiß ich nicht.

Unser zweites Zimmermädchen, Mascha Zyplakowa, auch ein sehr lebhaftes Mädchen, sagte manchmal: «Ich bin so ansteckend, dass mir kein Mann widerstehen kann!» Mascha lebte sehr lange bei uns, heiratete auch bei uns und bekam dann fast jedes Jahr ein Kind.

Zu vielen lustigen und sympathischen Melichower Bauernmädchen hatte ich gute Beziehungen. Für ihre Liederabende wählten sie immer ein Plätzchen in der Nähe unseres Hauses, am Zaun. Ich erinnere mich, wie Anton, ich und einer der Gäste einmal abends auf dem Balkon des Seitenflügels saßen. Die schrägen Strahlen der Abendsonne beleuchteten den Wald. In der Nähe erklangen die Lieder der Mädchen und in der Ferne, aus dem Dorf, die der feiernden Bauernburschen. Und das alles zusammen – das Dorf, der Wald, der Abend, die untergehende Sonne, die Lieder – erinnerte mich an die Musik Tschaikowskis. Ich hielt es nicht aus und sagte: «Hör doch nur, Anton, das klingt wie eine Oper von Tschaikowski! Findest du nicht auch?»

Anton sah mich an und antwortete nicht. Wahrscheinlich stand auch er ganz unter dem Eindruck dieses romantischen Abends. Bis heute erinnere ich mich an den Text und die Melodien, die die Melichower Mädchen in der Nähe unseres Hauses sangen. Wenn sie ihre lauten Lieder zum Besten gegeben, ihre Scherzlieder oder Küchenlieder, und genug getanzt hatten, stimmten sie lyrische Töne an. Sie setzen sich in Grüppchen ins Gras, umarmten sich und sangen mit halblauter Stimme innig:

Ich liebe die Blumen des Feldes,
Lieb es, im Korn sie zu pflücken.
Liebe blaue Augen
Zu küssen, die Nacht im Rücken.

Wenn ich dieses Lied hörte, wusste ich, dass der Reigen gleich zu Ende war. Dann gingen die Mädchen nach Hause. Im Dorf wurde alles still. Und nur von Zeit zu Zeit klang in der nächtlichen Stille zu uns herüber: *Ich liebe die Blumen des Feldes …*

11 *Meine Freundin Lika*

Einmal stand ich vor meiner Klasse und hörte im Nachbarraum die neue Lehrerin sagen: «Mesdames, pst! … Mesdames, pst! …»

Der Satz «Mesdames, pst!», der benutzt wurde, um in der Klasse für Ruhe zu sorgen, war charakteristisch für Lehrerinnen, die das Institut für adlige Töchter absolviert hatten. Die Nachbarklasse hatte ihren Ausgang durch meinen Raum, und nach der Stunde blieb ich sitzen, um mir die neue Lehrerin anzusehen. Da ging ein ganz junges Mädchen an mir vorbei – Lidia Misinowa, oder Lika, wie sie später in unserer Familie genannt wurde.

Wir begrüßten uns und freundeten uns bald an. Nach dem Unterricht gingen wir fast immer zusammen nach Hause, da wir denselben Weg hatten.

Lidia war ungewöhnlich schön. Regelmäßige Gesichtszüge, wundervolle graue Augen, volles blondes Haar und schwarze Brauen – bezaubernd. Ihre Schönheit war so anziehend, dass ihr alle hinterhersahen. Oft wurde ich gefragt: «Tschechowa, wer ist diese schöne Frau, die immer mit Ihnen geht?»

Ich führte Lidia in unserem Haus ein und stellte sie meinen Brüdern vor. Als sie mich das erste Mal besuchen kam, passierte folgende lustige Episode. Wir wohnten damals auf der Sadowaja Kudrinskaja. Lika und ich traten in unser Haus, ich ließ sie in der Diele stehen und stieg die Treppe hinauf in mein Zimmer. Da kam Mischa die Treppe hinunter in Antons Arbeitszimmer und entdeckte Lika. Lika war schüchtern und versteckte sich hinter der Flurgarderobe und bedeckte das Gesicht mit dem Kragen ihres Pelzmantels. Aber Mischa sah sie trotzdem. Als er in Antons Arbeitszimmer trat, sagte er: «Anton, hör mal, zu Maria ist ein sehr hübsches Mädchen gekommen! Sie steht in der Diele.»

«Hm … Ja?», entgegnete Anton, stand auf und ging durch die Diele nach oben. Nach ihm ging Mischa ebenfalls hinauf. Anton blieb eine Minute oben stehen und kam dann wieder herunter. Mischa kam ebenfalls wieder runter und ging dann wieder hinauf. Das wiederholten meine Brüder mehrere Male und musterten dabei Lika jedes Mal. Später erzählte mir Lika, sie hätte bei diesem ersten Mal gedacht, es gäbe schrecklich viele Männer in unserer Familie, die immerzu die Treppe rauf- und runtergingen!

Lika wurde ein ständiger Gast bei uns, war mit allen befreundet und wurde von allen geliebt, auch von unseren Eltern. Wenn wir zusammensaßen, war sie lustig und bezaubernd. Meine Brüder und alle, die in unser Haus zu Besuch kamen, egal, wie alt sie waren und welche gesellschaftliche Stellung sie hatten, machten ihr den Hof. Wenn ich Lika jemandem vorstellte, tat ich das für gewöhnlich mit den Worten: «Eine Freundin von mir und meinen Brüdern.»

Anton war tatsächlich sehr eng mit Lika befreundet und gab ihr nach alter Gewohnheit verschiedene lustige Namen: Shame, Melita, Kantalupotschka, Misjukina und andere. In Likas Gesellschaft war er immer froh gelaunt und fühlte sich wohl. Auf die üblichen Späße meines Bruders antwortete sie ebenfalls mit Ironie, obwohl sie ihr manchmal ganz schön übel mitspielten.

Im Sommer 1891, als wir auf der Datscha bei Alexino wohnten, kam uns auch Lika besuchen. In dieser Gegend gab es wunderbaren Sauerampfer, und wir pflückten ihn alle gemeinsam. Anton dachte sich für Lika besondere Aufgaben aus: Sie sollte mit einem Korb von einem zum anderen gehen und den gepflückten Sauerampfer einsammeln. Wenn jemand genug Blätter gesammelt hatte, rief er Lika mit folgendem Wort zu sich: «Konto!»

Woher wir dieses Wort hatten? In dem bekannten Moskauer Geschäft «Mure und Merilise» gab es zu dieser Zeit folgende

Ordnung: Die Kunden gingen durchs Geschäft und wählten Waren aus; der Preis der gekauften Dinge wurde auf einem besonderen Konto vermerkt, das vom leitenden Verkäufer jedes Mal unterschrieben wurde. Danach ging man in andere Abteilungen und setzte seinen Einkauf fort; alles wurde aufs Konto gesetzt, bis der Einkauf abgeschlossen war und die Rechnung an der Kasse bezahlt wurde. Damit der leitende Verkäufer zu einem kam und das Konto unterschrieb, musste man «Konto!» rufen. So kam dieses Wort aus allen Ecken des Geschäfts, und der leitende Verkäufer musste mal hierhin, mal dorthin laufen. Das haben wir aus Spaß in Alexino beim Sammeln des Sauerampfers mit Lika nachgespielt.

Wenn ich ein Bündel zusammenhatte, rief ich: «Konto!» Lika kam mit ihrem Korb angerannt. Dann rief von einer anderen Stelle Anton: «Konto!», und die arme Lika rannte zu ihm. Lika rannte und rannte, war ganz ermattet, wurde böse und warf den Korb hin …

Anton stand mit Lika im Briefwechsel. Seine Briefe sind voller Witz und Spaß. Oft foppte er sie mit einem von ihm erfundenen mystischen Verehrer, den er Trofim nannte, wobei er den Namen französisch aussprach. Beispielsweise schrieb er:

Lassen Sie das Rauchen sein und sprechen Sie niemanden auf der Straße an. Wenn Sie sterben sollten, dann erschießt sich Trofim, und Pryschtschikow erleidet einen Eklampsie-Anfall.

Oder in einem anderen Brief:

Trofim! Wenn du nicht aufhörst, Lika den Hof zu machen, du Schweinehund, dann werde ich dich …

Auch mir schrieb mein Bruder Ähnliches:

Einen Gruß an Lidia Jegorewna Misjukowa. Sag ihr, sie soll keine Mehlspeisen essen und Lewitan aus dem Weg gehen. Einen besseren Verehrer als mich findet sie weder in der Duma (Lika arbeitete zu dieser Zeit in der Moskauer Stadtduma) *noch in der höheren Gesellschaft.*

Aber Lika stand ihm in nichts nach und antwortete ihm manchmal im gleichen Geist, dass sie beispielsweise von dem Besitzer einer Schnapsfabrik einen Heiratsantrag bekommen habe und den Alten, der zweiundsiebzig sei, jetzt heiraten werde.

Als wir in Melichowo wohnten, war Lika ständig bei uns. Wir gewöhnten uns so an sie, dass sich sogar unsere Eltern nach ihr sehnten, wenn sie lange nicht kam.

Wegen meiner Arbeit im Gymnasium konnte ich immer erst am Wochenende nach Melichowo kommen. Oft fuhr ich mit Lika dorthin. Wenn ich mich wieder auf den Weg nach Moskau machte, bekam ich Aufträge, was ich beim nächsten Mal mitbringen sollte: Rechen, Sensen, Schaufeln und so weiter. Derjenige, der mit mir nach Melichowo fuhr, musste immer etwas schleppen. In der Kutsche auf dem grässlichen Weg von der Bahnstation Lopasnja bis Melichowo erwiesen diese Dinge sich immer als recht sperrig. «Die verfluchte Maschka schleppt wieder blödes Zeug mit!», knurrte Lika dann.

In der Sommerzeit wohnte Lika immer sehr lange bei uns und nahm an unseren Musikabenden teil. Sie konnte gut singen und bereitete sich eine Zeit lang sogar auf ein Studium als Opernsängerin vor.

Die Beziehungen zwischen Lika und Anton waren ziemlich verworren. Sie waren sehr eng befreundet, und alle dachten, sie seien ineinander verliebt. Allerdings kam es mir damals und auch viele Jahre später noch so vor, als ob das Gefühl meines Bruders stärker war als Likas. Lika war nicht offen zu mir, was ihre Gefühle für Anton betraf. Wie ihr Verhältnis tatsächlich aussah, erfuhr ich erst später, als ihre Briefe an meinen Bruder bekannt wurden. So schreibt Lika in einem Brief:

Unsere Beziehungen sind seltsam. Ich möchte Sie einfach sehen, aber ich bin immer die, die den ersten Schritt macht. Sie wollen doch, dass bei Ihnen alles ruhig und gut ist und dass jemand bei Ihnen sitzt und zu Ihnen zu Besuch kommt, gehen aber selbst keinen Schritt auf ihn zu. Ich bin überzeugt, wenn ich ein Jahr lang nicht zu Ihnen käme, würden Sie keinen Finger rühren, um mich zu sehen … Ich werde unendlich glücklich sein, wenn Sie mir endlich gleichgültig sind.

Das zeugt von Likas ernsthaftem Gefühl für Anton und davon, dass er davon wusste. Die anderen Briefe Likas erzählen von ihrer großen Liebe und den Qualen, die Anton ihr mit seiner Gleichgültigkeit zufügte:

Sie wissen ganz genau, wie ich zu Ihnen stehe, und ich schäme mich kein bisschen, Ihnen das zu schreiben. Ich weiß auch, wie Ihr Verhältnis zu mir ist – entweder herablassend oder völlig ignorant. Mein heißester Wunsch ist, von diesem schrecklichen Zustand geheilt zu werden, in dem ich mich befinde, aber allein geht das schwer. Ich flehe Sie an, helfen Sie mir, rufen Sie mich nicht zu sich, treffen Sie sich nicht mit mir. Für Sie ist das nicht so wichtig, aber mir kann es vielleicht helfen, Sie zu vergessen.

Anton machte aus allem einen Scherz, Lika aber kam nach wie vor zu uns. Ich weiß nicht, wie es in der Seele meines Bruders aussah, aber mir scheint, er wollte das Gefühl unterdrücken, das er für Lika empfand. Dazu kam, dass Lika Züge besaß, die meinem Bruder fremd waren: Charakterschwäche, eine Neigung zum Bohemeleben. Und vielleicht war das, was er ihr einmal im Spaß geschrieben hatte, sein voller Ernst:

In Ihnen kauert ein großes Krokodil, Lika, und ich tue gut daran, meinem gesunden Menschenverstand zu gehorchen und nicht meinem Herzen, in das Sie gebissen haben.

* * *

In dieser Zeit war der Schriftsteller Ignati Potapenko ständiger Gast in Melichowo. Anton und er hatten sich 1899 in Odessa kennen gelernt, als mein Bruder dort auf der Durchreise auf die Krim Halt machte. Interessant ist, dass ihm Potapenko damals sehr langweilig vorkam und von ihm sogar als «Gott der Langeweile» bezeichnet wurde. Dann trafen sie sich einige Jahre nicht, und erst Anfang 1893 frischten sie ihre Bekanntschaft auf. Im Sommer kam Potapenko zum ersten Mal zu uns und machte auf Anton einen völlig anderen Eindruck als damals in Odessa. Daraufhin trafen sie sich häufig in Moskau, und der Anfang ihrer engen Beziehung war gemacht. «Der Odessaer Potapenko und der Moskauer sind wie Krähe und Adler. Ein unheimlicher Unterschied. Er gefällt mir mehr und mehr», schrieb Anton. Bald wurden sie gute Freunde und duzten sich. Potapenko nannte meinen Bruder «Antonino» und Tschechow ihn «Ignatius».

Ignati Potapenko sah interessant aus und war ein kontaktfreudiger und lustiger Mensch. In Gesellschaft war er ausgelassen und brachte auch andere zum Lachen. Zudem war er sehr musikalisch – er hatte am Konservatorium in der Gesangsklasse studiert und spielte Geige. Wir freuten uns immer, wenn er nach Melichowo kam.

Oft waren Potapenko und Lika gleichzeitig in Melichowo. Dann ging es bei uns besonders lustig zu – Musik, Gesang, Tanz, Antons unerschöpflicher Humor … In unserem Wohnzimmer erklangen Romanzen von Tschaikowski und Glinka. Oft wurde die damals populäre Serenade des Italieners Gaetano Braga «Légende Valaque» gesungen. Lika sang und spielte Klavier, Potapenko übernahm den Part der Geige. Diese Atmosphäre wurde später von Tschechow in der Erzählung «Der schwarze Mönch» wiedergegeben.

Auch Lika und ich waren eng mit Potapenko befreundet. Wir nannten uns seine «Schwestern» und duzten ihn. Er war aufrichtig und rührend in seiner Beziehung zu uns. Einmal fuhr er in geschäftlichen Angelegenheiten nach Petersburg und schrieb mir von dort folgenden Brief:

Meine liebe Schwester Mascha! Denkst du noch an deinen armen Bruder, der vom Schicksal so jäh von seinen Schwestern losgerissen wurde? Vergiss ihn nicht, um Christi willen, und habe für ihn dieselben Gefühle, die du vor seiner Abfahrt nach Petersburg hattest. Glaubst du ihm, dass seine neue Verwandtschaft, seine Schwestern Mascha und Lida, eines der schönsten Ereignisse in seinem Leben ist? Petersburg ist eine nördliche Stadt, mir ist kalt hier. Seelisch kalt. Hier ist alles anders als im lieben Moskau mit den warmherzigen Seelen … Mascha, bitte, sorge dafür, dass ein Kostümabend stattfindet. Ich habe große Lust, dumme Streiche zu machen und andere zum Lachen zu bringen. Du weißt, dass ich das manchmal kann.

Und wie das so ist im Leben, begann eine der beiden «Schwestern» sich für Potapenko zu interessieren – Lika. Vielleicht wollte sie Anton vergessen und sich von dem quälenden Gefühl ihrer unerwiderten Liebe befreien. Aber Potapenko hatte Familie: eine Frau und zwei Töchter … Lika und Potapenko trafen sich von nun an in Moskau. Schließlich wurde aus ihrer Romanze ein Melodram.

Es begann die dramatischste Etappe in Likas Leben. Das alles spielte sich bei uns in Melichowo und in Moskau im Winter 1893/94 ab. Anfang März 1894 beschlossen Lika und Ignascha, wie wir ihn nannten, nach Paris zu reisen, wo seine Familie lebte. Zuerst fuhr er ab, und einige Tage später begleitete ich Lika sehr traurig zum Bahnhof.

In meinem ersten Brief von Lika aus Paris erklangen traurige Töne:

Meine liebe Mascha. Jetzt bin ich schon vier Tage in Paris, und vier Tage heule ich wie ein Schlosshund! Ich verbringe die Zeit damit, mir eine Unterkunft zu suchen, renne mir von morgens bis abends die Hacken ab, und wenn ich dann nach Hause komme, heule ich. Am dritten Tag habe ich wie verabredet an Ignati einen Brief poste restante geschickt, und heute war er bei mir, aber nur genau eine halbe Stunde. Er kam um halb elf und ging um elf. Er sieht sehr mitgenommen aus – offenbar ist es nicht gut für ihn, allein aus dem Haus zu gehen. Er hat mir alle meine und deine Briefe zur Aufbewahrung gebracht und das Foto von mir – dem Armen geht es also schlecht. In ungefähr fünf Tagen fahren sie alle für drei Monate nach Italien, er hat mir erzählt, dass er seine Frau ganz krank vorgefunden hat, er denkt, sie ist schwindsüchtig, aber ich glaube, sie spielt ihm wieder etwas vor!

Unser Wiedersehen war also kein freudiges Ereignis, im Gegenteil, meine Stimmung ist noch düsterer als vorher … Traurig, traurig, traurig. Ich habe mich noch nie so einsam gefühlt! Wann ich mich daran gewöhne und wann ich mit dem Gesangsunterricht beginne, weiß ich noch nicht …

Schicke mir bitte die Adresse von Anton Pawlowitsch in Jalta, ich habe ihm aus Berlin nach Jalta geschrieben, aber er hat bestimmt schon irgendwo ein Quartier gefunden, schreib mir schnell. Als ich wegfuhr, glaubte ich, es sei nur traurig, sich von Menschen zu trennen, aber jetzt sehne ich mich auch nach Russland. Gestern habe ich auf der Straße plötzlich einen russischen Satz gehört, das war so schön!

Sogar im Ausland, mit dem geliebten Mann, vergaß sie Anton nicht und schrieb ihm nach Jalta, dass er sie «zweimal abgewiesen» habe. Scherzhaft antwortete er ihr:

Obwohl Sie mir in Ihrem Brief damit drohen, dass Sie bald sterben, und obwohl Sie mich damit necken, dass ich Sie abgewiesen habe, weiß ich sehr wohl, dass Sie nicht sterben werden und niemand Ihnen einen Korb gegeben hat.

Was weiter folgte, war trivial und doch tragisch: Lika erwartete ein Kind. Potapenko verließ sie. Lika zog von Paris in die Schweiz. Ihre Schwangerschaft und die Trennung von Potapenko verheimlichte sie vor mir. Aber in einem Brief an Anton vom 20. September 1894 bekannte sie:

Offenbar ist es mir beschieden, dass die Menschen, die ich liebe, mich letzten Endes verachten. Lachen Sie nicht. Von der früheren Lika ist nichts mehr übrig geblieben. Wie ich es auch drehe und wende, mir bleibt nichts anderes übrig, als zu sagen, dass Sie an allem schuld sind. Aber das ist offenbar mein Schicksal. Eines kann ich sagen, dass ich Minuten durchlebt habe, die ich mir in meinen schlimmsten Träumen nicht vorgestellt habe. Ich bin allein, ich habe keine Menschenseele, der ich erzählen könnte, was ich durchmache. Ich wünsche keinem, so etwas zu erleben.

Das alles ist dunkel, aber Ihnen wird es wohl klar sein. Nicht umsonst sind Sie Psychologe. Mir scheint nur, noch ein paar Tage, und ich halte es nicht mehr aus. Ihnen glaube ich und kann deshalb ein paar Zeilen von Ihnen erhalten. Vielleicht werden Sie mich nach alter Gewohnheit ausschimpfen, mich dumme Gans nennen, aber das ist immer noch besser, als überhaupt keine Antwort zu erhalten.

* * *

Lika betonte noch einmal, dass der Verursacher ihres Unglücks eigentlich Tschechow war. Mein Bruder war zu dieser Zeit in Nizza und schrieb als Postskriptum unter einen Brief an mich: «Potapenko ist ein richtiges Schwein.» Er war empört, wie er mit Lika umgegangen war.

Vor mir hatte Lika ihre Geschichte lange Zeit verborgen, bis mir Potapenko selbst alles erzählte und Lika davon berichtete. Im Februar 1895 bekam ich von ihr einen Brief aus Paris mit einer schlimmen Beichte:

Heute bekam ich einen Brief von Ignati, in dem er schreibt, dass er dir unsere traurige Geschichte erzählt hat … Ich bin nicht froh darüber und gleichzeitig doch froh. Nicht froh, weil ich nicht wollte, dass du das alles nicht von mir erfährst und Ignati meinetwegen beschuldigen könntest! Und froh, weil ich dir nun endlich alles freimütig erzählen kann. Jetzt, wo du alles weißt, kannst du ermessen, wie schwer es war, in einem Brief davon zu schreiben. Deshalb habe ich geschwiegen, wie oft aber hatte ich den sehnlichen Wunsch, mit dir zu reden. Deshalb habe ich dir so selten geschrieben, weil ich mich nicht verstellen konnte und gleichzeitig nicht die Wahrheit schreiben wollte, damit du keine falsche Vorstellung bekommst.

Was soll ich jetzt sagen? Lustig ist es nicht … Schon ein ganzes Jahr weiß ich nicht mehr, was Ruhe, Freude und ähnliche angenehme Dinge bedeuten. Vom ersten Tag an in Paris gab es nur Qual, Lüge, Heimlichtuerei und so weiter. Und in der für mich schwersten Zeit zeigte sich, dass ich mich auf niemanden verlassen konnte, ich war in einem Zustand, wo ich allen Ernstes daran dachte, mich umzubringen. In der Schweiz habe ich die ganze letzte Zeit gedacht, ich werde verrückt. Stell dir vor: Du sitzt allein da und hast keine Möglichkeit, etwas zu sagen oder zu schreiben, und ständig Angst, dass Mutter alles erfährt und es sie umbringt, und dabei musst du ihr lustige, sorglose Briefe schreiben!

Dann die Reise nach Paris, wieder Zittern und Heimlichtuerei, schließlich die Krankheit und die Geburt meines Mädchens unter schrecklichsten Bedingungen. Am neunten Tag stand ich auf und machte von nun an alles selbst, womit ich meine Gesundheit völlig ruinierte und heute eine Häufung aller möglichen Krankheiten bin. Dann Ignatis Abfahrt und im Herzen das Bewusstsein, dass dies ein Abschied für immer ist.

So lebe ich. Wozu und für wen, weiß ich nicht …

Aber trotz allem bereue ich nichts und bin glücklich, dass ich ein Wesen habe, das mir schon jetzt Freude bereitet. Mein Mädchen ist süß! Ich würde am liebsten vor dir mit ihr prahlen! Für sie müsste man mir eine Medaille geben, dass sie trotz meines grässlichen Zustands die ganze Zeit vor der Geburt so gut geraten ist. Am Achten wird sie drei Monate, aber alle geben ihr fünf! Ich hoffe, dass sie klug wird, denn sie versteht schon jetzt viel und redet mit sich selbst und mit mir. Die Amme meint, dass sie Ignati wie aus dem Gesicht geschnitten ist, aber ich sehe das nicht, auf jeden Fall ist sie hübscher als er. Ich werde wahrscheinlich noch anderthalb Jahre hier wohnen bleiben, um den Gesangsunterricht zu Ende zu bringen. Ich studiere jetzt wieder viel und komme voran. Ich baue meine ganze Zukunft darauf auf, ich brauche das jetzt mehr denn je. Wenn ich wieder nach Russland komme, lerne ich Massage und hoffe, dass ich nicht untergehe.

Dich wundert bestimmt, dass ich meine Zukunft so sehe? Aber eine andere Zukunft gibt es nicht für mich, meine Freundin. Ich glaube, dass mich Ignati mehr als alles auf der Welt liebt, aber er ist ein todunglücklicher Mensch. Er hat keinen Willen, keinen Charakter und dabei das Glück, eine Ehefrau zu besitzen, die kein Mittel scheut, um Mme. Potapenko zu bleiben! Sie setzt die Kinder in diesem Spiel ein und pocht auf seinen Anstand. Als er ihr von uns schrieb und sagte, dass er nicht mehr mit ihr leben könne, war sie hier in Paris und kaufte Kleider ein. Und ihm schrieb sie, dass sie sich und die Kinder umbringe. Natürlich würde sie das nie tun, ihm aber immer damit drohen. Und er hat nicht den Mut zum Risiko. Deshalb weiß ich, dass aus uns nie etwas wird. Aus alldem kannst du ersehen, wie ich mich fühle und wie mein Leben aussieht. Deine Lika hat sich in eine Tote verwandelt. Ich hoffe nur, dass es nicht mehr lange dauert.

Wenn du wüsstest, wie ich mich nach Hause sehne, wie unerträglich mir Paris geworden ist. Wenn ich nicht mein ganzes Leben auf den Gesang aufbauen würde, wäre ich schon längst von hier weggelaufen. Was die Leute von mir denken, ist mir egal. Ich glaube, dass die wenigen Menschen, die ich liebe, auch weiter zu mir halten und sich nicht von mir abwenden werden. Ich möchte dich so gern sehen und mit dir über alles reden. Nicht einmal Ignati schreibe ich, wie ich fühle, um ihn nicht noch mehr zu quälen. Ich leide um ihn genauso wie um mich. Ich kenne seine Situation, weiß, dass seine Talente verkommen, dass er nichts Gutes schreiben kann wegen der ständigen Jagd nach Geld für Hütchen und Fähnchen!

Es gibt Tage, da fürchte ich mich, das Kinderzimmer zu betreten, denn ein Blick auf mein Mädchen lässt mich verzweifeln und bringt mich zum Weinen. Auch hier muss ich alles verbergen, damit die Amme nichts sieht und nicht ihre Schlüsse zieht. Umso mehr, weil sie gleich von Monsieur zu reden anfängt, von seiner Ankunft, dass er zufrieden sein wird mit dem Mädchen und so weiter. Das dreht mir das Herz im Leib um! Ich träume davon, alles meiner Mutter erzählen zu können und endlich Ruhe zu finden, und wenn mir etwas zustößt, dass mein Kind dann in guten Händen ist.

Ja, stell dir vor! Seine Frau hat den Wunsch geäußert, mir das Kind wegzunehmen und zu sich zu holen, damit es Ignati nicht noch enger an mich bindet. Wie findest du das?! Ach, das ist alles so widerwärtig, und wenn ich dir alles erzähle, wirst du dich wundern, warum sich Ignati nicht schon längst erschossen hat. Er tut mir so Leid, so qualvoll liebe ich ihn! Warum das alles so gekommen ist, weiß ich nicht. Wahrscheinlich, weil mich nie jemand so geliebt hat wie er, ohne nachzudenken, ohne Vorurteile. Er glaubt an unsere Zukunft, macht Pläne, aber ich weiß, dass daraus nichts wird.

Schreib mir bitte, ich brauche deine Briefe sehr, schreib, was du von alldem hältst, wie du alles siehst. Ich warte mit Ungeduld auf deine Antwort. Leb wohl, ich küsse dich, meine Tochter auch. Lida

* * *

Beinahe gleichzeitig erhielt ich von Potapenko aus Petersburg, wo er zu dieser Zeit wohnte, einige Zeilen:

Liebe Mascha, miss dem keine große Bedeutung bei, was Lida dir schreibt. Glaub nur mir. Sie ist pessimistisch, deshalb will sie nicht an unsere Zukunft glauben, aber ich weiß ganz genau, dass alles so kommt, wie wir es brauchen ... Sei gesund und glücklich und habe Lida lieb.

Lida war feinfühliger und prophetischer, es kam genau so, wie sie gesagt hatte. In einem späteren Brief schrieb sie mir:

Ich habe nur eins – mein Mädchen. Sie verkörpert alles, was in meinem Leben licht und gut war. Und dabei weiß ich, dass alles zu Ende ist, das Schöne hat drei Monate gedauert.

Lika tat mir unendlich Leid. Zu allem Unglück konnte Likas Töchterchen sie nicht lange über ihr Leid hinwegtrösten. Lika kehrte nach Russland zurück, lebte zurückgezogen bei der Mutter und zog ihre Tochter groß. Im Alter von zwei Jahren jedoch wurde Christina – so hieß das Mädchen – krank und starb.

Ich erzähle so detailliert von Lidia Misinowa, weil sie eine unmittelbare Beziehung zu Tschechow hat und später als Vorbild für das Stück «Die Möwe» diente. Die Liebesgeschichte zwischen Nina Saretschnaja und Trigorin ist inspiriert von Likas und Potapenkos Geschichte. Die gleichen Ereignisse – Trigorin verlässt Nina und das Kind und kehrt zur Arkadina zurück. Die Züge, die Tschechow der Arkadina gab, erinnern an Potapenkos Frau Maria Andrejewna.

«Die Möwe» schrieb Tschechow im Herbst 1895, als Lika bereits wieder in Russland war. Als er das Stück fertig hatte und nahen Bekannten vorlas, musste ihnen die Ähnlichkeit des Sujets mit Likas Drama auffallen. Davon hörte Lika, und sie fragte Anton in einem Brief:

Man erzählt, dass «Die Möwe» aus meinem Leben entlehnt sei und dass Sie jemanden tüchtig heruntergeputzt hätten?

Wie seinerzeit in der Erzählung «Irrwisch» schuf Tschechow in der «Möwe» die künstlerischen Figuren und das Sujet, indem er Beobachtungen aus dem Leben verwendete. Aber die Meinung der Leute, dass das Sujet der «Möwe» mit Likas Geschichte Ähnlichkeit habe, beunruhigte Tschechow. Wenn «es tatsächlich so aussieht, dass Potapenko dargestellt ist, dann darf man es natürlich nicht drucken und aufführen», schrieb er an Suworin. Aber «Die Möwe» wurde dennoch aufgeführt, und Lika fuhr mit mir nach Petersburg zur Uraufführung im Alexandra-Theater, wo das Stück durchfiel.

Später, als Lika sich von ihrem Unglück etwas erholt hatte, kam sie wieder zu uns nach Melichowo. Zwischen ihr und Anton erwachte erneut die freundschaftlich-ironische Beziehung. Doch jede Aufführung der «Möwe» wühlte Lika auf. Sechs Jahre nach ihrem Drama nahm ich sie einmal ins Moskauer Künstlertheater mit und schrieb meinem Bruder davon:

An deinem Namenstag habe ich Lika mit in «Die Möwe» genommen. Sie hat geweint, die Erinnerungen haben sich wohl wie eine Spule vor ihr abgerollt.

Aus Likas Traum, Opernsängerin zu werden, wurde nichts. Im Herbst 1901 versuchte sie, Schauspielerin in der Truppe des Künstlertheaters zu werden; sie legte eine Aufnahmeprüfung ab, aber ihr Talent reichte nicht für eine Schauspielerkarriere. Sie wurde als Statistin angenommen, doch auch hier wurde sie wegen ihrer Schüchternheit und ihres Unvermögens, sich auf der Bühne zu bewegen, für ungeeignet gehalten, sie arbeitete nur eine einzige Saison im Theater. 1902 heiratete sie den Regisseur des Künstlertheaters Alexander Schenberg-Sanin.

Ihre Neigung für Tschechow bewahrte sie. 1898, als sie wieder einmal nach Paris fuhr, schickte sie meinem Bruder ein Foto von sich mit einer Widmung auf der Rückseite:

Dem teuren Anton Pawlowitsch zur Erinnerung an unsere guten Tage. Lika.

Ob meine Tage licht sind, ob dunkel,
Ob bald ich vergeh und das Leben verderb,
Eins weiß ich, dass bis zur Grube
Mein Denken und Fühlen, mein Lied und mein Glaube
Für dich ist, bis ich sterb.
(Tschaikowski an Apuchtin)

Diese Widmung soll Sie kompromittieren, dann bin ich glücklich. Paris, 11. Oktober 1898.

Ich hätte das schon vor acht Jahren schreiben können, aber ich schreibe es jetzt und werde es in zehn Jahren schreiben.

Zehn Jahre später jedoch konnte Lika diese Worte nicht wiederholen. Tschechow lebte nicht mehr. Ich werde nie vergessen, wie Lika nach Antons Beerdigung ganz in Schwarz zu uns kam und zwei Stunden schweigend am Fenster stand und auf unsere Versuche, mit ihr zu sprechen, nicht reagierte. Die ganze Vergangenheit, alles, was sie erlebt hatte, stand ihr vor Augen.

Lika lebte mit ihrem Mann in Paris. Vor der Oktoberrevolution kehrten sie nach Russland zurück. Zum letzten Mal sah ich sie Anfang der zwanziger Jahre in Moskau. Wenig später reiste sie mit ihrem Mann abermals ins Ausland, diesmal für immer. Seitdem habe ich jede Verbindung zu ihr verloren. Gestorben ist sie in Frankreich, kurz vor dem Zweiten Weltkrieg, im Alter von siebzig Jahren.

12 *Antons Gevatterin*

Lika Misinowa machte mich in Moskau mit einem sehr zierlichen, kleinen Mädchen bekannt. «Mascha, das ist Tanja Kupernik – Dichterin und Schriftstellerin.»

Sie war die Urenkelin des berühmten russischen Schauspielers Michail Schtschepkin, Tatjana Schtschepkina-Kupernik, und damals gerade neunzehn Jahre alt. Lika hatte sie über die Malerin Sofja Kuwschinnikowa kennen gelernt, deren Abendgesellschaften beide häufig besuchten.

Ich traf mich oft mit Tanja und freundete mich mit ihr an, nahm sie auch nach Melichowo mit, um sie meiner Familie vorzustellen. Danach kam sie häufig zu uns zu Besuch und war fast so etwas wie ein Familienmitglied. Besonders Vater und Mutter mochten sie. Vater philosophierte mit ihr gern über Religion und beschwerte sich einmal sogar bei ihr über Anton, dass dieser seine religiöse Pflicht nicht erfülle!

Zu Anton war sie wie eine Freundin. Sie regte ihn zu verschiedenen witzigen Improvisationen an, mit denen er sie gerne aufzog. Beide wurden Paten der Tochter unseres Melichower Nachbarn, Fürst Schachowskoi. Nach dem Volksbrauch redete Anton Tanja seitdem mit Gevatterin an. Und einmal hörte ich, wie mein Bruder ihr allen Ernstes erklärte, dass er sich diese gemeinsame Taufpatenschaft extra ausgedacht hatte, damit sie ihn nicht heiraten könne! (Ehen zwischen Gevatter und Gevatterin waren nicht erlaubt.) Auch plante Anton plötzlich, Tanja mit einem Bekannten zu verheiraten, dem sehr mittelmäßigen Schriftsteller Jeshow, den sie noch nie zuvor gesehen hatte. So nannte er sie dann Tatjana Jeshowa.

Tanja kam hauptsächlich im Winter nach Melichowo. Sie trug einen eng anliegenden Mantel mit losem Pelzkragen. Mit diesem Zobel ärgerte Anton gern unsere Dackel, die verzweifelt bellten und sich auf das «Tier» stürzten. Offenbar hatte Tanja Angst, die Hunde könnten ihren Zobel zerfetzen, denn einmal versteckte sie ihn in ihrem Zimmer. Anton nahm ihn sich heimlich und legte ihn in die Zigarrenkiste, die auf dem Kamin in seinem Arbeitszimmer stand. Vorher zeigte er den Dackeln, wo ihr «Feind» lag. Als Tanja in seinem Arbeitszimmer saß, gab Anton den Hunden von Zeit zu Zeit ein Zeichen und schaute unverwandt auf die Zigarrenkiste, die Dackel bellten wütend und sprangen auf den Kamin. Das ging so lange, bis Tanja wissen wollte, was denn Interessantes in der Kiste läge, das die Hunde so wütend machte. Sie ging zur Kiste, öffnete sie und riss vor Verwunderung die Augen auf – ihr Zobel! Wenn die Streiche meines Bruders herauskamen, lachte er mit allen anderen froh und von Herzen, aber davor zog er mit schauspielerischer Meisterschaft ein ernstes, unschuldiges Gesicht.

Wenn Anton nach Moskau kam, wohnte er meist nicht bei mir (ich hatte nur ein kleines Zimmer zur Miete), sondern im Hotel «Bolschaja Moskowskaja». Er hatte dort sein Stammzimmer. Über seine Ankunft informierte er für gewöhnlich nur irgendjemanden, und im nächsten Augenblick wussten es alle seine Freunde: Viktor Golzew und Wukol Lawrow («Russkaja Mysl»), Michail Sablin («Russkije Wedomosti»), Fjodor Kumanin («Artist»), Ignati Potapenko. Sie holten Anton vom Bahnhof ab und schleppten ihn gleich in irgendeine Redaktion oder ins Restaurant. Ich gesellte mich dazu, oft kamen auch Lika, Tanja, die Schauspielerin Jaworskaja und irgendwelche Schriftsteller oder Redakteure. Dann konnte Tschechows «Ehrung» beginnen. Alle zusammen zogen wir von einer Redaktion in die andere, von einem Restaurant ins nächste: hier Frühstück, dort Mittagessen, da Abendessen. Irgendwann erhielt Anton dann den Namen «Awelan» (damaliger russischer Seeminister, Admiral, A. d. Ü.), seine Begleiter hießen «das Geschwader» und die Wanderungen der Gesellschaft «Seefahrt des Geschwaders». Lange Zeit gingen diese Namen – Awelan und Awelans Seefahrt – in Moskauer Literaturkreisen um. Davon kann man auch in Antons Briefen lesen:

Vor drei Tagen bin ich aus Moskau zurückgekehrt, wo ich zwei Wochen wie im Rausch gelebt habe. Weil mein Leben in Moskau aus lauter Festessen und neuen Bekanntschaften bestand, hat man mich mit dem Namen Awelan aufgezogen. Niemals zuvor habe ich mich so frei gefühlt.

Tatjana Kupernik war zweifellos eine talentierte Schriftstellerin, was Anton immer anerkannt hat, und ihre literarische Tätigkeit war vielseitig. Sie schrieb Gedichte, Prosa und dramatische Werke. Tatjana beherrschte perfekt mehrere Fremdsprachen, übersetzte Stücke von Molière, Edmond de Rostand und anderen ins Russische. Viele Jahre hatte ihre Übersetzung von Rostands Stück «Die Prinzessin im Morgenland» in Russland einen rauschenden Erfolg. Westeuropäische Stücke werden in Russland bis heute in ihrer Übersetzung gespielt.

Anton schätzte viele ihrer Werke, zum Beispiel ihre Erzählung «Einsamkeit», das Gedicht «Kloster» und ihre Übersetzungen. In Melichowo gab er Tanja manchmal Ratschläge für ihre eigenen Werke: Sie solle literarische Schablonen, abgedroschene Phrasen, gekünstelte Beschreibungen, sperrige Sätze und so weiter vermeiden.

Das Einzige, was ihn an Tanja störte, war ihr übertriebener Eifer bei der Organisation von Benefizveranstaltungen für ihre Schauspielerfreundin Jaworskaja. Tanja veranlasste, dass ihr Blumen überreicht wurden und sie solch vehemente Ovationen bekam, dass es dem Publikum schon peinlich war. Anton meinte, das sei ihrer «Jugend zuzuschreiben».

AUF HEIMISCHEN FLUREN
(Für M. P. Tschechowa)

Die Weite heimischer Felder. Verblichner Himmelston.
Glutschatten sinken matt zur Erde.
Die Felder, frei vom reifen Korn.
Des Waldes dunkler Saum blaut in der Ferne.
Geblieben ist das goldne Stroh
Mit der dichten Bürste seiner Halme.
Am Himmel hoch der Vögel Zug,
Und einmütig gen Süden erheben
Die Kraniche sich in freiem Flug.
Verlassen alles, wohin man schaut.
Längst sind die letzten Schläge gemäht!
Und Stille im rosigen Dämmerlicht.
Nicht jene gefährliche, erregende Stille
Der italienischen Buchten,
Wenn schweigen sie, listig und träg,
Wie Katzen im Schlaf die Maus belauern.
Und nicht jene letzte Stille, die dämmerstolz
Norwegens geheimste Gletscher taut.
Sondern jene selige, heilige Stille,
Von der nur Russland durchdrungen ist,
Wenn dämmernd die heimischen Felder schweigen,
In süßer Ruhe die Erde versinkt.

Seine mächtige, magische Kraft
Ließ die Ähren der üppigen Ebenen wachsen
Und gab uns Brot – ihr wohlige Rast
Zu neuem Tun und neuen Frühlingstagen.
So ganz genießt sie die Ruhe,
Dass schon ihr Anblick die Seele befriedet
Und das Herz nicht sticht, in Trauer schlägt,

Atmend in beglückter Freude.
«Komm, ruh aus!» – so mütterlich zart
Scheint die ermattete Erde zu flüstern.
Es ruht der Geist, die Brust geht leicht,
Und das Herz schlägt frei und unbeschwert
Wie diese friedlichen, endlosen Felder.
(T. Schtschepkina-Kupernik)

1898 schenkte mir Tanja zu meinem Namenstag ihr noch druckfrisches Büchlein mit Erzählungen unter dem Titel «Lebenszeiten» und machte folgende Eintragung:

Meine liebe Musinka, ich wünsche dir von ganzem Herzen, dass du nur gute Zeiten erlebst und dass die Bekanntschaft mit mir eine mehr oder weniger angenehme und nicht allzu kurze Zeit sei. Dir immer ergeben, T. Schtschepkina-Kupernik.

Seitdem sind viele Jahre vergangen. Ob ich «nur gute Zeiten» erlebt habe, ist schwer zu sagen, aber meine Freundschaft mit Tanja war tatsächlich nicht von «kurzer Zeit». Später haben wir uns leider selten gesehen. Sie lebte in Moskau, ich in Jalta, aber wir trafen uns regelmäßig und schrieben einander.

Dreißig Jahre nach Antons Tod schickte mir Tanja einen Brief mit einem Gedicht, das sie meinem Bruder gewidmet hatte. Ich zitiere einige Verse:

Und du, seine Schwester, Freundin und Helferin,
Die du teiltest mit ihm Arbeit und Sorge
Im Anblick der Jugend und ihrer Gesten
Empfang statt seiner die Freuden des Neuen.
Du lebst im Kalkhaus, das ihn beschirmte
Wo sein Garten über dem Meeresblau blüht
Wo alles von ihm erfüllt ist, mit ihren Trichtern
Die Glyzinie lauschend im Schatten steht.
Bis heute teilst du mit ihm die Tage

Und kannst an seine Seite treten!
Name und Same Tschechows bewahre,
Den Jungen erzähl vom Tschechow-Propheten.
10. Mai 1934, Moskau

Bis in ihre letzten Lebenstage vergaß Tanja Tschechow nicht und bewahrte, wie ihre Erinnerungen an Tschechow zeigen, seine helle Gestalt in ihrem Herzen.

13 *«Meine neuen Freunde»*

Bei seinem ersten Besuch in Melichowo brachte Potapenko den Schriftsteller Peter Sergejenko mit. Sergejenko war wie Anton ins Taganroger Gymnasium gegangen, aber sechs Jahre älter als er. Beide hatten gleichzeitig in kleinen humoristischen Zeitschriften zu arbeiten begonnen. Anfang der neunziger Jahre schrieb Tschechow über Sergejenko:

Dieser Mann, ein bisschen talentiert und nicht dumm, hat im Kopf einen krummen Nagel, der ihn daran hindert, sich mit einer Sache gründlich zu befassen und sie zu Ende zu bringen.

In den Jahren, die wir in Melichowo lebten und Tschechows Popularität wuchs, hatte ich in Moskau mit vielen Schriftstellern und Literaten Kontakt, die meist über mich ihre Verbindung zu Tschechow aufrechterhielten. Auch Sergejenko besuchte mich oft, weil er sich für Anton interessierte. Er kannte Lew Tolstoi, schrieb über ihn und machte sich später mit seinem Buch «Wie Lew Tolstoi lebt und arbeitet» einen Namen. Eine Zeit lang war er eifrig bemüht, Tschechow mit Tolstoi zusammenzubringen. Einmal erfuhr er von mir, dass Anton Anfang April 1893 nach Moskau kommen wolle, und versprach Tolstoi, Tschechow zu ihm zu bringen. Aber mein Bruder verschob seine Reise, und Sergejenko kam missgestimmt zu mir.

«Maria Pawlowna, das geht doch nicht! Ich hab es Lew Nikolajewitsch versprochen! Was soll ich ihm jetzt sagen?»

«Das kann man nicht ändern, mein Bruder ist sicher in Melichowo aufgehalten worden», antwortete ich ihm.

Darauf er: «Ich schicke Anton ein Telegramm, dass er unbedingt kommen soll.»

Das verbot ich ihm kategorisch und versprach, Anton selbst zu schreiben.

Auf meinen Brief antwortete Anton so:

Ich muss dringend nach Moskau, es ist mir aber zuwider, bei diesem Wetter zu fahren, ich habe nichts anzuziehen … Außerdem befürchte ich, dass mich Sergejenko zu Tolstoi schleppt, zu Tolstoi möchte ich aber ohne Begleitung und ohne Makler gehen. Ich begreife nicht, warum die Leute unbedingt den Vermittler spielen müssen!

Da erzählte mir Sergejenko, dass bereits Anfang 1893 Lew Tolstoi gemeinsam mit Ilja Repin, ohne vom Umzug unserer Familie nach Melichowo zu wissen, alle unsere früheren Wohnungen abgeklappert hatte, in dem Wunsch, Anton zu finden. Ich war angenehm überrascht, dass Tolstoi persönlich Tschechow suchte.

Tschechow traf Tolstoi schließlich zum ersten Mal 1895 in Jasnaja Poljana, wohin er allein fuhr, «ohne Begleitung und ohne Makler», und wo er anderthalb «höchst angenehme» Tage verbrachte, wie er sich ausdrückte.

Potapenko und Sergejenko schrieben gemeinsam das Stück «Leben», das in vielen Theatern recht erfolgreich lief. Damals malte ich bereits viel, und einmal zeichnete ich mit dem Bleistift auf ein Blatt Papier Porträtskizzen von Golzew, Potapenko und Sergejenko und nannte dieses Bild «Meine neuen Freunde». Unter das Porträt von Potapenko schrieb ich «Ach, Potapenko», womit ich auf seinen Erfolg bei Frauen anspielen wollte. Auf irgendeine Weise gelangte dieses Blatt in Antons Hände, und er fügte einen witzigen Kommentar hinzu: «Der Halbautor von ‹Leben›, das heißt der Autor, geteilt durch 2 = Autor/2; und da der Autor ein kluger Mensch ist, so folgt Autor/2 = halb klug!»

Danach neckte ich Potapenko und Sergejenko eine Zeit lang, sie seien «halb klug»!

14 *«Die Möwe» in Petersburg*

Am Donnerstag, dem 17. Oktober 1896, sollte im Petersburger Alexandra-Theater die Uraufführung der «Möwe» stattfinden. Natürlich wollte ich die erste Inszenierung unbedingt sehen, und als mein Bruder Anfang Oktober nach Petersburg reiste, verabredeten wir, dass er mir Geld schickte und ich am Tag der Premiere mit dem Zug nach Petersburg käme.

Aber am 12. Oktober schrieb er mir plötzlich, er rate mir von der Fahrt ab:

«Die Möwe» läuft nicht gut. In Petersburg ist es langweilig, die Saison beginnt erst im November. Alle sind böse, kleinlich und falsch ... Die Inszenierung ist nicht lebendig, sondern düster. Überhaupt ist die Stimmung nicht besonders.

Dieser Brief änderte jedoch nichts an meinem Wunsch, nach Petersburg zu reisen. Im Gegenteil, ich wollte in dieser Zeit unbedingt in der Nähe meines Bruders sein. Am 16. Oktober fuhr ich mit dem Nachtzug von Moskau nach Petersburg. Am Morgen des 17. Oktober holte mich mein Bruder mürrisch und unzufrieden vom Moskauer Bahnhof ab. Als wir über den Bahnsteig gingen, sagte er hustend: «Die Schauspieler kennen ihre Rollen nicht. Begreifen nichts. Spielen schrecklich. Nur die Komissarshewskaja ist gut. Das Stück wird durchfallen. Es war ein Fehler, dass du gekommen bist.»

Ich sah meinen Bruder an. In diesem Moment kam die Sonne heraus, und der graue, finstere Petersburger Herbst wurde sofort zart, alles begann herbstlich zu lachen. Ich rief: «Halb so schlimm, Anton, alles wird gut! Guck mal, was für ein wundervolles Wetter, die Sonne scheint. Lass deine schweren Gedanken.»

Ich weiß nicht, ob das gute Wetter auf ihn wirkte oder mein Optimismus, aber er redete nicht mehr von den Schauspielern und dem Stück, sondern erzählte scherzend: «Ich habe dir in der Loge eine ganze Ausstellung arrangiert. Es kommen alle schönen Männer. Aber Lika wird es vielleicht unangenehm sein. Ignati kommt ins Theater, mit Maria Andrejewna. Lika wird von dieser Person Übles abkriegen, und auch ihr selbst wird die Begegnung kaum angenehm sein.»

Lika Misinowa war am Tag zuvor nach Petersburg gekommen. Sie hatte ihre eigenen Gründe, wegen der ersten Aufführung der «Möwe» aufgeregt zu sein. Es waren erst zwei Jahre vergangen seit ihrem unglücklichen Verhältnis mit Ignati Potapenko. Ihr stand nun bevor, sich im Beisein von Potapenko selbst und seiner Frau ein Stück anzusehen, in dem Tschechow in gewissem Maße ihre Liebe zeigte. Da war ihre Unruhe ganz natürlich.

Lika und ich wohnten zusammen in einem Zimmer im Hotel «Angleterre» auf dem Isaak-Platz, Anton wie immer, wenn er sich in Petersburg aufhielt, bei Suworin, wo er zwei Zimmer zur Verfügung hatte.

Vor der Vorstellung gingen Lika und ich spazieren. Anton wollten wir nicht belästigen, da wir wussten, dass er bis zum Abend im Theater zu tun hatte. Aber am Morgen, noch auf dem Bahnhof, hatte er mir gesagt, dass wir nach der Vorstellung im Hotel auf ihn warten sollten, er käme zu uns, und wir würden gemeinsam zu Abend essen.

Das Alexandra-Theater war voll. Die Petersburger Theaterliebhaber waren gekommen, um sich das neue Stück des Moskauer Schriftstellers Tschechow anzusehen, der in Petersburg als Belletrist sehr populär war. Außerdem war die Aufführung eine Benefizveranstaltung für einen Liebling des Petersburger Publikums, für die komische Darstellerin Lewkejewa, obwohl die zu Ehrende selbst nicht mitspielte, sondern in einem anderen

Stück – im «Glücklichen Tag» von Alexander Ostrowski –, das nach der «Möwe» gegeben wurde. So etwas wurde zur damaligen Zeit nicht selten gemacht.

Je länger ich das steife, herausgeputzte, kalte Petersburger Publikum betrachtete, desto größer wurde meine Unruhe, und ich erinnerte mich an die Worte meines Bruders, dass hier «alle böse, kleinlich und falsch» seien.

Der erste Akt begann. Von der ersten Minute an fühlte ich die Unaufmerksamkeit des Publikums und das ironische Verhältnis zu allem, was auf der Bühne geschah. Als der Vorhang zur zweiten Szene hochging und die in ein Laken gewickelte Komissarshewskaja auftrat, die an diesem Abend unsicher spielte, und der bekannte Monolog «Menschen, Löwen, Adler und Rebhühner» begann, wurde im Publikum gelacht, laut geredet und stellenweise gezischt. In mir erstarrte alles. Im Saal wurde es immer lauter. Schließlich kam es zu einem regelrechten Skandal. Nach dem ersten Akt ging der schwache Applaus im Zischen, in Pfiffen, beleidigenden Beschimpfungen des Autors und der Darsteller unter. Das Stück war bereits durchgefallen. Die folgenden Akte wurden mit der gleichen feindlichen Haltung aufgenommen. Völlig niedergeschlagen, was ich mir aber nicht anmerken ließ, saß ich bis zum Schluss in meiner Loge. Nach der Vorstellung fuhr ich gleich ins Hotel.

Schweigend und deprimiert saßen Lika und ich in unserem Zimmer und warteten auf Anton, um mit ihm, wie wir am Morgen verabredet hatten, essen zu gehen. Ich gab mir Mühe, meine Gedanken zu sammeln und mir den Grund des Misserfolgs zu erklären. Ich erinnerte mich, mit welchem Vergnügen wir bei uns zu Hause «Die Möwe» laut gelesen hatten. Wir erlebten damals das Stück sehr lebendig, und hier … Niemand verstand etwas. Nur giftiges Lachen, beißende Bemerkungen, beleidigende Rufe.

Es war bereits nach Mitternacht, aber Anton kam und kam

nicht. Schließlich rief mein Bruder Alexander aus der Redaktion der «Nowoje Wremja» an und fragte: «Wo ist Antoni, ist er nicht bei dir? Bei Suworin ist er auch nicht!»

Ich wurde noch unruhiger und bat Alexander, Anton zu suchen. Nach einiger Zeit rief ich selbst bei Alexander an. Er hatte Anton nirgends finden können, weder im Theater noch bei Potapenko, noch bei der Lewkejewa, bei der sich die Schauspieler zum Abendessen versammelt hatten. Daraufhin fuhr ich – es war bereits zwei Uhr nachts – selbst zu Suworin.

Ich erinnere mich, wie verloren ich mir vorkam, als ich Suworins Wohnung betrat. Es war alles dunkel, nur am Ende des Korridors stand eine Tür offen und Licht brannte. Zu diesem Licht ging ich. Dort sah ich Anna Iwanowna, Suworins Frau, allein sitzen, mit gelösten Haaren. Die ganze Atmosphäre, die Dunkelheit, die leere Wohnung – das alles wirkte noch niederdrückender auf mich.

«Anna Iwanowna, wo kann nur mein Bruder sein?», wandte ich mich an Suworins Frau.

Mit der Absicht, mich abzulenken und zu beruhigen, begann sie über Nichtigkeiten zu reden, über Schauspieler, Schriftsteller. Nach einiger Zeit kam Suworin hinzu und erzählte mir von den Änderungen, die man seiner Meinung nach im Stück vornehmen müsse, damit es Erfolg habe. Aber ich hatte überhaupt keine Lust zuzuhören und bat ihn, meinen Bruder zu suchen. Suworin machte sich auf und kam fröhlich wieder.

«Sie können beruhigt sein. Ihr Brüderchen ist jetzt zu Hause, liegt unter der Decke, will aber niemanden sehen und auch mit mir nicht sprechen. Er sei spazieren gewesen, sagt er.»

Ich seufzte erleichtert auf und fuhr ins Hotel zurück. So wurde nichts aus unserem Abendessen.

Als ich am nächsten Tag zu Suworin kam, traf ich meinen Bruder nicht mehr an. Er war am Morgen, ohne sich von irgendjemandem zu verabschieden, mit dem Güter-Passagier-Zug nach

Moskau abgereist, für mich hatte er nur eine kurze Nachricht hinterlassen:

Ich fahre nach Melichowo; bin morgen um zwei Uhr mittags dort. Was gestern geschehen ist, hat mich nicht sehr beeindruckt und verdrossen, da ich bereits durch die Proben darauf vorbereitet war. Ich fühle mich nicht besonders mies. Wenn du nach Melichowo kommst, bring Lika mit.

Suworin hatte er ebenfalls eine Nachricht hinterlassen, die mit den Worten endete: «Ich werde *nie wieder* Stücke schreiben ...»

Um Mitternacht fuhr ich ebenfalls nach Moskau. In Melichowo empfing mich Anton mit den Worten: «Über die Vorstellung kein Wort mehr!»

In welchem Zustand mein Bruder nach Hause gefahren war, kann man daran ersehen, dass Anton, der immer sehr genau und aufmerksam war, beim Aussteigen aus dem Zug seine Sachen liegen ließ und dann dem Oberschaffner ein Telegramm schickte mit der Bitte, seine Sachen nach Lopasnja zu bringen.

Der große Misserfolg der «Möwe» blieb mir lange in furchtbarer Erinnerung. Aber in Tschechows Herzen hinterließ er noch viel mehr Verdruss und führte zweifellos dazu, dass sich sein Gesundheitszustand verschlechterte. Nur einige Monate später kam Anton wegen einer Lungenblutung in die Klinik von Ostroumow.

15 *Im Krankensaal Nr. 16*

Ich erinnere mich noch gut an den sonnigen Tag in Moskau Ende März 1897, als ich zum ersten Mal meinen Bruder in der Klinik von Professor Ostroumow auf dem Jungfrauenfeld besuchte. Er lag im Krankensaal Nr. 16. Er hatte eine starke Lungenblutung gehabt. Auf dem Tisch entdeckte ich eine Zeichnung seiner Lunge. Die Ärzte hatten sie mit einem blauem Stift gezeichnet, die Lungenspitzen waren allerdings rot gestrichelt. Ich zog daraus den Schluss, dass dies die angegriffenen Stellen seien. Zum ersten Mal wurde laut ausgesprochen, welche Krankheit mein Bruder hatte, und, wie sich herausstellte, schon lange. Lungentuberkulose.

Dem war Folgendes vorausgegangen: Am Samstagmorgen, dem 22. März, kam ich wie gewöhnlich für ein paar Tage nach Melichowo. Auf der Bahnstation Lopasnja traf ich Anton, der auf dem Weg nach Moskau war. Von dort wollte er nach Petersburg, um dem Maler Josif Bras Modell zu sitzen. Dieser sollte auf Bestellung von Pawel Tretjakow ein Porträt von Anton für dessen Galerie malen. Auf der Bahnstation hustete Anton die ganze Zeit, er wandte sich von mir ab, sein Gesicht sah krank aus. Zu Hause sagte mir Mutter, ebenfalls besorgt, dass Anton die letzten Tage stark gehustet hätte.

Als ich nach Moskau zurückkehrte, holte mich gegen alle Gewohnheit mein Bruder Iwan vom Bahnhof ab.

«Mascha, Anton liegt in der Klinik von Professor Ostroumow», sagte er zu mir. «Er hat Blut gespuckt. Hier hast du einen Schein, damit sie dich reinlassen, aber sprich nicht zu viel mit ihm, das ist schädlich für ihn. Und gib dir Mühe, ihn nicht aufzuregen.»

Wanja erzählte, Anton habe in Moskau wie immer im Hotel «Bolschaja Moskowskaja» gewohnt, in Zimmer 5. Gleich am ersten Tag, am Samstag, dem 22. März, sei er zusammen mit Suworin, der gerade in Moskau war, ins Restaurant «Eremitage» zum Mittagessen gegangen. Aber kaum hatten sie sich an den Tisch gesetzt, habe Anton sehr viel Blut gespuckt. Suworin brachte Anton gleich in sein Hotelzimmer, ins Hotel «Slawjanski Basar», und ließ unseren Hausarzt Doktor Obolenski holen. Erst gegen Morgen sei es Obolenski gelungen, die Blutung zu stillen. Anton habe bei Suworin mehr als einen Tag gelegen und sei dann am Vierundzwanzigsten früh zu sich ins «Bolschaja Moskowskaja» gefahren, wo ihn Obolenski mehrmals besucht habe. Da die Blutung mal aufgehört, dann wieder angefangen habe, sei Anton am 25. März von Obolenski in die Klinik von Ostroumow gebracht worden, wo schließlich die Diagnose gestellt worden sei.

«Warum bin ich nicht selbst auf die Idee gekommen», sagte mir mein Bruder in der Klinik.

Ich besuchte ihn jeden Tag. Als es ihm etwas besser ging, erlaubten die Ärzte, dass er Besuch von Freunden bekam. Am vierten Tag besuchte ihn Lew Tolstoi, dessen Haus in Chamowniki ganz in der Nähe lag. Anton war sehr gerührt von Tolstois Anteilnahme und freute sich über seinen Besuch. Sie unterhielten sich lange, was meinem Bruder eigentlich verboten war, und in der Nacht darauf hatte er wieder eine Blutung.

Allen unseren Freunden ging Antons Krankheit nahe, und sie zeigten in jeder Hinsicht ihre Anteilnahme: Sie kamen ihn besuchen, schickten ihm Süßigkeiten, Essen, Wein. In seinem Zimmer standen so viele Blumen, dass die Ärzte anwiesen, den größten Teil wieder aus dem Zimmer zu bringen. Auf Antons Nachttisch standen nur die Blumen, die ihm die Schriftstellerin Lidia Awilowa mitgebracht hatte, die ihn zweimal in der Klinik besuchte.

Lidia Awilowa lebte in Petersburg. Ihr Mann war Beamter in einem Ministerium. Anton hatte sie über den Redakteur der Zeitung «Peterburgskaja Gaseta», Sergej Chudekow, kennen gelernt, den er immer besuchte, wenn er in Petersburg war.

Anton schätzte das schriftstellerische Talent der Awilowa und nahm Anteil an ihrer Arbeit: Er half ihr bei der Veröffentlichung, gab ihr künstlerische Ratschläge und kritische Hinweise. Lidia Awilowa hatte sich offenbar in Tschechow verliebt, wovon ihre Erinnerungen «Tschechow in meinem Leben» zeugen. Diese Erinnerungen sind sehr lebendig und interessant, wie zum Beispiel die Geschichte mit dem Geschenk, das sie Tschechow machte – ein Ziergehänge in Form eines Buches, in das Zahlen eingraviert waren, die auf bestimmte Seiten und Zeilen verwiesen. Daraus ließ sich folgender vieldeutiger Satz zusammenfügen: «Wenn du irgendwann einmal mein Leben brauchst, dann komm und nimm es dir.» Bekanntlich hat Tschechow diese Episode in der «Möwe» verwendet, nur die Zahlen hat er verändert. Das war so etwas wie eine Antwort von der Bühne auf die Frage der Awilowa, die sie ihm einmal auf einer Maskerade in Petersburg gestellt hatte.

All das entspricht der Wahrheit. Und aufrichtig beschreibt sie auch ihre tiefen Gefühle zu Anton. Aber wenn sie von Antons Gefühlen zu ihr spricht, wird sie recht subjektiv. Da geht wohl die künstlerische Phantasie mit ihr durch. Aus den Aufzeichnungen geht hervor, dass Tschechow sie angeblich geliebt habe, dass ihre Beziehungen fast einem Liebesverhältnis glichen, dass er ihr das alles selbst gestanden habe. Das stimmt nicht. Lidia Awilowa hat mir später selbst geschrieben, dass sie nicht wisse, wie Tschechow zu ihr gestanden habe, und dass ihr das sehr wehtue.

1904, elf Tage nach Tschechows Beerdigung, schrieb sie mir einen Brief, den ich hier anführen möchte:

Hochverehrte Maria Pawlowna, es fällt mir schwer, Ihnen zu schreiben, da ich Sie nicht kenne. Ich weiß nicht, wie Sie meinen Brief aufnehmen werden. Aber ich kann nicht anders. Sie erhalten ja von überall her Briefe, Telegramme, Kondolenzschreiben, und das muss Ihnen doch angenehm sein.

Ich schreibe nur Ihnen, *nicht für das Publikum, nicht einmal für die Menschen aus Ihrer Umgebung. Ich empfinde nur für Sie ein persönliches Gefühl, und ich denke an Sie, denn an den, den es nicht mehr gibt, kann ich nicht mehr denken. Wie hatte ich gehofft, Sie am Grab zu treffen! Nein! Als ich dort war, sah ich nur eine alte Frau und einen Jungen. Jetzt bin ich wieder in meinem Dorf, denke nur an Sie und kann diesen Gedanken nicht loswerden.*

Ich habe Sie einmal gesehen, im Vorbeigehen, vor der Klinik, als er in Moskau krank war, vor sieben Jahren.

Wenn ich nur wüsste, ob es Sie verärgert, was ich Ihnen schreiben möchte? Ob Sie verstehen, warum ich das so dringend brauche?

Ich möchte auf keinen Fall behaupten, dass ich ihn gut kannte, dass ich ihm etwas bedeutet habe. Nein, ich habe ihn wahrscheinlich schlecht gekannt, aber er hat einen großen Einfluss auf mein Leben gehabt, ich bin ihm für vieles dankbar. Ich kann nicht zusammenhängend und gelassen schreiben. Aus meinem Leben ist etwas sehr Schönes verschwunden. Etwas Helles und Teures …

Verzeihen Sie, wenn ich Ihren Schmerz berühre. Glauben Sie mir: Wenn ich diesen Schmerz nicht selbst empfände, nicht traurig wäre, wenn ich mich beherrschen könnte, würde ich mir nicht erlauben, Ihnen zu schreiben. Ich habe viele Briefe von ihm. Ich weiß nicht, warum er mich immer «Mütterchen» nannte. Ich habe ihn fünf Jahre nicht gesehen.

Und ich habe niemanden, niemanden, außer Ihnen, dem ich sagen könnte, wie schrecklich das ist, wie schwer zu begreifen, und wenn man es begriffen hat, wie freudlos, langweilig dann das Leben ist. Ohne diese «Gefühle wie Blumen so schön».

Ich schrieb Ihnen, dass ich viele Briefe von ihm habe. Aber ich weiß nicht, wie er zu mir stand. Das ist sehr schwer für mich.

Vielleicht wird es mir besser gehen, wenn ich Ihnen schreibe und alle meine Gefühle ausdrücke. Aber ich möchte einfach nur aufrichtig sein, und egal, was Sie von mir denken, ich denke an Sie, an seine geliebte Schwester. Und wenn ich Ihnen irgendwann einmal von Nutzen sein kann, wie glücklich wäre ich! Denken Sie daran.

L. Awilowa

Offenbar hatte die Awilowa so tiefe Gefühle für Tschechow, dass diese ihr Leben prägten. Und gleichzeitig bekannte sie, dass sie nicht wisse, wie Anton zu ihr stand.

Ich kannte die Awilowa nicht, bis ich begann, Tschechows Briefe für die Veröffentlichung zu sammeln. Lidia Awilowa übergab mir alle Briefe, die Tschechow ihr geschrieben hatte, und bat mich ihrerseits, ihr alle Briefe zurückzugeben, die sie Anton geschrieben hatte, was ich auch tat. Wegen einiger Briefe, die ich veröffentlichen wollte, kam es zwischen uns zu Meinungsverschiedenheiten, und ich habe sie dann nicht wieder gesehen.

Ein Vierteljahrhundert verging. Und im April 1939 erhielt ich plötzlich einen Brief von der Awilowa, bereits mit der zitternden Hand eines alten Menschen geschrieben. Dieser Brief hat mich sehr berührt.

Liebe Maria Pawlowna!

Seien Sie nicht böse, dass ich Sie mit «liebe» anrede. Glauben Sie mir, dass ich keine andere Anrede für Sie in meinem Herzen gefunden hätte.

Ich denke oft an Sie. Und bin traurig, dass ich Ihnen fremd bin und vielleicht sogar unsympathisch. Wir haben damals in einer Frage nicht übereingestimmt, und Sie waren bis zu Tränen betrübt. Seitdem habe ich geglaubt, dass Sie nichts mehr mit mir zu tun haben wollten. Ich hatte nicht einmal den Mut, zu Ihnen zu kommen, als ich in Jalta war. Aber ich bin Ihnen dankbar dafür, dass Sie mir Gelegenheit gegeben haben, die Hand von Jewgenija Jakowlewna (unsere Mutter) *zu küssen.*

Heute war Alexander Ejges bei mir. Ich habe ihn gefragt, wie Sie reagieren würden, wenn ich Ihnen schriebe. Er hat mich ermutigt. Ich wälze alle Schuld, so es eine gibt, auf ihn.

Wissen Sie, was ich Ihnen sagen wollte? Vor einigen Jahren habe ich im Sommer und Herbst auf einer Datscha bei Poltawa gewohnt und Alexander Smagin kennen gelernt. Er war mir außerordentlich sympathisch, zumal er ständig von Ihrer Familie sprach. Und er hat mir bekannt, dass er Sie sein ganzes Leben geliebt hat. Nur Sie. Und einmal hat er gesagt: «Nicht nur geliebt, ich liebe sie immer noch.» Wenn Sie sein Gesicht bei diesem Bekenntnis gesehen hätten!

Jetzt ist er tot. Und Sie sollen sich an seine große Liebe und Ergebenheit erinnern. Das soll für ihn die Belohnung sein. Sie sind mir doch nicht böse, dass ich Sie an ihn erinnert habe? Nein, seien Sie mir bitte nicht böse! Ich bin alt, krank und schwach. Ich hoffe, bald zu sterben. Wie gern würde ich noch ein einziges liebevolles Wort von Ihnen hören!

Denn auch ich hatte, wie Smagin, nur eine einzige Liebe in meinem Leben. Darf ich Sie küssen?

Die Sie herzlich liebende

L. Awilowa

Bei einer Fahrt von Jalta nach Moskau besuchte ich die Awilowa in ihrer Wohnung. Sie lebte damals auf der Worowski-Straße Nr. 10. Ich traf eine alte, kranke, heruntergekommene Frau an. Auf dem Tisch lag ein Berg Zigarettenstummeln.

Unser Wiedersehen war traurig und – das letzte. 1943 starb Lidia Awilowa.

* * *

Als ich von der Klinik, in der ich Anton besucht hatte, nach Hause ging, dachte ich über vieles nach. Ich fühlte, dass unser Leben sich grundlegend ändern musste. Waren davor alle meine Gedanken darauf gerichtet, meinem Bruder Verhältnisse zu schaffen, in denen er optimal arbeiten konnte, so trat jetzt die Sorge um seine Gesundheit in den Vordergrund. Es war sehr bitter für mich, einzugestehen, dass keiner von uns etwas von seiner Krankheit gemerkt hatte und deshalb nichts unternommen worden war. Wie Anton später erzählte, hatte er bereits 1884 Blut gespuckt, war also faktisch bereits dreizehn Jahre krank, ohne zu wissen, dass es Tuberkulose war. Wie oft hatte er in diesen Jahren gesagt, dass ihm der Husten zwar lästig sei, es aber bis zur «Schwindsucht noch weit ist». Schrecklich war die Einsicht, dass er 1890 seine schwere Reise nach Sachalin, seine Fahrt in der Kutsche bei Regen, Wind und Kälte durch Sibirien bereits als kranker Mann gemacht hatte. Aus der Klinik wurde Anton mit der strengen Anweisung der Ärzte entlassen, sein Leben zu ändern. Er war gezwungen, anstrengende Arbeit zu vermeiden, auf seine Gesundheit zu achten, sich besser zu ernähren und im Winter in warme Gegenden zu fahren, in südliche Kurorte.

Im Auftrag meines Bruders teilte ich den Bauern mit, dass keine Arztsprechstunden mehr stattfänden. Diese Nachricht betrübte die Bauern sehr, und Anton ebenfalls. Er brauchte seinen Arztberuf. In einem Brief schrieb er, dass das Ende der Landpraxis «für mich eine Erleichterung sein wird und ein großer Verlust».

Der Sommer begann bei uns nicht sehr fröhlich. Es wurde weniger gescherzt und gelacht. Es kamen nicht mehr so viele Gäste, und die, die kamen, verhielten sich so, dass sie Anton nicht beunruhigten und anstrengten. Anton klagte in einem Brief an Natalja Lintwarjewa:

Auf Anordnung meiner verehrten Freunde führe ich ein langweiliges, fades, tugendhaftes Leben, und wenn diese Geschichte noch ein, zwei Monate dauert, dann verwandle ich mich in eine Gans.

Aber im Hochsommer hellte sich die Stimmung auf: Anton fühlte sich plötzlich bedeutend besser und hustete kaum noch. Übrigens sah er nie wie ein kranker Mann aus. Wie schlecht er sich auch fühlte, er klagte nie, zeigte nie, wie ihm zumute war. Kein Verwandter und kein Bekannter wusste jemals wirklich, wann Anton sich krank fühlte. Das blieb so bis zum Ende seines Lebens.

Im Juli kamen wieder viele Gäste, man hörte Lachen auf unserem Gut, Musik und Gesang. Davon schrieb Anton an Lejkin:

Bei mir sind so viele Gäste wie Sand am Meer. Der Platz reicht nicht und auch nicht die Bettwäsche, und nicht die Laune, mit ihnen zu reden und ein freundlicher Gastgeber zu sein. Ich habe unheimlich viel gegessen und so zugenommen, dass ich mich für völlig gesund halte und die Annehmlichkeiten eines kranken Mannes nicht mehr nutzen kann, das heißt, ich habe nicht mehr das Recht, die Gäste zu verlassen, wann ich will, und es ist mir nicht mehr verboten, viel zu reden.

In dieser Zeit kam uns der Maler Josif Bras besuchen, um das geplante Porträt von Anton zu malen. Er wollte nicht mehr warten, bis Anton selbst nach Petersburg kam. Es war sehr heiß, und Anton fiel es schwer, Modell zu sitzen. Bras malte jeden Tag und brauchte ungefähr zehn Sitzungen. Das Bild war nicht sehr gelungen, und er quälte sich lange damit herum. Da es ihn nicht befriedigte, weigerte er sich, es der Tretjakow-Galerie zu übergeben. Er schrieb an Tretjakow:

Die Umstände, unter denen ich auf Tschechows Gut arbeiten musste, dazu die Spuren, die die Krankheit hinterlassen hat, standen dem erfolgreichen Verlauf meiner Arbeit sehr im Weg.

Als der Herbst kam, rüstete sich Anton zur Fahrt in den Süden. Die Ärzte rieten ihm, den Winter in Frankreich zu verbringen, in Nizza, das damals als Kurort für Lungenkranke populär war. Anfang September reiste Anton ab.

16 *Ein Winter ohne Anton*

Zum ersten Mal verbrachten wir den langen Winter ohne Anton. Ich musste allein die Wirtschaft führen. Es war nicht leicht, die Zeit zwischen Moskau und Melichowo einzuteilen und alles zu schaffen, hier wie dort. Michail wohnte nicht mehr bei uns, er hatte eine eigene Familie.

In Antons Abwesenheit veranlasste ich, dass das Häuschen mit seinem Arbeitszimmer ausgebaut wurde. Im Winter war es dort nämlich recht kalt. Der Wind blies die ganze Wärme hinaus. Ich kümmerte mich um die Heizung seiner Zimmer, da ich annahm, Anton würde im nächsten Winter zu Hause bleiben, und dann sollte er der Bequemlichkeit und der Ruhe halber dort wohnen.

An die Wände wurde schwedischer Karton genagelt, neue Tapeten darüber angebracht, die Eingangstür wurde mit Filz ausgeschlagen, und davor wurden Wachstuch und ein großer Teppich an Ringen aufgehängt. An die Fenster kamen, ebenfalls an großen Ringen, schwere Vorhänge. Der Ofen wurde neu gesetzt. Das Häuschen wurde sehr hübsch und gemütlich, es wirkte wie «eine Bonbonniere», schrieb ich meinem Bruder nach Frankreich. Doch leider hat Anton im Winter keinen einzigen Tag darin gewohnt.

In den Jahren zuvor hatte ich mich ernsthaft mit Malerei befasst. Ich besuchte die Abendkurse an der Kunstschule von Stroganow. Dort lernte ich die Malerinnen Maria Drosdowa und Alexandra Chotjaïnzewa kennen, mit denen ich dann befreundet war. Maria Drosdowa kam uns oft in Melichowo besuchen, wo wir gemeinsam malten. Anton modelte aus Spaß ihren

Nachnamen Drosdowa (Drossel, A. d. Ü.) in einen anderen Vogelnamen um: Er nannte sie Udodowa (Wiedehopf, A. d. Ü.). Eine richtige Malerin ist aus ihr nie geworden. Während Alexandra Chotjaïnzewa eine ganz besondere Malerin war. Sie war zweifellos eine talentierte Frau, aber ihrer Natur nach nicht harmonisch, sie verzettelte sich zu sehr und schuf deshalb nichts Bedeutendes. Sie war eine sehr begabte Karikaturistin, ihre Zeichnungen wurden in Zeitschriften und Zeitungen veröffentlicht.

Die Chotjaïnzewa war ebenfalls oft in Melichowo, manchmal für lange Zeit. Als Anton für den Winter nach Nizza fuhr, reiste auch sie dorthin. «Hier ist eine russische Malerin, die zehn-, fünfzehnmal am Tag eine Karikatur von mir macht», schrieb Anton aus Nizza. Diese Karikaturen waren übrigens sehr gelungen. In einem anderen Brief beschrieb Anton mir die Chotjaïnzewa:

Gestern habe ich A. A. Chotjaïnzewa nach Monte Carlo mitgenommen und ihr das Roulett gezeigt. Aber ihr fehlt, wie allen Frauen, die positive Neugier, die die Männer antreibt, nichts konnte sie beeindrucken. Sie trägt dasselbe Kleid wie in Melichowo. Unter den Russen, die in der «Pension Russe» speisen, ist sie die intelligenteste, kein Vergleich zu den anderen.

Zwei Jahre später eröffnete die Chotjaïnzewa zusammen mit der Malerin Jelisaweta Swanzewa eine Malerwerkstatt. Als Lehrer gewannen sie die bekannten Künstler Serow und Korowin. Den Töpferlehrgang leitete die Bildhauerin Anna Golubkina. Die Werkstatt erfreute sich großer Beliebtheit. Auch ich ging dorthin. Einige meiner Arbeiten, zum Beispiel das Bild «Die Ballerina», wurden von Serow persönlich verbessert.

Ende 1897 erhielt ich von Bras aus Petersburg einen Brief mit der Bitte, ihm das Porträt von Tschechow zu schicken, das er in Melichowo gemalt hatte und mit dem er nicht zufrieden gewesen war. Er teilte mir mit, er hoffe, dass Tschechow auf dem Rückweg von Frankreich in Petersburg vorbeikäme, dann wolle er noch ein wenig daran arbeiten. Ich schickte Bras das Porträt, teilte ihm aber mit, dass Anton vor dem Sommer nicht nach Russland zurückkehren werde. Da schlug Bras Tretjakow vor, ihm eine Reise nach Nizza zu bezahlen, wo er ein neues Porträt von Tschechow malen wollte. Tretjakow war damit einverstanden – offenbar war ihm ein Porträt Tschechows sehr wichtig.

Im März 1898 kam Bras nach Nizza und malte dort ein neues Bild von Anton. So entstand das bekannte Tschechow-Porträt, das bis heute in der Tretjakow-Galerie hängt und auf dem «Nizza 98» steht.

Anton gefiel dieses Porträt ebenfalls nicht, und er schrieb mir:

Es heißt, es sähe mir sehr ähnlich, aber es scheint mir nicht interessant zu sein. Da ist irgendwas, was nicht von mir ist, und es fehlt etwas, was von mir ist.

Und in einem Brief an die Chotjaïnzewa klagt er darüber, sein Gesichtsausdruck sei «wie im vergangenen Jahr, als ob ich zu viel an Meerrettich gerochen hätte». Das war für die Chotjaïnzewa der Anlass, eine Karikatur von Anton zu zeichnen, die ihn vor seinem eigenen Porträt in der Tretjakow-Galerie darstellte. Diese Zeichnung wurde in der Zeitung «Nowoje Wremja» abgedruckt.

Lewitan allerdings gefiel das Porträt von Bras.

In Nizza schrieb Anton mehrere Erzählungen. Ich las sie in der Zeitung «Russkije Wedomosti», und sie gefielen mir sehr gut, vor allem «In der Heimat», von der in Literaturkreisen in Moskau viel gesprochen wurde.

Viel konnte Tschechow in Nizza nicht arbeiten. Seine schöpferische Energie war im Ausland immer bedeutend schwächer als zu Hause. «Ich möchte gern arbeiten, aber die Umstände sind ungünstig», schrieb er mir aus Nizza; und in einem anderen Brief:

Ich arbeite zu meinem größten Ärger nicht viel und gut genug, denn in einem fremden Land, an einem fremden Tisch kann man nicht richtig arbeiten; du fühlst dich so, als hingst du an einem Bein mit dem Kopf nach unten.

Dafür kamen bedeutend mehr Briefe von ihm als bei anderen Reisen. Darin schrieb er von seiner Sorge um unser Haus, um die Bauern von Melichowo, um die Schulen. Außerdem schickte er uns und unseren Hausangestellten Geschenke. Diese Aufmerksamkeit rührte alle.

In der Zeit, als Anton in Frankreich war, erregte der Dreyfusprozess Aufsehen: Bereits 1894 war der Offizier der französischen Armee, Alfred Dreyfus, von einem Militärgericht zu lebenslänglicher Verbannung verurteilt worden – er war Jude und wurde fälschlicherweise der Spionage beschuldigt. Ende 1897 wurde das Verfahren unter dem Druck der französischen Öffentlichkeit wieder aufgenommen. Aber das Militärgericht bestätigte das Urteil.

Einige Tage nach der Gerichtsverhandlung veröffentlichte Émile Zola in der Zeitung «Aurore» einen Artikel, der eigentlich ein offener Brief an den französischen Präsidenten war. Der Brief trug die Überschrift «J'accuse», «Ich klage an». Darin beschuldigte Zola das französische Kriegsministerium, den Generalstab, der Erpressung und Fälschung, er nannte die Namen derer, die im Zusammenhang mit der Dreyfusaffäre Staatsverbrechen begangen hätten.

Anton, für den Gerechtigkeit mehr bedeutete als alles auf der Welt, nahm sich die Sache sehr zu Herzen und stand auf der Seite von Dreyfus und Zola. Interessant, dass Tschechow ausgerechnet an Suworin, der damals mit seiner Zeitung «Nowoje Wremja» eine äußerst negative reaktionäre Position gegenüber Dreyfus und Zola einnahm, schrieb:

Die Dreyfusgeschichte kommt in Gang, ist aber noch nicht auf den richtigen Gleisen. Zola hat eine edle Seele, und ich, der ich zum Syndikat gehöre und von den Juden bereits hundert Franken erhalten habe (ironische Anspielung Tschechows darauf, dass reaktionär und chauvinistisch gestimmte russische Zeitungen wie die «Nowoje Wremja» von Suworin behaupteten, dass alle, die auf der Seite von Dreyfus und Zola standen, von einem jüdischen «Syndikat» bestochen seien), *bin begeistert von seinem Elan. Frankreich ist ein wundervolles Land, und die Schriftsteller hier sind wundervolle Menschen.*

Suworins Zeitung blieb sich bis zum Ende treu und veröffentlichte auch weiterhin Telegramme, Informationen und Artikel zur Dreyfusaffäre mit bösartigen, verleumderischen Ausfällen gegen Dreyfus und Zola, gegen alle, die den Mut hatten, die beiden zu verteidigen. Tschechow machte das Ganze sehr zornig, in einem Brief an den Moskauer Literaturprofessor Batjuschkow schrieb er, dass die «Nowoje Wremja» einfach «widerlich» sei. Er begriff endgültig, dass man Suworin nicht von seiner Zeitung trennen konnte. Damals kam es zum Bruch mit Suworin, und Tschechow schrieb an Alexander:

In der Dreyfusaffäre hat sich die «Nowoje Wremja» einfach widerlich verhalten. Zu diesem Thema haben der Alte und ich uns in Briefen ausgetauscht und sind beide verstummt. Ich will ihm nicht mehr schreiben und auch keine Briefe mehr von ihm empfangen.

So ging die Freundschaft zwischen Tschechow und Suworin in die Brüche. Allerdings trafen sie sich, wie ich bereits erzählt habe, auch weiterhin und schrieben sich, aber sehr selten, ihre Beziehung war anders als früher.

In Frankreich lernte Anton den Bildhauer Mark Antokolski kennen. In Taganrog, am Ufer des Asowschen Meeres, steht bis zum heutigen Tag ein Denkmal für Peter den Großen, das von Antokolski stammt. Im Herbst 1898 wurde Taganrog, das von Peter dem Großen gegründet worden war, zweihundert Jahre alt. Die städtische Selbstverwaltung sammelte Geld für ein Peter-Denkmal. Und das Stadtoberhaupt Iordanow bat Tschechow, den in Paris lebenden russischen Bildhauer Antokolski aufzusuchen und ihn um den Entwurf dieses Denkmals zu bitten. Anton, der sich immer um das Wohl seiner Heimatstadt sorgte, erfüllte die Bitte.

* * *

Im Frühling 1898 warteten unsere gesamte Familie, alle Freunde und Bekannten auf Antons Rückkehr. Aber wie zum Trotz ließ die Kälte nicht nach: Der Schnee wollte und wollte nicht tauen. Auf unseren Rat hin blieb Anton in Paris und wartete auf unsere Mitteilung, dass er kommen könne. Erst am 2. Mai verließ er Frankreich und traf nach achtmonatiger Abwesenheit wieder in Melichowo ein.

17 *Die letzten Lebensjahre unseres Vaters*

Unser Vater, Pawel Jegorowitsch Tschechow, hatte in Melichowo neben dem Esszimmer sein eigenes kleines Zimmerchen. Er musste damals nicht mehr arbeiten und konnte tun und lassen, was er wollte. Im Sommer arbeitete er gern im Garten, kümmerte sich um die Wege und pflegte die Bäume. Im Winter schippte er Schnee.

Vater erkannte Anton als Hausherrn an und ordnete sich ihm unter. In seinen letzten Lebensjahren war er ungewöhnlich sanft. Anton sorgte sich sehr um unseren Vater, obwohl er ihn manchmal wegen seiner Schwächen und Angewohnheiten neckte. Bis zu seinem Tod war Pawel Jegorowitsch tief religiös und hielt alle Bräuche ein. An den Feiertagen ging er im Nachbardorf in die Kirche, wohin er mit der Kutsche fahren musste. Da diese Fahrten, vor allem zur Nachtmesse, für ihn recht anstrengend waren, hielt er manchmal in seinem Zimmerchen allein seinen eigenen Gottesdienst ab: Er zündete das Öllämpchen und die Kerzen an, las das Evangelium, sang leise vor sich hin und schwenkte das Weihrauchgefäß. Und keiner störte ihn dabei.

Vater hatte noch eine andere Beschäftigung, die seiner pedantischen und akkuraten Natur entsprach, er führte Tagebuch. Jeden Tag trug er ein, was in Melichowo passierte. Diese lakonischen Notizen waren manchmal sehr rührend und naiv: wer gekommen war, wer bei uns zu Mittag gegessen hatte, wer von den Familienmitgliedern wohin gefahren war, welche Blumen im Garten aufgegangen waren, wie Antoscha aufgelegt war und so weiter. Hier einige Beispiele:

29. Juni 1892:	Zum Namenstag eine große Ansammlung von Gästen.
3. März 1893:	Der Schnee taut. Die Treibkästen wurden gedüngt.
18. März 1893:	Mutter fastet.
22. April 1893:	Antoscha ist krank.
20. August 1894:	In den letzten zwanzig Tagen konnte man nichts machen. Ein riesiger Verlust für die Landwirtschaft. Verzweiflung und Mutlosigkeit.
31. Dezember 1894:	Es waren keine Gäste da. Silvester wurde nicht gefeiert, nach dem Abendbrot legten wir uns alle um zehn Uhr schlafen.
2. Januar 1895:	Antoscha war zum Mittagessen beim Priester. T. L. Schtschepkina-Kupernik und I. I. Lewitan sind gekommen, als wir Abendbrot aßen.
7. April 1895:	Antoscha, Lewitan und Mascha waren im Wald. Sind bis zehn Uhr abends spazieren gegangen.
6. Mai 1895:	Der Maler ist gekommen. Abends dann: Mutter, Sonja mit Wolodka und der Kinderfrau, Semaschko und Iwanenko.
1. Januar 1896:	Der Fürst und die Fürstin Schachowskoi waren da. Die Frauen und Jungen kamen, um zu Neujahr zu gratulieren. Saweljew ist nach Taganrog gefahren. Semenkowitsch mit Frau war da. Der Priester.
24. Februar 1896:	Der Priester und der Küster haben bei uns zu Mittag gegessen. Lidia und Mascha sind gekommen. Der Tierarzt war da und blieb über Nacht.
6. März 1896:	Überall im Haus Übernachtungsgäste.

20. März 1896:	Antoscha ist in einem Kurierzug nach Süden an der Bahnstation Lopasnja vorbeigefahren.
19. Oktober 1896:	Antoscha, Mascha und die Misinowa sind aus Petersburg zurück. Die im Zug vergessenen Sachen sind heil in Lopasnja angekommen.
28. Dezember 1896:	Sie sind verkleidet zu Semenkowitsch zu Besuch gefahren.
31. Dezember 1896:	Wir haben um Mitternacht das neue Jahr begrüßt, unsere Familie und die Gäste: Lika, Sascha Seliwanowa und der Maler. Sie sind über Nacht bei uns geblieben.
17. Januar 1897:	Antoscha ist siebenunddreißig Jahre. Nikolai und der Küster waren bei uns. Mascha ist gekommen.
5. Februar 1897:	Antoscha ist mit der Volkszählung fertig.
23. April 1897:	Antoscha arbeitet im Garten.
3. Juni 1897:	Antoscha und Iwanenko haben im großen Teich Fische gefangen.
22. Juli 1897:	Antoscha, Lidia und der Maler sind weggefahren. Bras hat siebzehn Tage an dem Porträt gearbeitet und es nicht fertig gekriegt.
20. August 1897:	Gerade haben bei uns zwei Malerinnen und ein Maler, Lewitan, zu Mittag gegessen. Mascha ist nach Moskau gefahren.
31. August 1897:	Antoscha ist um acht Uhr morgens nach Biarritz aufgebrochen.
5. Mai 1898:	Antoscha ist aus Frankreich zurück. Hat viele Geschenke mitgebracht.
15. Juli 1898:	In den Wald zum Pilzesammeln sind: Mascha, Anjuta, Roman, Iwan und Antoscha.

30. Juli 1898:	Franzosen waren hier, haben bei uns zu Abend gegessen und Tee getrunken.
15. August 1898:	N. M. Lintwarjewa ist gekommen. Gekommen sind Golzew und Konowizer. Semenkowitsch war da. Sieben fremde Seelen haben bei uns übernachtet.
3. September 1898:	Erdarbeiter graben im Garten unter Aufsicht von Antoscha Löcher, es werden Bäume und so weiter gepflanzt.

Außerdem notierte er jeden Tag die Lufttemperatur und das Wetter: sonnig, diesig, Regen, Schnee.

Wenn Vater auf Reisen war (in Moskau bei Iwan oder in Petersburg bei Alexander), führte Anton für ihn das Tagebuch, wobei er Vaters Stil nachahmte. Manchmal hielt er den ernsten Ton nicht durch:

15.–16. März 1893:	Der Hammel springt. Mascha freut sich.
18. März 1893:	Es schneit. Zum Glück sind alle weggefahren. Ich bin allein mit Mme. Tschechowa.
20. März 1893:	Ein klarer Tag. Die Frühbeete sind fertig. Mutter hat von einer Ziege auf dem Nachttopf geträumt.
23. März 1893:	Mutter hat von einer Gans mit Zylinder auf dem Kopf geträumt. Das ist ein gutes Zeichen. Mascha hat Bauchweh. Ein Schwein wurde geschlachtet.
13. Mai 1895:	Mit Hilfe dieses Tagebuchs hat Sascha für Antoscha und Mascha in Erfahrung gebracht, ob es bald regnet. Der Himmel ist bewölkt, es riecht nach Regen. Sascha ist zwar klug, aber doch ein Dummkopf.

Die letzte Eintragung in Vaters Tagebuch musste ich machen.

Mitte September 1898 fuhr Anton nach Jalta. Ich blieb mit den Eltern allein in Melichowo, obwohl ich wie immer wegen meiner Arbeit im Gymnasium die meiste Zeit in Moskau verbringen musste.

Am Freitag, dem 9. Oktober 1898, war Bras bei mir zu Gast. Wir unterhielten uns fröhlich und lachten, als plötzlich ein Telegramm aus Lopasnja eintraf. Es trug keine Unterschrift und beinhaltete nur wenige Worte: «Fahre in Klinik von Lewschin, dort ist Vater krank.» Zuerst begriff ich überhaupt nichts: wessen Vater, warum krank und warum in Moskau in der Klinik von Lewschin? Vater hatte ich erst vor einigen Tagen in Melichowo völlig gesund verlassen.

In diesem Moment kam Iwan zu mir. Er las das Telegramm und kam ebenfalls zu dem Schluss, dass hier ein Missverständnis vorläge. Aber ich war trotzdem aufgeregt, denn das Telegramm war an mich gerichtet und kam aus Lopasnja. Ich beschloss, in die Klinik zu fahren. Bras bot mir seine Begleitung an.

Wir kannten die Adresse der Klinik nicht und fuhren deshalb in die erstbeste Apotheke, die auf dem Weg lag. Es war bereits halb zehn Uhr abends. Als ich die Adresse von Professor Lewschin erfahren hatte, rief ich ihn in seiner Wohnung an. Dort wurde mir gesagt, der Professor sei nicht zu Hause, er sei telefonisch in die Klinik gerufen worden, da aus Serpuchow ein Kranker mit eingeklemmtem Bruch eingeliefert worden sei. Da wurde mir klar, dass das Vater war. Zerquält kam ich in der chirurgischen Klinik an.

Das Erste, was meine Aufmerksamkeit erregte, als wir vor der Klinik standen, war ein riesiges Fenster, durch das man ein hell erleuchtetes Zimmer sehen konnte. Darin bewegten sich weiße Figuren. Instinktiv wusste ich, dass dort mein Vater operiert wurde.

Ich erinnere mich nicht mehr, wie ich durch die Eingangstür

der Klinik gekommen bin. Ich fragte den Pförtner nach meinem Vater, und der bestätigte mir, dass tatsächlich vor einiger Zeit ein alter Mann namens Tschechow aus Serpuchow mit eingeklemmtem Bruch eingeliefert worden sei, dass er relativ munter gewesen und selbst die Treppe hinaufgegangen sei. Weiter erzählte er mir, dass der Professor vor kurzem gekommen sei und die Operation gleich stattfinde. Dann erfuhr ich, dass mein Vater von dem Landarzt Jewgeni Grigorjew hergebracht worden war, der im Dorf Ugrjumow, in der Nähe von Melichowo, lebte.

In die Klinik wurde ich nicht hineingelassen, ich wartete unten. Man kann sich unschwer vorstellen, wie mir in der Zeit zumute war, als mein Vater operiert wurde. An mir vorbei gingen Männer und Frauen in weißen Kitteln, die mir nichts sagen konnten.

Minuten verstrichen und Stunden. Bras ließ mich nicht allein warten. Er und der Pförtner beruhigten und trösteten mich, so gut sie konnten. Es war bereits vier Uhr nachts, als Professor Lewschin zur mir herunterkam. Er sah mitgenommen aus, die Haare klebten an den Schläfen, die Hände, so schien es mir, waren noch blutig. Man hatte ihn bereits von meinem Dasein unterrichtet, und er kam direkt auf mich zu, stürzte sich buchstäblich auf mich: «Schämen Sie sich nicht?! Den Alten allein zu lassen! Die Operation war schwer und langwierig, und nur so ein gesunder Alter wie Ihr Vater konnte das durchstehen. Ich musste fast drei viertel Arschin des abgestorbenen Darms rausschneiden.»

«Professor, ich habe meinen Vater vor drei Tagen völlig gesund zurückgelassen. Ich arbeite in Moskau im Gymnasium und wollte morgen nach Hause fahren. Das Telegramm, dass mein Vater zu Ihnen in die Klinik gebracht wurde, kam aus heiterem Himmel», entgegnete ich ihm fast weinend.

Lewschin hatte offenbar Mitleid mit mir und sagte etwas sanfter, die Operation sei im Großen und Ganzen erfolgreich verlaufen, der Kranke sei schon wieder bei Bewusstsein, und wenn ich möchte, könne ich seine Stimme hören. Er führte mich nach oben in den Operationssaal, und ich hörte Vaters relativ muntere Stimme. Er sah mich nicht, da die Stationsärzte ihn verdeckten.

Lewschin führte mich aus dem Zimmer und sagte: «Ich wiederhole, das war eine schwere Operation, da der Kranke erst sehr spät in die Klinik gebracht wurde, eine Stunde später hätte er tot sein können. Jetzt sieht alles günstig aus, aber sicher können wir nicht sein. Fahren Sie nach Hause und kommen Sie morgen früh um acht wieder.»

Zu Hause machte ich natürlich kein Auge zu. Am nächsten Morgen fuhr ich zusammen mit Iwan in die Klinik. Alle schliefen noch, sowohl Vater als auch der Arzt, der die ganze Nacht bei ihm gewacht hatte. Wir warteten.

Dann kam Lewschin und führte uns in sein Arbeitszimmer. In dieser ganzen Zeit hatte ich kein einziges Mal geweint, aber hier, beim Professor, brach es aus mir heraus …

Vater schlief lange und erwachte erst um eins. Die Ärzte teilten mit, Puls und Temperatur seien normal. Schließlich gingen wir in Begleitung von Doktor Sykow nach oben zu Vater. Er freute sich, dass wir da waren. Mit schwacher Stimme erzählte er uns, dass er überhaupt nicht gemerkt habe, wie er operiert wurde, und dass er zufrieden sei, denn gestern sei es unerträglich gewesen, von Melichowo mit dem Schlitten über die Erdhügel zur Bahnstation Lopasnja zu fahren. Uns wurde nicht erlaubt, länger bei dem Kranken zu sitzen, aber wir durften gegen Abend wiederkommen.

Abends fand ich Vater in weitaus besserer Verfassung vor. Er war munterer und sagte, dass man sich hier sehr gut um ihn kümmere, alle seien aufmerksam zu ihm und es gefalle ihm hier. Er klagte nur über Schmerzen im Bauch. Er bat mich, Mutter zu ihm zu bringen. Tatsächlich interessierten sich in der Klinik alle für Vater – die Ärzte, die Studenten und auch das Dienstpersonal. Alle wunderten sich, dass Vater schon vierundsiebzig Jahre alt war, er sei so gesund und stark. Sicher interessierte man sich auch deshalb für ihn, weil er der Vater des Schriftstellers Tschechow war.

Am nächsten Tag besuchte ich Vater gemeinsam mit Mutter, die aus Melichowo gekommen war. Er war wie zuvor in guter Verfassung, mit allem zufrieden, klagte aber immer noch über Schmerzen im Bauch und über ein unangenehmes Aufstoßen. Alles schien gut zu sein.

Aber am 12. Oktober ging es Vater plötzlich schlechter, und eine zweite Operation war notwendig. Sie wurde am Nachmittag durchgeführt. Diese Operation stand Vater nicht mehr durch und starb. Für uns alle kam es völlig unerwartet und war ein schwerer Schlag.

* * *

So kam es zur letzten Eintragung in Vaters Tagebuch. Ich schrieb:

Am 12. Oktober 1898 ist in Moskau um fünf Uhr P. J. Tschechow gestorben.

* * *

Die Trauer unserer Familie kann man nur schwer beschreiben. Ich wusste nicht, wie ich Anton, der ja in Jalta war, den Tod des Vaters mitteilen sollte. Er liebte Vater und war in der letzten Zeit besonders fürsorglich und aufmerksam mit ihm gewesen, und ich hatte Angst, dass diese Nachricht auf meinen kranken Bruder eine schlimme Wirkung haben und die Krankheit verschlimmern könnte. Ich hatte nicht die Kraft, meinem Bruder die traurige Nachricht zu übermitteln, und dachte, er würde es selbst von anderen oder aus der Zeitung erfahren. Ich schickte lediglich ein Telegramm an Isaak Sinani, den Besitzer eines kleinen Buch- und Tabakladens in Jalta, der meinen Bruder kannte:

Teilen Sie bitte mit, wie Anton Pawlowitsch Tschechow die Nachricht vom Tod seines Vaters aufgenommen hat. Wie geht es ihm?

Wie sich später herausstellte, hat dieses Telegramm Sinani in Verlegenheit gebracht. Er dachte, er müsse den Tod des Vaters vor Anton verbergen, und zeigte ihm mein Telegramm erst am 13. Oktober. Anton telegraphierte uns umgehend:

Dem Vater das Himmelreich, ewige Ruhe. Traurig, sehr bedauerlich. Teilt Einzelheiten mit. Bin völlig gesund, macht euch keine Sorgen, passt auf Mutter auf.

Als Anton später die Todesursache erfuhr, litt er sehr darunter, dass er nicht in Melichowo gewesen war.

Wenn ich zu Hause gewesen wäre, hätte ich nicht zugelassen, dass der Darm abstirbt, er hätte nicht nach Moskau gebracht werden müssen und noch lange gelebt.

Wir begruben Vater auf dem Friedhof des Neujungfrauenklosters. Einige Tage später erhielt ich von Anton einen Brief.

Die traurige Nachricht, die völlig unerwartet kam, hat mich sehr betrübt und zutiefst erschüttert. Vater tut mir Leid, ihr alle tut mir Leid; das Bewusstsein, dass ihr in Moskau so eine schwierige Situation durchstehen müsst, während ich in Jalta bin, in Ruhe – dieses Bewusstsein lässt mich nicht los und bedrückt mich die ganze Zeit … Möchte Mamascha nicht zu mir nach Jalta kommen, um sich hier ein bisschen zu erholen? Dann könnte sie sich auch gleich ein bisschen hier umschauen, und wenn es ihr gefällt, könnten wir für immer hierher ziehen … Und wenn auch du freinehmen und wenigstens für eine Woche herkommen könntest, dann wäre das für mich eine große Freude. Wir könnten dann auch bereden, wie es weitergehen soll. Ich glaube, nach Vaters Tod wird das Leben in Melichowo nicht mehr so sein wie vorher, so als ob mit seinem Tagebuch auch das Melichower Leben zu Ende ist.

Genau so ist es dann auch gekommen: Unser «Melichower Leben» war vorbei. Wir wohnten nicht mehr richtig dort, sondern fuhren nur ab und zu hin, bis wir das Gut schließlich verkauften.

18 *Wieder «Die Möwe»*

Im Frühjahr 1898 hörte ich flüchtig, dass in Moskau ein neues Theater gegründet und Alexej Tolstois Tragödie «Zar Fjodor» inszeniert werde. Doch ich beachtete die Nachricht nicht weiter und wusste nicht, dass einer der Hauptorganisatoren des neuen Theaters Wladimir Iwanowitsch Nemirowitsch-Dantschenko war, ein alter Bekannter unserer Familie.

Schon im Jahr zuvor hatte er mich wiederholt auf «Die Möwe» angesprochen, auf ihre literarischen und dramaturgischen Qualitäten, aber angesichts des Petersburger Misserfolgs hatte ich das Gespräch immer gleich auf ein anderes Thema gebracht. Erst später begriff ich, dass das ein diplomatischer Schachzug von Nemirowitsch-Dantschenko gewesen war, der von meiner engen Beziehung zu Anton wusste und annahm, dass ich Einfluss auf meinen Bruder hätte und somit seine Genehmigung, «Die «Möwe» im neuen Theater aufzuführen, erwirken könnte.

Im Herbst 1898, nach dem Tod unseres Vaters, als Anton den Winter in Jalta verbrachte, holte ich unsere Mutter nach Moskau und mietete eine Wohnung in der Malaja Dmitrowka, Ecke Uspenski-Gasse. Am anderen Ende dieser Gasse, in der Karetny Rjad, befand sich, wie sich später herausstellte, in der «Eremitage» die mir damals noch unbekannte Moskauer Künstlerische Volksbühne. Dort lief das Stück «Zar Fjodor». Lewitan hatte mir mehrmals von der Inszenierung erzählt, sie sei herausragend, und mich eingeladen, mit ihm das Stück anzuschauen.

Eines Tages kam Iwan zu mir und sagte, Nemirowitsch-Dantschenko suche mich, um mir eine Karte für die Premiere der «Möwe» zu überreichen, die am 17. Dezember im Moskauer

Künstlertheater stattfinden sollte. Hier erfuhr ich zum ersten Mal, dass Nemirowitsch-Dantschenko in diesem Theater arbeitete (Stanislawski kannte ich damals noch nicht). Mein Herz zog sich schmerzhaft zusammen. Wieder «Die Möwe»! Ich fürchtete eine Wiederholung des Petersburger Misserfolgs.

Eine Woche vor der Premiere ging ich ins Theater, um mir «Zar Fjodor» anzusehen. Ich war begeistert von der Inszenierung und den Schauspielern. Um Anton zu beruhigen, schrieb ich ihm davon und fügte hinzu, dass bestimmt auch «Die Möwe» gut laufen würde. Ich wusste, dass mein Bruder in Jalta am Tag der Premiere sehr nervös sein würde, und erzählte ihm deshalb, dass ich auf jeden Fall zur Premiere ginge und vom Erfolg überzeugt sei. In Wirklichkeit hatte ich Angst, lehnte die Karte ab, die mir geschickt wurde, und schlug Iwan vor, er solle die Premiere mit seiner Familie besuchen.

Am Abend des 17. Dezember ratterten an meinen Fenstern die Kutschen in Richtung «Eremitage» vorbei. Dann war es still … Ich quälte mich. Und hielt es schließlich nicht mehr aus, warf meinen Pelzumhang über und rannte zum Theater. Ich ging in die Loge, in der mein Bruder saß, und setzte mich leise neben die Tür. Die Stille und die Aufmerksamkeit des Publikums frappierten mich. Das war ganz anders als in Petersburg. Flüsternd fragte ich meinen Bruder: «Wie ist es?»

Er antwortete mir, ebenfalls flüsternd: «Ausgezeichnet.»

Erst jetzt schaute ich auf die Bühne und sah die wunderbaren Schauspieler, die ich alle nicht kannte. Weder die Knipper noch die Lilina, noch Wischnewski oder irgendeinen anderen aus der Theatertruppe. Das Publikum nahm das Stück mit Begeisterung auf, man verlangte nach dem Autor. Mir tat es entsetzlich Leid, dass Anton nicht im Theater war und diese lautstarke Rehabilitierung seiner «Möwe» miterleben konnte. Nach der Premiere wurde auf Verlangen des Publikums an Tschechow ein Glückwunschtelegramm nach Jalta geschickt.

Am nächsten Tag schrieb auch ich einen begeisterten Brief an Anton. Mein Bruder hob alle meine Briefe auf, und so kann ich jetzt lesen, was ich ihm vor vielen, vielen Jahren über die Premiere der «Möwe» schrieb:

Gestern lief «Die Möwe». Die Inszenierung ist wunderbar. Der erste Akt war durchaus verständlich und interessant. Die Schauspielerin, Treplews Mutter, wurde von einer sehr, sehr lieben Künstlerin, der Knipper, gespielt. Sie ist erstaunlich talentiert, es war einfach ein Genuss, ihr zuzusehen und zuzuhören. Der Doktor, Treplew, der Lehrer und Mascha waren hervorragend. Nicht besonders haben mir Trigorin und die Möwe selbst gefallen. Trigorin wurde von Stanislawski recht fade gespielt, und die Möwe von einer schlechten Schauspielerin, aber im Allgemeinen ist das Stück so lebendig inszeniert, dass du im positiven Sinne vergisst, dass es sich um ein Spiel handelt. Im Theater war es still, alle hörten aufmerksam zu. Schon nach dem ersten Akt verlangte man nach dir, und als Nemirowitsch erklärte, du seist nicht im Theater, riefen alle, besonders im Parterre: «Dann müssen wir ihm ein Telegramm schicken!» Nach dem dritten Akt wieder lautes Rufen und Ovationen, und wieder wurde nach dem Autor verlangt. Da sagte Nemirowitsch: «Wenn es so ist, dann lassen Sie mich an den Autor ein Telegramm schicken.» Aus dem Publikum: «Wir bitten darum.» Es waren sehr viele bekannte Gesichter da, ich war ein wenig aufgeregt, aber es war lustig, alle haben mir zum Erfolg gratuliert und freundliche Worte an deine Adresse gesagt und so weiter.

Aus mir unerfindlichen Gründen behaupten Nemirowitsch-Dantschenko und Stanislawski in ihren Erinnerungen hartnäckig, dass ich angeblich vor der Aufführung der «Möwe» ins Theater gekommen sei und darum gebeten habe, das Stück abzusetzen, womit ich die Nervosität der Truppe vor der Premiere noch verstärkt hätte. Aber ich habe bereits erzählt, dass ich, bevor mir Nemirowitsch die Karte für die Premiere schickte, gar nicht wusste, dass er dieses Theater leitete. Wahrscheinlich haben meine lieben, unvergesslichen Freunde Stanislawski und

Nemirowitsch ein wenig hinzugedichtet, um die Schwierigkeiten bei der Inszenierung der «Möwe» zu betonen.

Je öfter «Die Möwe» gespielt wurde, desto größer war der Erfolg. Zwei Wochen nach der Premiere schrieb ich an Anton:

«Die Möwe» macht Furore, überall wird nur von ihr geredet. Karten sind nicht zu kriegen, auf den Plakaten steht immer «Ausverkauft». Wir wohnen neben der «Eremitage», dem Theater, und wenn «Die Möwe» läuft oder «Zar Fjodor», dann fahren die Kutschen in Schrittgeschwindigkeit an unseren Fenstern vorüber. Um ein Uhr nachts wird auf der Straße laut über «Die Möwe» geredet, ich liege im Bett und höre alles.

Bald darauf lernte ich die Schauspieler des Künstlertheaters kennen. Am 5. Februar schrieb ich an Anton:

Gestern war ich zum dritten Mal in der «Möwe». Habe sie mir mit noch größerem Vergnügen angeschaut als beim ersten und zweiten Mal. Sie haben sehr, sehr gut gespielt, sogar die Roxanowa. Wischnewski, der kürzlich bei uns zu Besuch war, holte mich auf die Bühne und machte mich mit allen Schauspielern bekannt. Wenn du wüsstest, wie sehr sie sich gefreut haben! Die Alexejewa, die die Mascha spielt, bat mich, dir zu sagen, du hättest für sie keine bessere Rolle schreiben können, sie ist dir sehr dankbar. Alle lassen dich grüßen. Sie spielen deine «Möwe» mit großer Liebe!! Die Fedotowa war da, weinte die ganze Zeit und sagte: «Sagen Sie ihm, dem Täubchen, dass die Alte bezaubert ist vom Stück und ihm einen herzlichen Gruß bestellt.» Dabei verbeugte sie sich tief vor mir. In jeder Pause rief sie mich zu sich und weinte … Jushin war da, sagte aber nichts. Ich bedaure von ganzem Herzen, dass du dir dein Stück in dieser meisterhaften Aufführung nicht ansehen kannst.

So war ich also Zeugin zweier Inszenierungen der «Möwe» geworden: einer tragischen, grausamen «Möwe», die das Neue des Dramatikers Tschechow nicht erkannt hatte, und einer anderen «Möwe», die die neue realistische Dramaturgie herausholte und Tschechows Neubeginn auf dem Theater einleitete. Diese «Möwe» wurde zum Wahrzeichen des Moskauer Künstlertheaters.

19 *Der Umzug nach Jalta*

Als Anton im Mai 1898 aus Frankreich zurück war, lebte er den ganzen Sommer über in Melichowo. Im Herbst sollte er auf Anraten des Arztes abermals in warme Regionen fahren. Ins Ausland aber wollte er nicht mehr, die lange Trennung von Russland machte ihn depressiv, und außerdem konnte er außerhalb Russlands nicht gut arbeiten. So beschloss er, auf die Krim zu fahren. Anfangs wollte er in Jalta bleiben und dann, wenn sich herausstellen sollte, dass es im Winter auf der Krim zu kalt sei, in die Gegend des Kaukasus fahren.

Sehr ungern trennte sich Anton von Melichowo und Moskau. An Lika Misinowa schrieb er:

Aus Moskau wollte ich nicht weg, überhaupt nicht, aber ich musste, da ich immer noch in außerehelicher Liaison mit den Bazillen lebe.

In Jalta war schönes, warmes Herbstwetter, und Anton gefiel die Südküste der Krim. Er kam sogar auf den Gedanken, irgendwo an der Küste einen kleinen, nicht zu teuren Landsitz zu kaufen, wohin wir im Sommer und Herbst fahren könnten – wie auf eine Datscha. An einen ständigen Wohnaufenthalt auf der Krim dachte Anton damals noch nicht, «denn wir, das heißt unsere ganze Familie, haben einen unbezwinglichen Hang zum Norden», schrieb er mir aus Jalta. Solch ein Landgut, sehr billig, für nur zweitausend Rubel, fand mein Bruder bei dem Dörfchen Kutschukoi, in der Nähe von Kekineïs, auf dem Weg von Jalta nach Sewastopol. In seinen Briefen an mich beschrieb Anton die Schönheiten von Kutschukoi und fragte mich, ob es sich lohne, den Landsitz zu kaufen. Mir gefiel die Idee, auf der Krim eine eigene kleine Datscha zu besitzen, wenn auch auf einem ganz kleinen Fleckchen von drei Desjatinen. Immerhin wuchsen darauf Wein und Tabak, und das kleine einstöckige Häuschen mit vier Zimmern hatte sogar einen kleinen Seitenflügel mit zwei Zimmern. Außerdem war der Kaufpreis sehr günstig. Ich riet meinem Bruder, das Grundstück zu kaufen, und schlug ihm vor, dass ich, wenn nötig, in den Winterferien selbst nach Jalta käme und es mir anschauen wolle.

Unser Briefwechsel wurde durch den plötzlichen Tod unseres Vaters unterbrochen. Alles änderte sich. Unsere Familie war auseinander gerissen. Mutter blieb allein in Melichowo, was sehr schwer für sie war. Ich wohnte allein in Moskau. Anton in Jalta – ebenfalls allein. Er schrieb an einen Bekannten:

Mit dem Tod des Vaters ist das wichtigste Zahnrad aus dem Melichower Mechanismus herausgesprungen, ich glaube, dass für meine Mutter und meine Schwester das Leben in Melichowo jetzt jeden Zauber verloren hat und ich für sie ein neues Nest bauen muss.

Er dachte nicht mehr nur an eine kleine Sommerdatscha auf der Krim, sondern an einen ständigen Wohnsitz für die ganze Familie. Ich war mit dem Vorschlag meines Bruders einverstanden, nach Jalta zu kommen, um zu beraten, wie wir das Leben unserer Familie weiter gestalten wollten. Am 20. Oktober reiste ich nach Jalta.

Auf der Krim war stilles, warmes Wetter, und ich fuhr von Sewastopol aus mit dem Dampfer nach Jalta. Anton holte mich von der Anlegestelle ab. Als wir uns in eine Kutsche setzten und losfuhren, sagte mein Bruder: «Stell dir vor, ich habe ein Stück Land gekauft. Hoch über der Stadt. Ein wundervoller Ausblick! Morgen schauen wir es uns an.»

Ich begriff, dass der Umzug nach Jalta schon beschlossene Sache war, und mein Herz zog sich wehmütig zusammen: Mir tat unser liebes romantisches Melichowo Leid, in das wir alle, und ich besonders, so viel Kraft gesteckt und wo wir so viel Interessantes erlebt hatten.

Abends unterhielten wir uns lange. Ich erzählte ihm vom Tod unseres Vaters, was wir alles durchgemacht hatten. Wir sprachen auch über das Schicksal von Melichowo, wie wir uns an das Anwesen gewöhnt hatten und wie schwer es sein würde, sich von ihm zu trennen. Wir beschlossen, das Gut noch nicht zu verkaufen und erst einmal nur im Winter, Herbst und Frühling in Jalta zu leben, im Sommer aber in Melichowo. Anton hatte offenbar die heimliche Hoffnung noch nicht aufgegeben, irgendwann einmal auch wieder im Winter in Moskau und Melichowo leben zu können.

Am nächsten Morgen gingen Anton und ich nach Aütka, um uns das Grundstück anzusehen. Wir mussten lange laufen, dazu noch bergauf. Ich war verärgert, dass mein Bruder ein Grundstück so weit entfernt vom Meer gewählt hatte, aber dann wurde mir klar, dass dies materielle Gründe hatte. Die Grundstücke im Stadtzentrum waren teuer, bis zu fünfundzwanzig Rubel der Quadrat-Arschin (etwa ein halber Quadratmeter, A. d. Ü.). Die Besitzer solcher Grundstücke waren entweder vornehme Aristokraten oder reiche Kaufleute und Unternehmer. Dieses Grundstück aber außerhalb der Stadtgrenze hatte mein Bruder für nur fünf Rubel der Quadrat-Arschin bekommen. Die finanzielle Seite spielte für Anton eine große Rolle, denn er besaß wenig Geld, und für den Bau eines Hauses hatte er bislang noch gar keine Mittel, er musste sie sich irgendwie besorgen.

Als wir ankamen und ich mir das Grundstück ansah, wurde meine Laune noch schlechter. Der Grund lag an einem Hang, der direkt von der Chaussee nach unten abfiel, es stand kein einziges Gebäude darauf, kein einziger Baum, kein einziger Strauch, nur ein alter, vergessener, knorriger Weinstock ragte aus der trockenen, steinharten Erde. Das Grundstück war von einem Rutenzaun begrenzt, hinter dem ein Friedhof lag. Als wir ankamen, fand dort gerade eine Beerdigung statt. Unwillkürlich tauchte vor meinen Augen unser Melichowo mit den Alleen, den großen Bäumen, dem Obstgarten und den gepflegten Wegen auf. Und all das sollten wir gegen diesen verwilderten Hang hier tauschen …

Offenbar konnte ich meine Enttäuschung nicht verbergen, Anton war verstimmt und betrübt. Ich ärgerte mich über mich selbst und versuchte mir einzureden, dass das immerhin die berühmte Krim und es jetzt, im Oktober, noch warm und so schön ringsumher sei. Und tatsächlich, der Himmel über uns war wolkenlos, die Sonne schien hell, und der Blick vom Grundstück auf das Meer, auf Jalta und die Berge war wundervoll. Jalta lag wie auf einem Handteller ausgebreitet vor uns. Damals konnte man noch die Mole sehen und die Segelboote. Jetzt sieht man das nicht mehr, denn der Garten ist zugewachsen. Und schließlich das Wichtigste – Anton musste seiner Gesundheit zuliebe im Süden leben.

Abends setzten wir uns in Antons Wohnung und arbeiteten einen Plan für das Grundstück aus: wo das zukünftige Haus stehen, wie der Garten aufgeteilt werden sollte, wir markierten die Wege im Garten, wir machten sogar eine Skizze der Zimmerverteilung im Haus. Das Haus selbst entwarf der von Anton angestellte junge Architekt Lew Schapowalow. Wir waren so vertieft in die Pläne und gaben uns unseren Träumereien hin, dass wir uns sogar Grotten und Springbrunnen ausdachten und darüber vergaßen, dass wir nicht einmal Geld für das Haus hatten.

Ich blieb ungefähr zehn Tage bei meinem Bruder. Gemeinsam besuchten wir die Leiterin des Mädchengymnasiums von Jalta, Warwara Charkejewitsch, bei deren fröhlicher Familie mein Bruder oft zu Besuch war. Ich war so weit auf den Umzug nach Jalta eingestellt, dass ich mit der Charkejewitsch sogar schon wegen einer Anstellung im Gymnasium verhandelte.

Anfang November fuhr ich nach Moskau zurück, und Anton begann in Jalta mit dem Hausbau. Er verpfändete das Grundstück bei der Bank und ernannte Babakai Kalfa zum Bauausführenden. Mitte November begannen die Erdarbeiten zur Planierung des Grundstücks, und Anton pflanzte im zukünftigen Garten eigenhändig die ersten Bäume.

In organisatorischen und wirtschaftlichen Dingen half meinem Bruder der bereits erwähnte Isaak Sinani. Er war ein sehr lieber Mensch, der in Jalta große Popularität und Achtung bei Schriftstellern, Schauspielern und Malern genoss. Sein kleines Buch- und Tabakgeschäft in der Uferstraße, das den Namen «Russisches Häuschen» trug, war so eine Art Club, in dem sich alle in Jalta lebenden oder zeitweilig wohnenden Literaten und Künstler trafen. Sinani verehrte Tschechow sehr und unterstützte ihn in vielerlei Hinsicht. Während des Hausbaus war er Antons Berater.

Manchmal hielt mein Bruder Sitzungen ab, auf denen die Probleme des Hausbaus besprochen wurden und an denen er selbst, der Architekt Schapowalow, der Bauausführende Kalfa und Sinani teilnahmen. Je weiter der Bau voranschritt, desto begeisterter beschäftigte sich Anton mit der neuen Datscha und dem Garten.

* * *

Tschechow blieb auch in Jalta sich selbst treu, wie in Melichowo wollte er auch hier, fernab von Moskau, der Gesellschaft nützlich sein.

Im Sommer 1898 gab es im Gouvernement Samara eine Missernte. Hungersnot brach aus. Besonders verheerend war die Lage der Bauernkinder.

Auf Bitten des Organisationskomitees des Samaraer Zirkels zur Unterstützung der hungernden Kinder begann Anton mit großem Engagement für die Hungernden zu sammeln. Er setzte eine Annonce in die Zeitung, in der er dazu aufrief, den hungernden Kindern zu helfen. In ein Quittungsbüchlein trug er alle Beträge ein, in der Zeitung informierte er regelmäßig über alle Spenden. Mit dem gleichen Ziel organisierte er in Jalta Liebhaberaufführungen.

Zu Beginn des Winters wählte das Jalta-Komitee des Russischen Roten Kreuzes Tschechow zu seinem Mitglied. Er wurde auch Mitglied des Kuratoriums vom Mädchengymnasium. Anlässlich Puschkins hundertstem Geburtstag wurde in Jalta eine Kommission für die Jubiläumsfeierlichkeiten gegründet. Auch in diese Kommission wurde Tschechow berufen. Er nahm aktiv an Liebhaberaufführungen von Puschkin-Stücken, lebenden Bildern, Volkslesungen und so weiter teil.

Im Winter hatte Anton also eine ganze Reihe von gesellschaftlichen Pflichten, die sein Leben ein wenig abwechslungsreicher machten und ihn vom Gefühl der Einsamkeit ablenkten. Obwohl er in einer kleinen Wohnung lebte, praktizierte er wieder ab und zu als Arzt. Auf seine Bitte schickte ich ihm seine medizinischen Instrumente aus Melichowo: ein Hämmerchen, ein Plessimeter und ein Hörrohr.

In diesem ersten Winter in Jalta schrieb Tschechow drei Werke, die bekannt wurden: «Ein Fall aus der Praxis», «Auf der Dienstreise» und «Herzchen».

Und dann versetzte mich Anton mit der Mitteilung in Erstaunen (in einem Brief vom Dezember 1898), dass «er sich nicht beherrschen konnte und seinem Herz einen Stoß gegeben habe», Kutschukoi nun doch zu kaufen, und «Besitzer eines der schönsten und eigentümlichsten Landsitze auf der Krim» sei. In einem Brief an Iwan erklärte er das so:

Für Kutschukoi habe ich genau zweitausend bezahlt, und ich dachte, es wäre dumm und unsinnig, wenn ich es nicht kaufte. Denn das ist ein erstaunlich günstiger Preis.

Ich wusste, dass mein Bruder nicht einmal genügend Geld für den Bau des Hauses in Jalta besaß. Deswegen war ich so verblüfft. Aber bald sollte das Geldproblem gelöst sein, allerdings nicht so glänzend, wie es uns, die wir nie Geld besessen hatten, anfangs schien.

* * *

Anfang Januar 1899 drangen Gerüchte nach Moskau, dass Tschechow mit dem Verleger von «Niwa», Adolf Marx, Verhandlungen über die Rechte all seiner Werke führen wolle, sie sollten in das völlige Eigentum von Marx übergehen. Ich kannte mich in Verlagsangelegenheiten nicht aus, fühlte aber instinktiv, dass mein Bruder das lieber nicht tun sollte. Allerdings wusste ich, dass Anton mit der Qualität der Bücher nicht zufrieden war, die bislang von Suworin (gerade zu diesem Zeitpunkt plante er eine vollständige Ausgabe der Werke von Tschechow) herausgegeben wurden. Außerdem waren die Berechnungen bei Suworin immer sehr kompliziert und verworren.

Im Januar erhielt ich von Anton einen Brief, in dem er mir schrieb:

Wenn du dich bereit erklärst, meine Buchangelegenheiten zu übernehmen, dann zahle ich dir vierzig Rubel im Monat – das wird für mich von Vorteil sein, denn ansonsten haben wir jetzt riesige Verluste. Das nur nebenbei. Lebe, wie du willst, das ist das Beste, was du dir ausdenken kannst.

Bei dieser Gelegenheit zu den Büchern. Suworin druckt bereits die vollständige Werkausgabe; ich lese die erste Korrektur und schimpfe, weil ich ahne, dass diese Ausgabe nicht vor 1948 vollständig beendet sein wird. Die Verhandlungen mit Marx haben, glaube ich, bereits begonnen.

Ich antwortete.

Ich wäre unendlich froh, wenn ich dir bei deinen Buchangelegenheiten helfen könnte, das wäre für mich überhaupt nicht schwer. Sofja Andrejewna Tolstaja ist ja auch kein Genie …

Damit spielte ich darauf an, dass Tolstois Frau Sofja Andrejewna selbständig, ohne Verleger, die Bücher ihres Mannes herausgab und auch die Abrechungen machte.

Einmal war ich zu Besuch bei Nemirowitsch-Dantschenko. Dort saß auch der Schriftsteller Peter Sergejenko. In einem passenden Augenblick nahm er mich wie ein Heimlichtuer zur Seite und sagte: «Maria Pawlowna, ich möchte Ihrem Bruder helfen, alle seine Werke an Marx zu verkaufen. Ich kann die Verhandlungen mit dem Verleger übernehmen. Ich habe Anton bereits deswegen geschrieben, schreiben auch Sie ihm.»

«Glauben Sie, das ist besser für meinen Bruder?»

«Ja. Anton muss von Marx hunderttausend für alle seine Werke verlangen.»

Diese Summe frappierte mich – hunderttausend! Doch ich hielt es für unangebracht, mich in die Angelegenheit meines Bruders einzumischen, und schrieb ihm nichts davon. Als mein Bruder mir dann erzählte, dass die Verhandlungen mit Marx bereits begonnen hätten, schrieb ich ihm von meinem Gespräch mit Sergejenko und fügte hinzu:

Hunderttausend hin, hunderttausend her, du darfst deine Sachen nicht unter ihrem Wert verkaufen ... Das ist meine Bitte: Überlasse Marx deine Werke nicht zu billig. Du bist jetzt sehr populär, direkt eine Berühmtheit, überall wird nur von dir gesprochen. Jetzt brauchst du Jushin nicht mehr zu beneiden! Natürlich wäre es viel besser, sie überhaupt nicht zu verkaufen. Aber das ist deine Sache, du weißt das besser.

Mein Bruder antwortete mir:

Du schreibst: «Verkaufe nicht an Marx», aber aus Petersburg kommt ein Telegramm: «Der Vertrag ist vom Notar unterschrieben.» Der Verkauf, den ich vornehme, kann sich als unvorteilhaft erweisen, auch für die Zukunft, aber er hat seine guten Seiten, weil er mir den Rücken freihält und ich bis zum Ende meiner Tage nichts mehr mit Verlegern und Druckereien zu tun haben werde. Außerdem ist Marx ein hervorragender Verleger. Das wird eine solide Ausgabe sein, keine miserable. Sie zahlen mir fünfundsiebzigtausend in drei Raten; aber das ist dir, wie die übri-

gen Bedingungen, ja bekannt. Das heißt, du brauchst dich nicht mehr um meine Sachen zu kümmern und musst nicht Sofja Andrejewna in Miniatur sein.

In einem anderen Brief teilte mir Anton seine Überlegungen zu der positiven Seite des Vertrags mit:

1. Meine Werke werden mustergültig herausgegeben. 2. Ich brauche nicht mit Druckereien und Buchläden zu verkehren, man wird mich nicht übers Ohr hauen, und ich bin nicht auf Gefälligkeiten angewiesen. 3. Ich kann in aller Ruhe arbeiten, ohne Angst vor der Zukunft. 4. Das Einkommen ist nicht hoch, fließt dafür regelmäßig.

Für die Sachen, die Anton in Zukunft schreiben würde, sollte Marx ihn folgendermaßen vergüten: in den ersten fünf Jahren nach Unterzeichnung des Vertrages zweihundertfünfzig Rubel pro Druckbogen, in den folgenden fünf Jahren vierhundertfünfzig Rubel und so weiter, das heißt, alle fünf Jahre sollte es eine Steigerung um zweihundert Rubel pro Bogen geben. In diesem Punkt kam es während der Verhandlungen mit Marx zu einem kuriosen Zwischenfall. Als Sergejenko Tschechow den Entwurf des Vertrags zur Unterzeichnung zuschickte, setzte mein Bruder unter seine Zustimmung einen lustigen Satz, in dem er versicherte, nicht älter als achtzig Jahre zu werden. Der Verleger nahm das ernst, und es erschreckte ihn als Geschäftsmann dermaßen, dass er fast vom Vertrag zurückgetreten wäre! Suworin telegraphierte an Tschechow:

Marx war sehr erschrocken über Ihre Drohung, achtzig Jahre alt zu werden, dann wird der Preis Ihrer Werke ins Unermessliche gewachsen sein. Das Sujet für eine komische Erzählung.

Sergejenko schrieb ebenfalls an Anton:

Deinen Satz, dass du versprichst, nicht älter als achtzig zu werden, hat Marx für bare Münze genommen, das hätte den Handel fast platzen lassen.

Der Vertrag wurde am 26. Januar 1899 abgeschlossen. Es unterschrieb «mit Vollmacht des Arztes Anton Pawlowitsch Tschechow der slawoserbische Kleinbürger Peter Alexejewitsch Sergejenko».

Erst danach stellte sich heraus, dass der Vertrag für den Verleger sehr vorteilhaft war, für den Schriftsteller hingegen nur Nachteile brachte. In Literaturkreisen wurde er geradezu als eine Versklavung Tschechows angesehen. Ich erinnere mich, wie Maxim Gorki einmal in meinem Zimmer im Jaltaer Haus wie ein Tiger von einer Ecke in die andere schritt und mich davon zu überzeugen suchte, dass Tschechow diesen gängelnden Vertrag unbedingt wieder lösen müsse.

1904 wollte eine Gruppe von Schriftstellern, Schauspielern und Prominenten sich mit der Bitte an Marx wenden, den Vertrag aufzuheben. Ein Brief wurde entworfen, und man begann bereits, Unterschriften zu sammeln. Aber als Tschechow davon erfuhr, widersetzte er sich kategorisch und bat, auf diesen Brief zu verzichten. So blieb der Vertrag bis zu Tschechows Tod gültig.

Mit dem Geld, das Anton nach Unterschrift bekam, konnte er seine Schulden bezahlen und die Datscha in Jalta zu Ende bauen.

* * *

Im April 1899 kam Anton mit dem Frühling nach Moskau und lebte in meiner Wohnung in der Malaja Dmitrowka, Ecke Uspenski-Gasse. Doch bereits einige Tage später zogen wir in eine neue, bequemere Wohnung, ebenfalls in der Malaja Dmitrowka.

Mit Antons Ankunft wurde es bei uns wieder sehr lebhaft. Es gab buchstäblich keinen Tag, an dem nicht jemand von den alten Bekannten, Freunden, Schriftstellern und Schauspielern zu Besuch kam. Sie alle wollten Tschechow nach der langen Trennung sehen, sich nach seiner Gesundheit erkundigen und über Neuigkeiten in Literatur und Theater sprechen. Ende April hatte ich in dieser Wohnung eine bedeutsame Begegnung.

Bei Anton saßen mehrere Bekannte, darunter die Schauspieler Wischnewski und Sumbatow-Jushin, als es klingelte. Ich öffnete. Und vor der Tür stand ein kleines, altes Männlein in einem leichten Mantel. Ich war wie versteinert – es war Lew Tolstoi. Ich erkannte ihn gleich, auf dem Porträt von Repin war er mir allerdings viel gewaltiger und größer vorgekommen.

«Ach, Lew Nikolajewitsch ... Sie?!», empfing ich ihn verlegen.

Er antwortete liebevoll: «Und Sie sind Tschechows Schwester, Maria Pawlowna?»

Er trat in den Vorplatz. Ich wollte ihm den Mantel abnehmen, aber Tolstoi schob meine Hand beiseite.

«Nein, nein, das mach ich selbst.»

Ich führte ihn zu meinem Bruder ins Arbeitszimmer. An der Schwelle konnte ich mich nicht zurückhalten und sagte: «Antoscha, weißt du, wer zu uns gekommen ist?!»

Im Arbeitszimmer herrschte Stimmengewirr. Wischnewski hatte die Angewohnheit, laut zu reden, ja fast zu schreien. Mein Bruder war wegen der Umstände, unter denen er Tolstoi empfing, sehr verlegen. Es gelang den beiden auch nicht, richtig miteinander zu sprechen. Tolstoi blieb nur kurz.

Am nächsten Tag kam Tolstois Tochter, Tatjana Lwowna, zu uns. Ich war gerade nicht zu Hause. Tatjana übermittelte mir über meinen Bruder eine Einladung, zu ihnen zu kommen. Wie das alles vor sich ging und wie ich auf die Einladung reagierte, erzählt Anton in einem Brief an den Journalisten Michail Menschikow:

Tolstoi war bei mir, aber ich konnte nicht mit ihm reden, da allerhand Leute bei mir saßen, darunter zwei Schauspieler, die fest davon überzeugt sind, dass es nichts Höheres auf der Welt gibt als das Theater. Am nächsten Tag war ich bei Lew Nikolajewitsch und habe dort zu Mittag gegessen. Vor dem Mittagessen war Tatjana Lwowna hier bei mir, hat aber meine Schwester nicht zu Hause angetroffen. Sie sagte mir:

«Michail Ossipowitsch hat mir geschrieben, dass ich unbedingt Ihre Schwester kennen lernen muss. Er sagt, wir können viel voneinander lernen.»

Als ich vom Mittagessen nach Hause kam, habe ich diese Worte meiner Schwester übermittelt. Sie war entsetzt und wehrte mit den Händen ab: «Nein, ich fahre auf keinen Fall! Auf keinen Fall!»

Dass Tatjana Lwowna etwas von ihr lernen könnte, hat sie so erschreckt, dass ich sie bis jetzt nicht überreden konnte, zu Tatjana Lwowna zu fahren – und das ist mir unangenehm. Wie zum Trotz ist meine Schwester nicht in der richtigen Stimmung, sie ist schwermütig, erschöpft, und überhaupt ist unsere Laune nicht besonders.

Einige Tage später fuhr ich auf Antons Drängen dann doch zu den Tolstois nach Chamowniki. Ich kam an, als die gesamte Familie gerade zu Mittag aß. Da ich sie nicht stören wollte, ging ich nicht ins Haus, sondern wartete im Hof. Ich erinnere mich, wie die ganze Zeit Leute mit Bücherpaketen an mir vorbeigingen. Dann kam schließlich Tatjana Lwowna heraus und forderte mich auf, mit ihr in den Garten zu gehen. Im Garten gab es einen künstlich angelegten Hügel mit Bänken, so wie früher in alten Gärten. Dort traf ich auf Lew Nikolajewitsch. Lew Nikolajewitsch war genauso freundlich wie an dem Tag, als er bei uns war. Bald darauf kam Sofja Andrejewna mit einer großen Gartenschere heraus.

Einer der Gäste, der offenbar ein zuvor begonnenes Gespräch fortsetzen wollte, sagte, er finde es merkwürdig, dass ein Husar Mönch wird. Da erzählte ich von unserem Bekannten, dem Studenten Stepan Petrow, dem fröhlichen jungen Mann, der immer zu unseren Abenden gekommen war und getanzt hatte und nach der Universität ins Kloster ging, den Namen Vater Sergi annahm und jetzt Bischof ist. Ich weiß noch, wie Lew Nikolajewitsch amüsiert auf der Bank hin und her rutschte und Details wissen wollte.

Als ich aufbrechen wollte, bot mir Tatjana Lwowna an, mich

bis zur Kutschhaltestelle zu bringen, aber Lew Nikolajewitsch sagte: «Nein, ich begleite Maria Pawlowna.»

Wir gingen die Chamowniki-Gasse entlang, und Tolstoi fragte mich immer weiter über Petrow aus. Als wir an der Haltestelle angekommen waren, half mir Lew Nikolajewitsch in die Equipage, und wir verabschiedeten uns.

Später, als ich von Tolstois Novelle «Vater Sergi» erfuhr und mich an seine Fragen erinnerte, dachte ich im ersten Moment, dass es einen Zusammenhang gäbe zu dem, was ich ihm damals erzählt hatte. Als ich aber die Novelle las und hörte, dass sie 1890–1895 geschrieben worden war, begriff ich, dass es keinerlei Verbindung gab, sondern lediglich eine interessante Übereinstimmung der Namen und Ereignisse und dass Tolstoi mir vielleicht aus diesem Grund so interessiert zugehört hatte.

Ich bin Lew Tolstoi nie wieder begegnet.

* * *

Im Mai zogen wir nach Melichowo. Unser letzter Sommer auf dem Land begann. Ohne Vater war das Leben nicht mehr so wie früher. Alles hatte seinen Glanz verloren. Anton bekam wieder Zweifel über unser zukünftiges Leben. In einem Brief nach Taganrog schrieb er:

Ich weiß nicht, was ich mit mir machen soll. Ich baue eine Datscha in Jalta, als ich aber nach Moskau kam, gefiel es mir dort plötzlich, trotz des Gestanks, und ich mietete für ein ganzes Jahr eine Wohnung, jetzt bin ich auf dem Land, die Wohnung ist verschlossen, die Datscha wird ohne mich gebaut – ein einziger Wirrwarr …

Tatsächlich sollte die Datscha in Jalta bis zum Herbst fertig sein, in Moskau hatten wir für ein Jahr eine geräumige bequeme Wohnung gemietet und besaßen in Melichowo das Haus, das Gut, die Landwirtschaft. Wir konnten nicht alles gleichzeitig nutzen, wie auch. Nach langem Überlegen beschlossen wir, uns endgültig von Melichowo zu trennen und das Gut zu verkaufen.

Wir setzten eine Annonce in die Zeitung und hängten eine weitere in das Kommissionsbüro von Winogradow. Und die Käufer kamen. Die Verhandlungen mit ihnen zu führen, übertrug Anton mir. Schweren Herzens führte ich sie über unser Gut, zeigte ihnen das Haus, die Diensträume, den Garten, die Felder, den Wald ... Obwohl wir den Verkauf fest beschlossen hatten, glaubten wir noch nicht daran, dass wir uns von alldem trennen mussten, was wir liebten und was uns so nah war. Unter den Interessenten gab es auch solche, die nur am Wald interessiert waren, um ihn zu fällen und zu verkaufen. Einer schimpfte nach der Besichtigung, dass man ihn im Kommissionsbüro mit dem Alter des Waldes betrogen habe. Verärgert schrieb ich meinem Bruder:

Der Käufer trägt einen langen Tuchrock und beschäftigt sich mit der Vernichtung von Wäldern. Der würde auch unsere Lindenallee abhacken!

Das Gut wurde schließlich vom Holzfabrikanten Konschin auf Raten gekauft. Nachdem Konschin drei Jahre dort gewohnt hatte, konnte er uns nicht die volle Summe bezahlen, und wir verkauften Melichowo ein zweites Mal an Baron Stewart, der es dann bis zur Revolution besaß.

Den ganzen Sommer über waren Anton und ich mit Packen beschäftigt. Seine riesige Bibliothek, die im Arbeitszimmer eine ganze Wand einnahm, schenkte Anton unserer Heimatstadt Taganrog. Für Jalta packten wir nur einige Klassiker ein, die Anton besonders liebte (Puschkin, Gogol, Tolstoi, Nekrassow), und fast alle medizinischen Bücher.

Im Juni reiste Anton für einige Tage nach Petersburg – wegen Angelegenheiten, die mit der Herausgabe der gesammelten Werke durch Marx verbunden waren – und Ende August nach Jalta. Das Haus dort war noch nicht ganz fertig, und mein Bruder zog vorübergehend in den Flügel, der bereits stand. Dort waren die

Küche und zwei Zimmer untergebracht, die für den Hausmeister, die Köchin und das Zimmermädchen vorgesehen waren.

Zwei Wochen später fuhr ich ebenfalls auf die Krim, nachdem ich in Melichowo zum letzten Mal über unser Gut, durch den Wald, über die Felder, durch den Garten und das Haus gegangen war, mit dem so viele Erinnerungen verbunden waren, und mich von allen verabschiedet hatte. Am Tag der Abreise sah ich Melichowo zum letzten Mal.

Nach Jalta reiste ich mit Mutter und unserer alten Köchin Marjuschka, die bei uns ihren Lebensabend verbrachte. Am 9. September 1899 bezogen wir unser neues Haus in Jalta.

Das Haus gefiel mir und kam mir geräumig vor, obwohl die einzelnen Zimmer nicht sehr groß waren. Es überraschte mich, dass im Sockelgeschoss genauso viele Zimmer waren wie im ersten Stock, und zwar in der gleichen Anordnung. Der Architekt hatte statt des Halbkellers eine vollwertige Etage geschaffen, die nur mit einer Seite, der nördlichen, als Halbkeller gelten konnte. Mein Zimmer im Giebel war groß, hatte einen wunderbaren Balkon, der nach Süden zum Garten hinausging, eines der schönsten Zimmer im Haus. Der Blick von der Terrasse auf Jalta und die Berge war wundervoll. An der Nordseite war ein großes quadratisches Fenster eingebaut worden, denn dieses Zimmer sollte mir gleichzeitig als Atelier dienen.

Kurz, alles in diesem Haus war so gebaut, wie es der Hausherr angeordnet hatte. Im Arbeitszimmer meines Bruders stand ein traditioneller Kamin. Das große venezianische Fenster ging nach Süden hinaus zum Garten. In das Oberlicht war auf Antons Wunsch buntes Glas eingesetzt worden: rot, blau, gelb und grün. An Sonnentagen, besonders im Winter, wenn die Sonne niedrig stand, war das Arbeitszimmer von weichen, festlichen, bunten Farben durchflutet. Daneben lag das kleine Schlafzimmer meines Bruders. Eine fein geschnitzte Tür führte direkt hinüber. Das Esszimmer diente gleichzeitig als Wohnzimmer. Doch eigentlich empfing Anton die Gäste meist im Arbeitszimmer. Auf der selben Etage lag auch Mutters helles, bequemes Zimmerchen.

Im Sockelgeschoss gab es ein zusätzliches Esszimmer, wo wir manchmal im Sommer, wenn es sehr heiß war, zu Mittag aßen. Die übrigen Zimmer waren für die Unterbringung von Verwandten und Freunden, die uns besuchten, vorgesehen. Und obwohl wir nicht so häufig Gäste hatten wie in Melichowo, beherbergten diese Zimmer doch viele Menschen, die uns nahe standen und von denen ich noch erzählen will.

* * *

Nach der Planierung des Hangs und dem Bau des Hauses sah unser Grundstück nicht mehr so trist aus wie ein Jahr zuvor, als ich meinen Bruder zum ersten Mal in Jalta besucht hatte. Um das Haus herum war ein Garten angelegt worden, es gab bereits Kieswege, Bänke waren aufgestellt worden. Die Bäume, die Anton gepflanzt hatte, waren angewachsen, und er pflanzte immer neue und neue. Wie in Melichowo arbeitete er stundenlang schweigend im Garten, schaufelte Erde, pflanzte Bäume, Sträucher, Blumen, beschnitt und goss die Pflanzen. Ihm machte es großen Spaß, etwas aufzuziehen und dann das Resultat seiner Arbeit zu beobachten. Doch das Gießen des Gartens war anstrengend, denn anfangs gab es auf unserem Grundstück noch keine Wasserleitung. Mit Eimern hinunter zum Flüsschen zu gehen und das Wasser den Berg hinaufzutragen war mühsam, und der Garten brauchte viel Wasser. Deshalb gingen wir sehr sorgsam damit um, sammelten den Regen in speziellen Bottichen und nutzten sogar unser Waschwasser zum Gießen.

Anton hatte eine nahezu wissenschaftliche Beziehung zum Garten. Er knüpfte Kontakte zu vielen Gärtnereien. Von überall her bekam er Kataloge, Prospekte, Samen, Setzlinge … Die russischen und lateinischen Bezeichnungen der Pflanzen, die er im

Garten pflanzte, schrieb er in ein besonderes Heftchen, und an den Setzlingen befestigte er Zinkplättchen als Namensschildchen.

Mein Bruder liebte Rosen. Was er nicht alles für Sorten gepflanzt hat! Ungefähr hundert verschiedene. Zum Glück hatten wir hier mit ihnen nicht so viel Arbeit wie in Melichowo, man musste sie im Winter nicht einwickeln. Aus Melichowo hatten wir Stauden von mehrjährigen roten Pfingstrosen mitgebracht. Sie wuchsen in Jalta gut an und blühten wundervoll, während mein Bruder dort lebte, sie blühen heute noch.

Viele seiner Gedanken über die Natur, das Klima, über Gärten und Wälder legte Tschechow seinen literarischen Figuren in den Mund. Diese Liebe zu jedem Blümchen, Sträuchlein und Bäumchen übertrug sich auch auf mich. Als drei Jahre nach unserem Einzug der Wind eine Birke in unserem Garten umknickte, war ich sehr verstimmt und weinte.

Anderthalb Monate blieb ich in Jalta, bis das neue Leben der Familie wieder in normalen Gleisen verlief, dann fuhr ich zurück nach Moskau, um meinen Unterricht wieder aufzunehmen. In den Weihnachts- und Osterferien kam ich nach Hause, nach Jalta. Ich bemühte mich, meinen Stundenplan so einzuteilen, dass ich die Ferien noch eine bis anderthalb Wochen verlängern konnte. Die Sommerferien verbrachte ich natürlich ganz mit der Familie.

20 *Das Künstlertheater*

Mein Bekanntwerden mit der Truppe des Künstlertheaters kam über den Schauspieler Alexander Wischnewski zustande. Er stammte ebenfalls aus Taganrog und war dort zur selben Zeit ins Gymnasium gegangen wie Anton, allerdings in eine andere Klasse, denn er war drei Jahre jünger als mein Bruder. Ich hatte Wischnewski zuvor nicht gekannt und sah ihn zum ersten Mal in der «Möwe», wo er die Rolle des Dorn großartig spielte. Ich erinnere mich bis heute, wie erstaunlich einfach, aber stark er den vierten Akt der «Möwe» mit der Mitteilung beendete, dass Treplew Selbstmord begangen habe. Anfang Januar 1899 lernte ich Wischnewski dann persönlich kennen, und als alter Taganroger kam er uns häufig besuchen.

Als ich mir «Die Möwe» im Künstlertheater zum dritten Mal ansah, führte mich Wischnewski hinter die Kulissen auf die Bühne und stellte mich allen Schauspielern des Stücks vor. Tschechow kannten zu diesem Zeitpunkt bereits alle persönlich und verehrten ihn heiß. Und als Wischnewski mich der Truppe als Tschechows Schwester vorstellte, überschütteten sie mich mit Ehrfurchtsbekundungen für Anton. Die Schauspieler umarmten mich und waren überhaupt sehr herzlich.

Damals lernte ich auch Olga Knipper kennen, die mich mit ihrer Kunst und ihrem Charme bezauberte. Olga war sensibel und lebhaft; als wie uns das erste Mal gegenüberstanden, machte sie vor Freude einen Luftsprung. Tschechow hatte sie, wie alle anderen Schauspieler, erlebt, als er im Herbst 1898 das Theater besuchte. Nach meinem ersten Zusammentreffen mit Olga Knipper schrieb ich im Spaß nach Jalta:

Ich rate dir, der Knipper den Hof zu machen. Meiner Meinung nach ist sie sehr interessant.

Diese erste Begegnung war der Anfang unserer Freundschaft, die mehr als ein halbes Jahrhundert hielt.

Damals lernte ich auch die Stanislawskis kennen – Konstantin Sergejewitsch und Maria Petrowna. Die zärtliche Freundschaft zu diesen wundervollen Menschen währte bis zu deren Tod. Der andere große Regisseur, Nemirowitsch-Dantschenko, und ich gingen miteinander bereits wie alte Bekannte um. Als ich mich begeistert über die Inszenierung und die Schauspieler äußerte, sagte er: «Sie könnten noch besser spielen.»

Diese Gründer und Regisseure des Künstlertheaters – Stanislawski und Nemirowitsch-Dantschenko – stellten in ihrer ständigen Unzufriedenheit mit dem Erreichten, in ihren künstlerischen Zielen, in ihrem unaufhörlichen Streben nach einer besseren Theaterkunst etwas ganz Besonderes dar. Die hohen Ansprüche an das eigene Schaffen übertrugen sie auf die Schauspieler, und darin lag die große schöpferische Kraft der Truppe.

Ich war nun mit allen befreundet und ging oft ins Theater, obwohl ich mich genierte, um eine Karte zu bitten; denn der Andrang war immens. Nemirowitsch-Dantschenko beharrte darauf, dass ich mich wegen Karten an ihn wendete, aber ich nahm mir oft einen «Hasenplatz» irgendwo im Orchester oder an einer anderen Stelle. Die Schauspieler besuchten mich in meiner Moskauer Wohnung.

Allmählich wurde ich zu einer Art Tschechow-Repräsentantin im Künstlertheater. Über mich erfuhren sie, wie es um seine Gesundheit bestellt war, übermittelten Grüße, manchmal sogar Bitten.

Einmal war ich nach einem Theaterbesuch zusammen mit den Schauspielern im Restaurant «Eremitage». So habe ich meinem Bruder unseren Restaurantbesuch beschrieben:

Es war sehr angenehm. Im selben Saal wurde das Jubiläum der

«Russkaja Mysl» gefeiert, bei dem die Mücken vor Trostlosigkeit und an den langweiligen Reden verreckten.

Die Direktoren und Schauspieler des Künstlertheaters sind da ganz anders. Reden zum Beispiel – Nemirowitsch steht auf und sagt: «Meine Herrschaften, wollen Sie, dass meine Rede von Erfolg gekrönt ist?», und weiter: «Auf die Gesundheit von Tschechow!»

Es wurde gelärmt, geschrien, herumgesprungen. Nemirowitsch kommandierte wie im Kaukasus: «Ein Toast auf Maria Pawlowna», und alle kamen zu mir gerannt, um mit mir anzustoßen. Wir umarmten uns, küssten uns, redeten lauter wirres Zeug, klatschten in die Hände.

Nemirowitsch, der von meiner innigen Beziehung zu Tschechow wusste, ließ mich manchmal vermitteln, wenn er Tschechow von etwas überzeugen wollte. Ich erinnere mich, wie er einmal im Frühjahr 1899 zu mir kam und davon sprach, dass Tschechow das Theater sehr betrübe, weil er ihm nicht erlaube, «Onkel Wanja» zu inszenieren. Es war so, dass Tschechow noch vor der Inszenierung der «Möwe» im Künstlertheater «Onkel Wanja» dem Maly-Theater versprochen hatte. Im Februar 1899 hatte er dem Regisseur Kondratjew noch einmal bestätigt, dass das Stück zu seiner Verfügung stehe. Tschechow war ein feinfühliger Mensch, es wäre ihm peinlich gewesen, es nun dem Maly-Theater wegzunehmen und dem Künstlertheater zu geben. Auf die briefliche Bitte von Nemirowitsch antwortete Tschechow: «Das sähe so aus, als ob ich das Maly-Theater übergehe», und versprach, für das Künstlertheater ein neues Stück zu schreiben. Aber die Truppe wollte nicht auf ein neues Stück von Tschechow warten, wenn es bereits ein fertiges gab, das Nemirowitsch zudem sehr gefiel.

Nemirowitsch brachte in Erfahrung, dass das Theater-Literaturkomitee, das die auf den Bühnen der staatlichen Theater geplanten Stücke genehmigen musste, «Onkel Wanja» nur zustimmen wolle, wenn der Autor den dritten Akt umschriebe. Danach solle der Autor das Stück dem Komitee nochmals vorlegen. Mit dieser Information wollte mich Nemirowitsch überreden, einen Brief an Tschechow zu schreiben: «Schreiben Sie, dass Anton Pawlowitsch einer Veränderung des Stückes auf keinen Fall zustimmen soll. Er soll es sich zurückgeben lassen und besser uns geben. Wir bringen es ohne irgendwelche Veränderungen auf die Bühne. Helfen Sie uns, ‹Onkel Wanja› zu bekommen!»

«Aber Sie können doch selbst einen Brief schreiben. Sie sind doch mit Anton befreundet, er verehrt Sie sehr. Warum muss ausgerechnet ich schreiben?»

«Schreiben Sie, meine Liebe. Ich bitte Sie darum. Mir scheint, das wird mehr Erfolg haben», fuhr er fort, mich zu beknien.

Ich zuckte mit den Schultern und erklärte mich bereit, noch am selben Tag meinem Bruder zu schreiben. Hier ist der Brief vom 25. März 1899:

Eben war Wladimir Iwanowitsch Nemirowitsch-Dantschenko bei mir. Obwohl er Mitglied des Theaterkomitees ist, war er schon lange nicht mehr dort. Doch nun hat er von Weselowski und Iwanow gehört, dass «Onkel Wanja» für eine Inszenierung im Maly-Theater unter der Voraussetzung in Frage kommt, dass du einige Stellen im Stück änderst und es dann dem Komitee nochmals vorlegst. Da das Künstlertheater traurig ist, wenn das Stück ins Maly-Theater kommt, hat Nemirowitsch Folgendes beschlossen: Du sollst das Stück nicht abändern, er bringt es in seinem Theater ohne Veränderungen auf die Bühne, da er es großartig findet. Stanislawski gefällt es besser als «Die Möwe».

Das Protokoll wegen der Änderungen an «Onkel Wanja» bekommst du nicht so bald, deshalb bittet dich Wladimir Iwanowitsch, per Telegramm beim Komitee anzufragen, ob das Stück angenommen wurde und wie. Und wenn du einverstanden bist, es dem Künstlertheater zu geben, dann telegraphiere so schnell wie möglich an Wl. Iwanowitsch, denn das Repertoire und die Verteilung der Rollen müssen noch im Frühjahr beschlossen sein.

Wie enttäuscht die Schauspieler des Künstlertheaters sind, dass das

Stück nicht bei ihnen gespielt werden soll, habe ich selbst gesehen, als ich zu einem Abend bei der Fedotowa war.

Nemirowitsch hat mich sehr gebeten, dir gleich zu schreiben, denn aus irgendeinem Grund glaubt er, das hätte mehr Erfolg. Antworte ihm bitte. Er ist sehr aufgeregt.

Zunächst antwortete Anton mir, dass er an das Komitee weder schreiben noch telegraphieren werde. Als er aber Mitte April nach Moskau kam und sich selbst von der Richtigkeit dessen überzeugte, was mir Nemirowitsch damals gesagt hatte, zog er das Stück aus dem Maly-Theater zurück und gab es dem Künstlertheater. Die Schauspieler waren unendlich froh, bereiteten «Onkel Wanja» mit großem Elan vor und spielten ihn zum ersten Mal am 26. Oktober 1899, als Anton bereits wieder in Jalta war.

Ich ging nicht zur Uraufführung, sondern erfuhr im Zug von Jalta nach Moskau aus der Zeitung vom Erfolg des Stückes. Anton war diesmal wesentlich weniger aufgeregt als ein Jahr zuvor bei der «Möwe». Außerdem wusste er nicht den genauen Tag der Premiere. Davon schrieb er selbst humorvoll an Olga Knipper:

Sie fragen, ob ich aufgeregt sein werde. Aber dass «Onkel Wanja» am Sechsundzwanzigsten läuft, habe ich erst aus Ihrem Brief erfahren, den ich am Siebenundzwanzigsten bekam. Die Telegramme kamen am Siebenundzwanzigsten abends, als ich schon im Bett lag. Sie werden mir immer am Telefon durchgegeben. Ich bin jedes Mal aufgewacht und im Dunkeln barfuß zum Telefon gerannt, mir war sehr kalt; kaum war ich wieder am Einschlafen, klingelte es wieder und so weiter und so fort. Das erste Mal, dass mich mein eigener Ruhm nicht schlafen ließ. Als ich am nächsten Tag schlafen ging, legte ich meine Schuhe und meinen Morgenmantel neben das Bett, aber es kamen keine Telegramme mehr.

In Moskau traf ich mich mit Olga Knipper und Wischnewski. Als sie mir von der Premiere erzählten, waren beide sehr aufgeregt. Ihren Worten zufolge war die erste Vorstellung schlechter als die Generalprobe gelaufen. Sie erklärten es damit, dass alle

Schauspieler am Tag der Uraufführung schrecklich aufgeregt gewesen wären und Angst gehabt hätten wie nie zuvor.

Ich sah mir die zweite Vorstellung von «Onkel Wanja» an. Das Stück machte auf mich einen außerordentlichen Eindruck. Eine so unvergleichliche Schauspielkunst hatte ich noch nirgendwo gesehen. Woinizki wurde von Wischnewski gespielt, Jelena Andrejewna von Olga Knipper, Sonja von Stanislawskis Frau Lilina, Waflja von dem wundervollen Artjom (Artemjew), Astrow von Stanislawski. Er war einfach großartig, ein besserer Astrow ist nicht vorstellbar.

Am Tag danach schrieb ich meinem Bruder:

Sie haben so wundervoll gespielt, dass ich ganz deine Sympathie für Katetschka Nemirowitsch (Nemirowitsch-Dantschenkos Frau) teile, die sich mit folgenden Worten an die Schauspieler wandte: «Ihr habt heute gespielt wie kleine Götter.» Im ersten und zweiten Akt war ich sehr ergriffen und habe vor Freude geweint.

Ich wurde auf die Bühne geholt. Der strahlende Nemirowitsch empfing mich, und dann kamen auch die anderen aus ihren Höhlen, den Garderoben, gekrochen, und es ging mit herzlichsten Begrüßungen los. Ich musste natürlich meiner Freude über ihre großartige Kunst Luft machen, vor allem über die Leitung von Alexejew (Stanislawski)*, er ist der Beste.*

Der dritte Akt gefiel mir weniger, obwohl er allen zusagt – zu viel Hast. Ich schaue es mir noch einmal an. Der vierte hinterlässt wieder einen starken Eindruck. Ein riesiger Erfolg. Für die dritte Vorstellung, das heißt für die heutige, gibt es keine einzige Karte mehr. Überall wird nur von deinem Stück gesprochen. Du musst unbedingt noch eins schreiben.

Nicht besonders gut ist meiner Meinung nach Lushski. Er ist unsympathisch, spielt einen widerlichen Professor. Die Mehrheit findet ihn gut. Alle lassen dich grüßen und sagen, wenn du da gewesen wärst, hätten sie sich nicht so gefürchtet.

Je öfter ich mir das Stück im Künstlertheater ansah, desto besser gefiel es mir. Mit jedem Mal spielten die Schauspieler meisterhafter. Ich schrieb meinem Bruder, es sei bedauerlich, dass das Stück nur vier Akte habe, man könne sich mit dem größten Vergnügen auch zehn ansehen.

Im letzten Akt, als alle wegfahren und im Zimmer nur Wanja und Sonja zurückbleiben, hört man ein Heimchen, von dem einem trostlos zumute wird, schwermütig … Und hier ein Detail, allerdings ein recht kurioses, das davon zeugt, mit welcher Sorgfalt sich das Künstlertheater auf die Inszenierung vorbereitete (ich erzählte davon natürlich auch Anton): Um das Zirpen der Grille zu lernen, sei Wischnewski einen ganzen Monat lang jeden Tag in die Banja gegangen! Und tatsächlich zirpte die Grille in «Onkel Wanja» wie eine echte.

Das Stück war der große Erfolg der Theatersaison. Die Vorstellungen waren fast immer ausverkauft, und viele meiner Bekannten beknieten mich, ihnen durch meine «Beziehungen» beim Besorgen von Karten behilflich zu sein.

Ende November kam überraschend der Moskauer Generalgouverneur, Großfürst Sergej Romanow, mit seiner Ehefrau in die Vorstellung. In jenen Zeiten bedeutete das, dass dem Theater die «Ehre erwiesen» wurde, und Stanislawski schickte nach mir, ich solle schnell ins Theater kommen und mich «Seiner Hoheit» vorstellen. Das amüsierte mich: Warum sollte ich mich der «Hoheit» vorstellen?! Nur weil ich die Schwester des Autors war? Ich ging natürlich nicht ins Theater, sondern zur Namenstagfeier von Katja Schenberg, der Schwester des Regisseurs Schenberg-Sanin vom Künstlertheater (dem zukünftigen Mann von Lika Misinowa).

Zwei Monate später, am 24. Januar 1900, trug sich im Künstlertheater eine wirklich bedeutende Szene zu – Lew Tolstoi sah sich «Onkel Wanja» an. Tolstoi war damals ungeheuer beliebt, doch er ging selten ins Theater, und sein Erscheinen verursachte einen großen Tumult. Alle waren schrecklich aufgeregt, geradezu «kopflos», wie ich meinem Bruder schrieb.

Tolstoi wurde in der Gouverneursloge platziert, die es in jedem Theater gab. Alexander Schenberg-Sanin kam an diesem Abend zweimal zu mir nach Hause gerannt, um mir von Tolstois Theaterbesuch zu berichten. Nemirowitsch war ebenfalls ganz aufgeregt, und Wischnewski verbeugte sich beim Applaus die ganze Zeit nur in Richtung Gouverneursloge, wie mir erzählt wurde.

«Onkel Wanja» hat Tolstoi allerdings nicht gefallen. Bekanntlich schätzte er Tschechows Werke sehr, doch seine Stücke lehnte er ab.

Da ich sah, welchen Erfolg «Die Möwe» und «Onkel Wanja» hatten, bedrängte ich meinen Bruder, noch ein weiteres Stück zu schreiben. Das Gleiche taten auch die Leiter des Künstlertheaters und alle Schauspieler. Das Repertoire des Theaters war ohne Tschechow-Stücke nicht mehr denkbar. Anton antwortete, dass er «das Künstlertheater ja gar nicht richtig kenne!». Und in der Tat konnte er sich im Winter nie in Moskau aufhalten, und wenn er im Sommer kam, war die Theatersaison bereits vorüber. Deshalb hatte er weder «Die Möwe» noch «Onkel Wanja» in der endgültigen Bühnenfassung gesehen. Zwar wurde im Frühjahr 1899 im leeren Theatersaal, ohne Bühnenbild, extra für ihn «Die Möwe» gespielt, doch konnte das keinen Gesamteindruck vermitteln.

In seinen Briefen an die Leitung des Künstlertheaters bat Anton, sie sollten doch im Frühjahr oder Sommer eine Gastspielreise organisieren und auf die Krim kommen. Er drohte sogar im Spaß, dass er, solange er keine Vorstellung des Künstlertheaters gesehen habe, kein weiteres Stück schreiben werde.

Und so reifte in der Truppe allmählich der Entschluss, im Frühjahr zum Gastspiel nach Jalta zu fahren. Schließlich fiel die Entscheidung, dass das Theater im April mit vier Stücken auf die Krim fahren würde: «Die Möwe», «Onkel Wanja», «Einsame Menschen» von Hauptmann und «Hedda Gabler» von Ibsen.

Anfang April fuhr ich in den Osterferien nach Jalta. Das Gastspiel des Theaters sollte in der Osterwoche beginnen, zuerst in Sewastopol und dann in Jalta. In der Karwoche schlossen die Theater, deshalb hatte Olga Knipper, mit der ich zu dieser Zeit schon sehr gut befreundet war, frei und fuhr mit mir nach Jalta, um sich einige Tage zu erholen.

Für die Gastspiele fuhr Olga dann nach Sewastopol. Zwei Tage später reiste auch Anton dorthin, um sich die Vorstellungen anzusehen. Doch er kam bald wieder nach Hause, da er sich nicht wohl fühlte.

Das Theater spielte vom 10. April bis 13. April in Sewastopol und kam dann am Freitag, dem 14. April, nach Jalta.

* * *

Niemals werde ich die wundervollen Frühlingstage vergessen, als das Künstlertheater in Jalta bei Tschechow war. Wie fröhlich, wie feierlich ging es damals bei uns zu. Die Türen in unserem Haus waren in diesen Tagen nie verschlossen. Die gesamte Theatertruppe, einschließlich Nemirowitsch-Dantschenko und Stanislawski, verbrachte ganze Tage bei uns. Mutter und ich schafften es kaum, den Tisch zu decken und wieder abzuräumen: Das Frühstück ging ins Mittagessen über, das Mittagessen ins Teetrinken, bis zum Abend, als schließlich alle zur Vorstellung mussten. Olga half uns beim Bewirten der Gäste; zurück aus Sewastopol, wohnte sie wieder bei uns.

Neben den Schauspielern kamen in jenen Tagen auch Schriftsteller zu Besuch, die sich gerade in Jalta aufhielten, darunter Maxim Gorki, Iwan Bunin, Alexander Kuprin, Dmitri Mamin-Sibirjak, Sergej Elpatjewski und andere. Mein Bruder liebte den Trubel im Haus und stolzierte zufrieden und froh wie ein Geburtstagskind umher.

Wie vielen interessanten Gesprächen über Literatur, Kunst

und Theater hörte ich in diesen Tagen zu. Es schien keinen Ort in Haus und Garten zu geben, an dem keine Unterhaltungen stattgefunden hätten, manchmal laut, manchmal gedämpft. Die einen versammelten sich im Arbeitszimmer um Anton, andere standen in der Ecke, eine dritte Gruppe hörte auf der Veranda Gorki zu; aus dem Garten drangen Lachsalven, hervorgerufen durch die Witze von Iwan Moskwin oder die Scherze und Erzählungen von Bunin oder Mamin-Sibirjak. Es waren unvergessliche Stunden, die Tschechow der gesamten Truppe näher brachte. Ich irre mich wohl kaum, wenn ich diese Tage, als das Künstlertheater bei uns in Jalta weilte, als Tschechows beste Zeit in Jalta bezeichne. Wie einst in Melichowo war Tschechow lebensfroh, lustig, witzig, zu Scherzen aufgelegt, und man vergaß ganz die Krankheit, die ihn dazu zwang, auf der Krim zu leben.

Die Theaterabende fand er unterhaltsam. Seine Stücke liefen immer noch mit großem Erfolg, es war ihm nur unangenehm, wenn er nach der Vorstellung auf die Bühne musste. Sein ganzes Leben hat mein Bruder Öffentlichkeit, Reden, Auftritte und so weiter gefürchtet. Es bereitete ihm einfach körperliches Unbehagen, unter dem Beifall der Zuschauer ins Rampenlicht zu treten und sich zu verbeugen. So schlich er kurz vor Ende der Aufführungen heimlich aus dem Theater oder versteckte sich in den Umkleidegarderoben der Schauspieler. Von der Bühne kam jemand zu mir gerannt und fragte: «Wo ist Anton Pawlowitsch, wo ist er hin?» Oft wusste ich es selbst nicht.

Aber der Ehrung am letzten Tag des Gastspiels – es wurde «Die Möwe» gespielt – konnte Anton nicht entfliehen. Mehrere Male wurde er vom Publikum auf die Bühne gerufen. Eine solche Stimmung hatte ich noch nie in einem Theatersaal erlebt. Alle klatschten, schrien, gebärdeten sich wie Besessene. Tschechow wurden Palmenzweige mit einem roten Band überreicht, auf dem stand: «Dem tiefgründigen Erklärer der russischen Wirklichkeit», dazu ein Grußschreiben mit einer ganzen Latte von Unterschriften. Das erste Mal war ich selbst Zeuge, wie ein Stück meines Bruders derart lautstarke Anerkennung fand.

Maxim Gorki war nicht zufällig nach Jalta gekommen, als das Künstlertheater dort spielte, sondern auf Tschechows Rat. Vor der Ankunft des Künstlertheaters hatte Anton mehrere Male an Gorki geschrieben, dass es sich für ihn lohne, nach Jalta zu kommen, die Bühne und die Theaterverhältnisse kennen zu lernen und ein Stück zu schreiben. Er, Tschechow, werde es «freudig begrüßen, von ganzem Herzen».

So kam alles, wie Tschechow es sich gewünscht hatte: Das Künstlertheater machte großen Eindruck auf Gorki. Er war begeistert und gab das Versprechen, ein Stück zu beginnen. «Kleinbürger» und später «Nachtasyl» wurden von Gorki speziell für das Künstlertheater verfasst.

* * *

Am Montag, dem 24. April, begleiteten wir die Truppe zum Dampfer nach Sewastopol, von wo sie noch am selben Tag mit dem Zug nach Moskau zurückreisen wollte. Lange wurden wir an den Besuch des Künstlertheaters erinnert – sie hatten in unserem Garten Requisiten aus dem Bühnenbild von «Onkel Wanja» stehen lassen – eine Schaukel und eine Bank.

Bald fuhr auch ich nach Moskau, um, allerdings mit großer Verspätung, meinen Unterricht im Gymnasium wieder aufzunehmen. Von der Direktion bekam ich einen gehörigen Rüffel. Was kümmerte es das Gymnasium, dass in Jalta in diesem Frühjahr ein so wichtiges Ereignis wie der Besuch des Moskauer Künstlertheaters in voller Besetzung bei dem Schriftsteller Tschechow stattgefunden hatte!

Für Anton war die Begegnung mit dem Theater und den Inszenierungen seiner Stücke von großer Bedeutung. Hatte er zuvor über die neue, ungewöhnliche Bühnenkunst der Truppe nur begeisterte Stimmen gehört, so hatte er sich jetzt selbst davon überzeugen können. Sogleich begann er mit der Arbeit an den «Drei Schwestern», einem Stück, das bereits lange in seinem Kopf schmorte, jetzt schrieb er es speziell für das Künstlertheater, und er berücksichtigte dabei die künstlerischen Begabungen jedes einzelnen Schauspielers. Wischnewski schrieb er zum Beispiel:

Für Sie bereite ich die Rolle eines Gymnasiumsdirektors vor, der Ehemann einer der Schwestern. Sie werden einen Uniformrock tragen und einen Orden am Hals. Und Olga Knipper teilte er humorvoll mit: *Ach, was für eine Rolle ich für dich in den «Drei Schwestern» habe! Was für eine Rolle! Wenn du mir zehn Rubel gibst, bekommst du die Rolle, sonst gebe ich sie einer anderen Schauspielerin.*

Im Oktober 1900 war das Stück fertig, Anton kam nach Moskau und überreichte es dem Theater. Mitte Dezember fuhr er nach Nizza, änderte dort noch ein paar Kleinigkeiten und sandte es wieder nach Moskau.

Da Anton in Frankreich war, konnte er auch die Uraufführung der «Drei Schwestern» nicht sehen. Trotzdem war er wieder sehr nervös. In einem Brief fragte er mich:

Warst du auf den Proben meines Stücks, und wie läuft es? Ich fürchte, abscheulich.

Zum ersten Mal sah ich eine Generalprobe. Die Inszenierung machte auf mich einen starken Eindruck. Und ich schrieb meinem Bruder:

Dein Stück ist fertig, und sie machen es vortrefflich. Die drei Schwestern spielen sehr gut, es gibt keinen Anlass zu Kritteleien. Die Szenen zwischen ihnen sind oft wunderbar rührend. Die Sawizkaja ist schrecklich sympathisch. Nur mit der Lilina bin ich nicht zufrieden; mir scheint, sie übertreibt ein bisschen … Wenn du wüsstest, wie interessant und fröhlich der erste Akt verläuft! Es hat mich gestern die größte Anstrengung gekostet, Olga zu überreden, die rote Perücke abzusetzen, die ihr überhaupt nicht steht und ihren Kopf riesig macht. Jetzt wird sie mit ei-

genen Haaren spielen. Ich glaube und fühle, dass das Stück einen immensen Erfolg haben wird.

Oberst Petrow kommt jeden Tag zu den Proben, macht seine Bemerkungen, wie ein Regisseur. Man nennt ihn schon den Dienst habenden Regisseur und macht sich über ihn lustig, ist aber höflich und anständig zu ihm.

Die Sawizkaja spielte die Olga, die Knipper die Mascha, die Andrejewa die Irina und die Lilina die Natascha.

Zu den «Regieanweisungen» des Obersten Petrow muss Folgendes erklärt werden: Oberst Viktor Petrow war ein Verwandter unserer Familie über die Frau unseres Bruders Iwan, Sofja Wladimirowna. Da in den «Drei Schwestern» viel Militär vorkommt, hatte Anton Oberst Petrow darum gebeten, dass er doch als Militärspezialist den Regisseur beraten möge, damit alle vorschriftsgemäß gekleidet seien und die Schauspieler sich auf der Bühne bewegten, wie es sich für Offiziere gehöre. Aber bei Petrow «kam der Appetit beim Essen», und er begnügte sich nicht mit militärischen Ratschlägen, sondern gab auch regelrechte Regieanweisungen und schrieb Anton sogar einen Brief nach Nizza, in dem er sich über einige Schauspieler beschwerte. Ihm gefiel ganz und gar nicht, wie unmoralisch sich Werschinin im Stück benimmt – einfach eine fremde Frau vom Weg abzubringen.

Begeistert schrieb ich Anton von der Uraufführung, die am 31. Januar 1901 stattfand:

Sehr, sehr interessant. Das Stück ist wundervoll. Gut inszeniert, obwohl man sich vom Künstlertheater an manchen Stellen noch Besseres gewünscht hätte. Die zweite Vorstellung war vollendet. Die «Drei Schwestern» sind weitaus besser als «Onkel Wanja» und sogar als «Die Möwe». Für die nächsten sechs Vorstellungen gibt es keine Karten mehr.

Auf meine überschwängliche Einschätzung des Stücks reagierte Anton äußerst zurückhaltend, wahrscheinlich dachte er, ich wolle ihn nur beruhigen. Wieder in Jalta, schrieb er an Olga Knipper:

Von den «Drei Schwestern» erfuhr ich erst hier, in Jalta, nach Italien drang nur wenig durch, und auch das ganz schwach. Sieht nach einem Misserfolg aus, weil alle, die die Zeitung gelesen haben, schweigen und weil Mascha die Premiere in ihren Briefen sehr lobt. Aber das ist alles egal.

Anton sah die «Drei Schwestern» erst im September 1901, als er nach Moskau kam. Er schrieb damals:

Die «Drei Schwestern» sind großartig, glanzvoll, weitaus besser als die geschriebene Vorlage. Ich habe ein bisschen als Regisseur eingegriffen und dem einen oder anderen meinen Autorenstandpunkt eingeflößt, nun soll das Stück, wie man sagt, besser laufen als in der vergangenen Saison.

* * *

Nach dem Erfolg der «Drei Schwestern» forderte ich meinen Bruder nicht nur einmal auf, noch ein Stück zu schreiben, und dass es gut wäre, «wenn es ein fröhliches wäre, wie der erste Akt in den ‹Drei Schwestern›». Einmal saßen wir in Jalta zusammen, als er plötzlich ein kleines Stück Papier nahm, etwas darauf schrieb, mit zusammengekniffenen Augen lächelte, wie es seine Art war, und es mir zeigte. Ich las: «Der Kirschgarten». Auf meinen fragenden Blick antwortete er: «So heißt das neue Stück.»

Dieser poetische Titel sprach mich sofort an.

Im Januar 1902 schrieb Anton an Olga Knipper über das kommende Stück:

Es leuchtet ein bisschen im Kopf auf, wie ganz frühes Morgenlicht, und ich verstehe selbst noch nicht, wie es ist und was daraus wird, es verändert sich jeden Tag.

Mitte Juni, als Anton in Moskau weilte, begann er ernsthaft an dem Stück zu arbeiten, und bat mich, ihm aus Jalta ein kleines Blatt mit Notizen zu schicken, das auf seinem Schreibtisch lag und mit winziger Schrift voll gekritzelt war: Entwürfe und Namen. Allerdings kam er dann doch nicht recht zum Arbeiten, und er verschob das Schreiben des «Kirschgartens» aufs Jahresende.

Genau wie die «Drei Schwestern» verfasste Anton den «Kirschgarten» speziell für das Künstlertheater und hatte bestimmte Schauspieler und Schauspielerinnen der Truppe für diese oder jene Rolle vor Augen. Anton schrieb am «Kirschgarten» bis Oktober 1903. Nemirowitsch-Dantschenko, Stanislawski und alle Schauspieler nahmen das neue Stück mit großem Elan auf und schickten nach der ersten Lektüre im Theater begeisterte Telegramme an Tschechow.

Anfang Dezember kam Tschechow nach Moskau und blieb bis zum 15. Februar. Er ging zu den Proben und gab Hinweise zur Inszenierung, allerdings immer kurz und sparsam.

Die Premiere wurde auf den 17. Januar 1904 festgelegt. Zum ersten Mal sollte Anton einer Uraufführung seines Stückes beiwohnen. Ich weiß nicht, ob es ein Zufall war, dass die Vorstellung an diesem Tag stattfinden sollte, der 17. Januar war der Geburtstag meines Bruders. Irgendjemand hatte ausgerechnet, dass 1904 das fünfundzwanzigste Jahr der schriftstellerischen Tätigkeit Tschechows sei, und so sollte auf der Bühne eine Ehrung des Schriftstellers stattfinden.

Es gelang nur mit großer Mühe, Tschechow zu überreden, ins Theater zu kommen, denn er ahnte, dass er vor das Publikum treten müsse. Aber von seiner bevorstehenden Ehrung wusste er nichts. Als der dritte Akt bereits begonnen hatte, schickte man jemanden zu ihm nach Hause, der ihm einen Zettel von Nemirowitsch-Dantschenko überreichte, er solle jetzt kommen. Zwischen dem dritten und vierten Akt traten eine Menge Menschen auf die Bühne: die gesamte Truppe mit Nemirowitsch-Dantschenko und Stanislawski und Vertreter der Literatur- und Theaterwelt der Hauptstadt. Unter stürmischem Applaus kam ein bleicher Tschechow auf die Bühne. Der Auftritt vor dem Publikum machte ihm schwer zu schaffen, außerdem fühlte sich Anton an diesem Tag auch noch körperlich unwohl. Seine Schwäche war so deutlich zu erkennen, dass aus dem Saal gerufen wurde: «Setzen Sie sich!» Aber Anton hörte sich die Glückwunschreden im Stehen an.

Über diesen Abend wurde bereits viel geschrieben. Ich will bekannte Dinge nicht wiederholen. Ich sage nur, dass ich unendlich stolz auf meinen Bruder war. Alle, die von Anton und seinem Werk sprachen, zeigten heiße und aufrichtige Liebe! Von welchen Organisationen, Zeitungen, Zeitschriften, Zirkeln nicht alles Telegramme und Glückwünsche kamen! Wie viel Freudentränen habe ich an diesem Abend geweint! Hätte ich etwa gleichgültig bleiben können, als ich die eindringliche Stimme von Nemirowitsch-Dantschenko hörte, der zu Tschechow sagte: «Die Glückwünsche haben dich angestrengt, aber du sollst Trost darin finden, dass du wenigstens einen Teil der grenzenlose Liebe siehst, die die ganze gebildete russische Gesellschaft dir gegenüber empfindet. Unser Theater ist deinem Talent, deinem zart fühlenden Herzen, deiner reinen Seele in einem solchen Maß verpflichtet, dass du zu Recht sagen kannst: Das ist mein Theater.»

Außerdem wurden Tschechow viele Geschenke überreicht, beispielsweise eine alte Schatulle, das Modell eines altrussischen Städtchens und alter Brokatstoff. Darüber schrieb Anton später humorvoll an die Charkejewitsch, die Direktorin des Gymnasiums in Jalta:

Ich bringe alle möglichen Gegenstände mit, die ich am 17. Januar im Theater bekommen habe. Jemand (irgendeine Kanaille) hatte das Gerücht verbreitet, dass ich die alte Zeit liebe, und so hat man mich mit alten Dingen überhäuft, die nicht wenig Geld kosten.

Dreißig Jahre danach bat ich Stanislawski, sich daran zu erinnern, bei welchen Gelegenheiten er Tschechow zwei Fotos von sich mit folgenden Widmungen geschenkt hatte: «Dem aufrichtig geliebten und verehrten A. P. Tschechow, dem Schöpfer des neuen Theaters, vom dankbaren Regisseur und Schauspieler

K.S. Alexejew (Stanislawski). Moskau, den 10. Februar 1902». Und auf dem anderen stand: «Dem teuren Anton Pawlowitsch Tschechow von dem herzlich ergebenen K. Alexejew (Stanislawski). 1904 17/I.»

Stanislawski antwortete mir:

Ich kann mich nicht mehr erinnern. Aber ich versuche, Ihnen einige Erklärungen zu geben.

Ich bin rot geworden, als ich in Ihrem Brief meine Widmungen auf den Fotos las. Trockene, formale Sätze. Jetzt, da die Erinnerung an den teuren Anton Pawlowitsch für uns alle ein Kult geworden ist, kommt mir der kalte Ton völlig verfehlt vor.

Wie soll ich ihn erklären?

Das eine Foto trägt das Datum des 17. Januar 1904, es ist der Tag des Jubiläums und der ersten Aufführung des «Kirschgartens».

Es war ein unvergesslicher und schrecklicher Tag. Die Premiere, das neue wundervolle Stück, die neue Rolle, die neue Inszenierung, das Jubiläum und nicht zuletzt Anton Pawlowitschs Gesundheitszustand. All das jagte mir Angst ein.

Aber außer diesen Sorgen beunruhigte mich noch das Geschenk für den Jubilar. Was könnte Anton Pawlowitsch Freude machen? Eine silberne Feder oder ein altes Tintenfass? Ein alter Stoff, mit Gold genäht? Wozu braucht er so etwas? Aber mir fiel nichts anderes ein, und ich schenkte ihm den Stoff mit einem Lorbeerkranz.

«Ich habe jetzt kein Arbeitszimmer mehr. Das ist jetzt ein Museum, wissen Sie», beschwerte sich Anton Pawlowitsch bei mir.

«Und was hätte ich Ihnen schenken sollen?», fragte ich ihn.

«Eine Mausefalle. Wir haben doch Mäuse. Korowin zum Beispiel hat mir eine Angel geschickt. Hören Sie mal, das ist doch ein wundervolles Geschenk.»

Das waren die Umstände, unter denen ich die Widmungen auf meine Fotos schrieb. Vielleicht entschuldigt mich das (Moskau, 3. Januar 1935).

* * *

In einer alten Holzschatulle, die Anton bekam, lagen Porträts der Schauspieler des Künstlertheaters mit Widmungen und dem Datum der Uraufführung des «Kirschgartens». Darunter befanden sich außer dem bereits erwähnten Foto von Stanislawski auch die Porträts von Nemirowitsch-Dantschenko, Wassili Katschalow, Maria Andrejewa, Alexander Artjom, Nadeshda Butowa, Alexander Wischnewski, Iwan Moskwin, Alexej Stachowitsch und anderen.

Anton schätzte die hochtalentierten Schauspieler und Schauspielerinnen des Künstlertheaters sehr, nannte sie «echt intelligente Darsteller» und schenkte seinerseits fast allen ein Foto von sich und Bücher mit Widmungen. Nach dem Gastspiel in Jalta hatte er allen Schauspielern, die in der «Möwe» und «Onkel Wanja» mitspielten, wertvolle und originelle Geschenke gemacht. Er bestellte kleine goldene Anhänger in Form von kleinen Büchlein, auf die graviert war: «An. Tschechow. Stücke. Die Möwe. Onkel Wanja». Auf der Rückseite stand der Nachname des Schauspielers, für den der Anhänger bestimmt war. Das Büchlein konnte man öffnen, innen war auf der linken Seite die Rolle eingraviert, die von diesem Schauspieler in der «Möwe» und in «Onkel Wanja» gespielt wurde, und auf der rechten Seite ein Miniaturfoto, das wiedergibt, wie Tschechow im Kreis der Schauspieler «Die Möwe» liest. Auf der Plakette für Nemirowitsch-Dantschenko war statt der Rolle folgende Inschrift eingraviert: «Du hast meine ‹Möwe› zum Leben erweckt. Danke!»

Tschechows freundschaftliche und schöpferische Beziehungen zum Moskauer Künstlertheater waren für die Entwicklung der russischen Theaterkunst von großer Bedeutung. Seine Stücke halfen dem Theater auf die Beine zu kommen, stark zu werden und seine neue und realistische Bühnenkunst durchzusetzen. Gleichzeitig verhalf das Künstlertheater, das «Die Möwe» rehabilitierte und «Onkel Wanja» glänzend inszenierte, Tschechows Dramatik zum Durchbruch. Anderenfalls hätte er vielleicht nie die «Drei Schwestern» und den «Kirschgarten» geschrieben.

***

Meine persönlichen Verbindungen zum Künstlertheater blieben auch nach Antons Tod bestehen. Lange Zeit war ich Teilhaber des Theaters, lebte sein Leben, teilte seine Interessen, trug mit ihm alle freudigen und traurigen Ereignisse.

Die engsten Beziehungen hatte ich bis zu ihrem Tod zu meinen unvergesslichen und teuren Freunden Stanislawski und Nemirowitsch-Dantschenko.

Dreißig Jahre nach der Gründung des Künstlertheaters schenkte mir Stanislawski sein Buch «Mein Leben in der Kunst» mit einer Widmung, die mich tief berührte:

Der teuren, geliebten, lieben Maria Pawlowna Tschechowa, mit der wir gemeinsam die beste Zeit unseres Theaters und unseres Daseins erlebt haben, von dem aufrichtig und ewig ergebenen K. Stanislawski.

15-VII-1928.

21 *Die Heirat meines Bruders*

Als ich im Februar 1899 Anton nach Jalta schrieb, ich riete ihm, der Knipper den Hof zu machen, konnte ich natürlich nicht wissen, dass sich aus diesem unschuldigen Spaß etwas Ernstes entwickeln würde. Doch wie ich später erfuhr, hatte mein Bruder diesen Rat gar nicht mehr nötig – ihm war die Knipper schon früher aufgefallen, bei seiner ersten Begegnung mit der Truppe. Als Tschechow zu einer Probe von «Zar Fjodor Iwanowitsch» im Theater war, wo Olga Knipper die Irina spielte, schrieb er an Suworin, wenn er in Moskau bliebe, würde er sich «in die Irina verlieben». Ich hatte also denselben Geschmack wie mein Bruder.

Nach meiner ersten Bekanntschaft mit Olga traf ich mich häufig mit ihr auch außerhalb des Theaters. Im Frühjahr 1899, als Anton aus Jalta zurückkehrte, reisten wir nach Melichowo und luden Olga ein, uns zu besuchen. Sie wohnte drei Tage bei uns und brachte mit ihrer klangvollen Stimme und ihrem fröhlichen Lachen Leben in unser stilles Melichowo.

Anton und Olga begannen sich zu schreiben. Im Sommer traf Anton Olga in Noworossisk, und von dort fuhren sie gemeinsam mit dem Schiff nach Jalta. Dort sahen sie sich zwei Wochen lang jeden Tag, gingen spazieren und kehrten gemeinsam nach Moskau zurück.

1900 war Olga zweimal zu Gast bei uns in Jalta: einmal während des Gastspiels des Künstlertheaters zu Ostern und im Juli während der Theaterferien.

Ich war eng mit Olga befreundet. Wir trafen uns regelmäßig, gingen zusammen ins Theater, in Clubs, manchmal übernachtete sie bei mir, und auch ich war oft bei ihr. Sie wurde meine beste Freundin. In den Briefen an Anton verschwieg ich nie meine Begeisterung für Olgas schauspielerisches Talent, auch nicht für ihre menschlichen Qualitäten. Einmal war ich zum Beispiel mit ihr im Club des Literaturzirkels und schrieb danach an meinen Bruder:

Die Knipper war zum ersten Mal im Club, hatte Erfolg, man fand sie sympathisch, machte ihr Komplimente und so weiter. Und was für ein wundervoller Mensch sie ist, davon kann ich mich jeden Tag überzeugen. Eine harte Arbeiterin und meiner Meinung nach sehr talentiert.

Als ich von Antons und Olgas Zuneigung erfuhr, machte ich mich in Briefen liebevoll lustig über die beiden:

Ich treffe mich sehr oft mit der Knipper, habe mehrere Male bei ihr zu Mittag gegessen und auch ihre Mutter, das heißt deine Schwiegermutter, kennen gelernt. Deine Knipper hat großen Erfolg, Konowizer ist verliebt in sie.

Es kam selten vor, dass ich Olgas Namen in den Briefen an meinen Bruder nicht erwähnte. Sie hieß bei mir auch noch Olja, Knipuscha, Knipschiz.

Ich dachte nie darüber nach, wie wohl die Beziehung zwischen Olga und Anton ausginge, obwohl in meinem Kopf manchmal der Gedanke an eine mögliche Heirat auftauchte.

Im Mai 1901 fuhr Anton nach Moskau, um sich dort seinem Arzt vorzustellen. Danach bekam ich plötzlich in Jalta einen Brief von ihm, in dem er mir schrieb, dass sein Arzt ihm befohlen habe, unverzüglich zu einer Kumys-Kur ins Gouvernement Ufa zu fahren:

Allein fahren ist langweilig. Kumys trinken ist langweilig, jemanden mitzunehmen wäre egoistisch und geht deshalb nicht. Ich würde ja heiraten, habe aber keine Dokumente bei mir, alles liegt in Jalta im Schreibtisch.

So sprach mein Bruder zum ersten Mal und völlig überraschend für mich von einer Heirat. Wie ich das alles aufgenommen und durchlebt habe, erzähle ich in den Briefen, die ich Anton in diesen Tagen schrieb. Auf diesen konkreten Brief meines Bruders antwortete ich:

Gestatte mir, meine Meinung zu deiner Heirat zu sagen. Ich persönlich finde eine Hochzeitsprozedur schrecklich! Und auch für dich sind solche überflüssigen Aufregungen nicht angebracht. Wer dich liebt, verlässt dich nicht, und es bedeutet keinerlei Opfer, auch deinerseits wäre das nicht im Geringsten egoistisch. Wie kannst du nur so denken? Was für ein Egoismus? Zu heiraten schaffst du immer noch. Sag das deiner Knipschiz. Zuerst müssen wir daran denken, dass du gesund wirst. Denke um Gottes willen nicht, dass ich von Egoismus geleitet werde. Du warst für mich immer der nächste und teuerste Mensch, und ich wünsche dir nichts als Glück. Wenn du nur gesund und glücklich bist – mehr brauche ich nicht. Handle in jedem Fall nach deinem Gutdünken, vielleicht bin ich im gegebenen Fall voreingenommen. Du hast mich selbst dazu erzogen, keine Vorurteile zu haben!

Einen Tag später erhielten wir in Jalta folgendes Telegramm:

Liebe Mama, segnen Sie mich, ich heirate. Alles bleibt beim Alten. Fahre zur Kumys-Kur. Adresse: Axjonowo, Samaro-Slatoustowsker Gouvernement. Gesundheit besser. Anton.

Dieses Telegramm, das uns vor vollendete Tatsachen stellte, wirkte auf Mutter und mich niederschmetternd. Wir konnten lange nicht zu uns kommen. Zwei Tage später schrieb ich an Anton:

Ich gehe umher und denke nach, denke ohne Ende nach. Ein Gedanke jagt den anderen. Das ist mir so unheimlich, dass du plötzlich verheiratet bist! Ich wusste natürlich, dass Olja dir früher oder später ein naher Mensch sein würde, aber die Tatsache, dass du geheiratet hast, hat irgendwie mein Innerstes aufgewühlt und zwingt mich, über dich und über mich nachzudenken, und über meine zukünftige Beziehung zu Olja. Möglicherweise wird sie jetzt plötzlich schlechter, davor habe ich große Angst … Ich fühle mich einsamer denn je. Denke nicht schlecht von mir, das ist keinerlei Bosheit oder Ähnliches von mir, nein, ich liebe dich mehr denn je und wünsche dir von ganzem Herzen alles Gute, Olja auch, ob-

wohl ich nicht weiß, wie es zwischen ihr und mir sein wird, ich bin mir noch nicht klar über meine Gefühle zu ihr. Ich bin ihr ein bisschen böse, weil sie mir nicht gesagt hat, dass ihr heiratet, das kann doch nicht spontan passiert sein. Weißt du, Antoscha, ich bin sehr traurig und missgestimmt … Ich will nur euch sehen, sonst niemanden, aber alles geschieht vor aller Augen, ich kann mich nicht verstecken.

Ich sage noch niemandem etwas, obwohl in der Stadt bereits Gerüchte kursieren. Natürlich kann man nichts mehr verheimlichen. Als wir dein Telegramm bekamen, war Mutter vor Überraschung wie versteinert … Kam bald aber wieder zu sich und versetzt mich jetzt mit ihrer Ruhe in Erstaunen …

Schreib von dir, ich flehe dich an … Sei gesund und glücklich, grüße Olja. Bitte Olja, mir zu schreiben.

Als ich keine Post erhielt, war ich sehr beunruhigt und telegraphierte am 4. Juni meinem Bruder nach Axjonowo: «Schreib bitte. Mascha.» Am nächsten Tag erhielt ich eine telegraphische Antwort:

Schecks erhalten. Danke. Brief kommt mit Vorschlag gemeinsamer Wolgafahrt. Gesund. Aufregung überflüssig. Alles bleibt beim Alten. Grüße Mutter. Schreibe. Anton.

Am 6. Juni erhielt ich endlich von meinem Bruder den ersten Brief aus Axjonowo, geschrieben am 2. Juni:

Sei gegrüßt, liebe Mascha! Immer will ich dir schreiben und komme nicht dazu, alle möglichen Dinge, natürlich nichtige. Dass ich geheiratet habe, weißt du bereits. Ich denke, dass dies mein Leben und die Verhältnisse, in denen ich bisher gelebt habe, nicht im Geringsten verändert. Mutter redet sicher schon Gott weiß was, aber sage ihr, dass es auf keinen Fall irgendwelche Veränderungen geben wird, alles bleibt beim Alten. Ich werde so leben, wie ich bisher gelebt habe, und Mutter auch; und auch meine Beziehungen zu dir bleiben unverändert herzlich und gut, so wie sie bisher waren …

Dieser Brief und das Telegramm lösten meine Anspannung, und mir wurde leichter zumute. Ich schrieb nach Axjonowo:

Na, nun ist bei mir gleich zweimal Feiertag: Ich habe von euch Post bekommen, und es regnet seit gestern, ein guter, heftiger Regen. Über die Briefe habe ich mich unsagbar gefreut! Gestern habe ich gleich drei bekommen und heute früh einen von dir.

In den «Nowosti Dnja» von heute sind eure Porträts abgedruckt. Ihr habt mit eurer Hochzeit ganz schön viel Aufsehen erregt! Wer von euch beiden ist berühmter, du oder Knipschiz? Sie war im Kostüm aus «Onkel Wanja» abgebildet und du mit Kneifer. Für das Telegramm danke ich sehr, ich warte auf Briefe. Vielleicht habe ich euch beunruhigt, aber es war schwer für mich, zwei lange Wochen rein gar nichts von euch zu hören.

Wie bereits schon oft erwähnt, fürchtete mein Bruder öffentliche Auftritte jeder Art. Die prunkvolle, feierliche Hochzeitszeremonie und die damit verbundenen Traditionen jagten ihm einen höllischen Schrecken ein. Noch einen Monat vor der Hochzeit schrieb er an Olga Knipper:

Wenn du mir dein Wort gibst, dass keine Menschenseele in Moskau von unserer Hochzeit etwas erfährt, bis sie vorbei ist, dann lasse ich mich mit dir trauen, von mir aus gleich am Tag meiner Ankunft. Aus irgendeinem Grund habe ich schreckliche Angst vor der Trauung und vor den Glückwünschen und vor dem Champagner, den man in der Hand halten und dabei undefinierbar lachen muss.

Anton bat den Schauspieler Alexander Wischnewski, am Tag der Hochzeit ein feierliches Essen zu arrangieren und dazu seine Verwandten und die Familie Olga Knippers einzuladen. Wischnewski erfüllte Antons Wunsch. Zur vereinbarten Stunde versammelten sich alle Gäste und warteten auf Anton Tschechow und Olga Knipper. Aber die kamen und kamen nicht. Man wurde bereits unruhig. Schließlich erfuhr man, dass Anton Tschechow und Olga Knipper sich gerade hätten trauen lassen, aus der Kirche zu Anna Knipper, Olgas Mutter, gefahren seien und von dort direkt zum Bahnhof und jetzt … schon im Zug nach Nishni Nowgorod saßen!

Der Leser kann sich leicht die komische Situation vorstellen, in der sich die Gäste des festlichen Essens befanden: Die Gastgeber, die sie eingeladen hatten, hatten sich aus dem Staub gemacht.

Mit dieser List löste Anton sein «schweres» Problem. Bei der Trauung in der Kirche waren nur die vom Gesetz geforderten vier Trauzeugen anwesend gewesen – der Bruder und der Onkel von Olga und zwei befreundete Studenten.

* * *

Mit meinen Briefen, in denen ich Anton von meiner mit seiner Heirat verbundenen Aufregung schrieb, hatte ich die beiden, wie mir Olga ganz unverhohlen mitteilte, ungewollt betrübt. Daraufhin schrieb ich Anton einen Brief, in dem ich erklärte, warum ich so heftig reagiert hätte:

Lieber Antoscha, Olja schreibt mir, dass du sehr betrübt warst über meinen Brief. Verzeih, dass ich meine Unruhe nicht für mich behalten konnte. Ich dachte, du verstehst mich und vergibst mir. Es ist das erste Mal, dass ich so offen war und meinen Gefühlen freien Lauf ließ, und jetzt bedaure ich, dass ich dich und Olga gekränkt habe. Wenn du eine andere geheiratet hättest, nicht Knipschiz, dann hätte ich dir wahrscheinlich gar nicht geschrieben, sondern deine Frau gehasst. Aber hier ist es ganz anders: Deine Frau war meine Freundin, die ich lieb gewonnen und mit der ich viel erlebt habe. Deshalb sind mir Zweifel und Sorgen gekommen, vielleicht überflüssige und übertriebene, doch ich habe dir aufrichtig geschrieben, was ich dachte. Olga hat mir selbst erzählt, wie schwer es ihr gefallen sei, die Hochzeit ihres älteren Bruders zu erleben, und mir scheint, sie hätte meine Situation am besten verstehen müssen und mich nicht tadeln dürfen. Jedenfalls ist es mir sehr unangenehm, ich werde es nie, nie wieder tun.

Jetzt geht es mir gut. Zu Hause ist alles in Ordnung, alle sind gut gelaunt und warten auf euch.

Ich bin sehr froh, dass der Kumys eine heilsame Wirkung auf dich hat, trink, hab keine Eile, am Ende wirst du noch ganz gesund. Meine Unruhe war auch noch von den Worten deines Arztes hervorgerufen. Also sei mir nicht böse, du weißt, dass ich dich und Olga mehr als alles auf der Welt liebe.

Kurze Zeit später kehrten Anton und Olga aus Axjonowo zurück, und wir verlebten gemeinsam einen harmonischen und fröhlichen Sommer in Jalta.

In Moskau wohnte ich mit Olga Knipper zusammen in einer Wohnung und teilte mit ihr Freud und Leid. Unsere Freundschaft war durch nichts getrübt. Seitdem ist viel Zeit vergangen, und bis auf den heutigen Tag ist Olga Knipper meine geliebte Schwägerin und der Mensch, der mir am teuersten und nächsten ist.

22 *In Jalta*

Mancher, der über Tschechow schreibt und sich auf seine Briefe und die Erinnerungen von Zeitgenossen stützt, behauptet, dass er Jalta und die Südküste der Krim nicht gemocht habe. Das stimmt nicht ganz. Antons Beziehung zu Jalta muss man differenziert sehen. Zu dem provinziellen, kleinbürgerlichen, spießigen Jalta, zu Jalta als Kurort für reiche Leute und Aristokraten, zu dem Jalta, in dem er einsam lebte, weit entfernt von Freunden, den Redaktionen, den Theatern, von Moskau, nach dem er sich ständig sehnte («... langweilig ist es ohne die Moskauer und ohne die Moskauer Zeitungen, und ohne das Moskauer Glockengeläute, das ich so geliebt habe») – zu diesem Jalta hatte er ein negatives Verhältnis. Andererseits mochte Anton das Meeresklima, die einzigartige Schönheit der Landschaft und die wundervolle Natur des Südens.

Schon nach seinen ersten Tagen in Jalta schrieb er mir:

Kastenartige Hotels, in denen die unglücklichen Schwindsüchtigen dahinwelken ... Diese Fratzen von reichen Müßiggängern, die gierig nach billigen Abenteuern sind, Parfümgeruch statt des Dufts von Zedern und Meer, ein elender, schmutziger Hafen, traurige Lichter auf dem Meer, das Geschwätz der vornehmen Fräulein und der Kavaliere, die zuhauf hierher gekommen sind, um sich an der Natur zu ergötzen, von der sie nicht das Geringste verstehen.

Doch gleichzeitig fand Anton, dass Jalta bedeutend schöner und sauberer sei als Nizza. Als Arzt glaubte er, dass das Klima hier für Tuberkulosekranke sehr heilsam sei, und sagte, er kenne viele, die gesund wurden, weil sie in Jalta lebten:

Von allen warmen Gegenden Russlands ist das Südufer der Krim zweifelsohne bisher die beste, was man auch immer von der kaukasischen Natur halten mag. Ich war neulich in Gurzuf bei den Puschkin-Felsen und habe trotz des Regens den Ausblick genossen.

So schrieb Anton an den Redakteur der Zeitung «Russkije Wedomosti», Wassili Sobolewski, und in einem anderen Brief an denselben:

Jalta wird mit jedem Tag größer und größer. Hier gibt es Wasserleitungen, Kanalisation, elektrisches Licht in spe, die Eisenbahn wird durchfahren, kurz, ein Wunder der Kultur, aber langweilig, und ohne Zeitungen könnte man in düstere Melancholie verfallen und sogar heiraten.

Ihm gefiel die Natur auf der Krim, und er pflanzte in seinem Garten alle möglichen Bäume, die nur in südlichen Breiten gediehen, vor allem Nadelbäume. Da er aber eine Leidenschaft für die Natur Mittelrusslands hatte, wollte er unbedingt auch Laubbäume pflanzen, deren Blätter im Herbst abfielen. So meinte er einmal, die harten glänzenden Blätter der immergrünen Bäume sähen aus, als wären sie aus Blech. Mein Bruder pflanzte sogar eine Birke und kümmerte sich lange um sie, bis sie schließlich doch einging.

In einem Telegramm an Nemirowitsch-Dantschenko bezeichnete Anton Jalta als «Teufelsinsel». Dies wird manchmal als Beweis für seine Antipathie gegenüber Jalta angeführt. Dabei muss man berücksichtigen, in welchem Zusammenhang er das geäußert hatte. Am 17. Dezember 1898 fand im Moskauer Künstlertheater die Premiere der «Möwe» statt. Angesichts des vorausgegangenen Misserfolgs in Petersburg ist gut nachvollziehbar, wie aufgeregt Tschechow war, wie er an diesem Abend in seiner Jaltaer Einsamkeit litt! Erst nachts erhielt er die Glückwunschtelegramme, die ihn vom triumphalen Erfolg des Stückes unterrichteten. Alle freuten sich, gratulierten und bedauerten, dass er nicht in Moskau war. Antons gedrückte Stimmung in diesem Augenblick ist meiner Ansicht nach verständlich, und auch dass er seinen erzwungenen Aufenthalt in Jalta mit der Situation von Dreyfus während der Verbannung auf der Insel Diavola verglich.

Mein Bruder war nicht so sehr unzufrieden mit der Krim als mit seiner dortigen Einsamkeit.

* * *

Ende 1899 setzte sich Tschechow dafür ein, dass ein allgemein zugängliches Sanatorium für mittellose Tuberkulosekranke ins Leben gerufen wurde, die aus allen Teilen Russlands zur Erholung auf die Krim kamen, sich aber die teuren Privatkrankenhäuser und -pensionen nicht leisten konnten. Viele wandten sich um Hilfe an Tschechow, und er stand ihnen bei, wo er konnte. Aber ein Mensch allein schafft es nicht, etwas grundlegend zu verändern. So beschloss Tschechow, Mittel für ein Sanatorium zu sammeln, in dem das einfache Volk und Arbeiter für wenig Geld wohnen und sich behandeln lassen konnten.

Im Namen der Wohltätigkeitsgesellschaft «Kuratel für zugereiste Kranke» schrieb Anton einen Aufruf, in dem er, die schwierige Lage der Kranken auf der Krim beschreibend, sich an alle «wahrhaften russischen Menschen, wo sie auch leben» wandte und darum bat, für die mittellosen Kranken zu spenden. «Jede kleinste Spende, und seien es auch nur Kopeken, wird mit großer Dankbarkeit angenommen», hieß es in seinem Aufruf.

Der Text wurde in einigen Zeitungen abgedruckt, außerdem in einem Extrablatt, das Anton Freunden und Bekannten schickte, die er bevollmächtigt hatte, Spenden entgegenzunehmen. Andere sammelten einfach so, ohne Quittung, und schickten das Geld an Tschechows Adresse nach Jalta. Sie bekamen umgehend eine Quittung über den Erhalt des Geldes.

Auch mich beauftragte mein Bruder, in Moskau Spenden zu sammeln. Mir halfen wiederum Olga Knipper, Alexandra Chotjaïnzewa, der Mann meiner alten Freundin Dunja Efros, Jefim Konowizer und andere. Für einen guten Zweck gaben alle gerne, vor allem wenn sie erfuhren, dass der Initiator der Schriftsteller Tschechow war. Ich konnte meinem Bruder eine beachtliche Summe schicken.

Das Ergebnis war, dass die Wohltätigkeitsgesellschaft, die sich vor allem aus Ärzten zusammensetzte, in Aütka die Pension «Jaüslar» errichtete. Sie hatte zwanzig Plätze, die für wenig Geld armen Tuberkulosekranken zur Verfügung gestellt wurden. Diese Pension wurde so beliebt, dass es immer eine lange Warteliste gab.

Es stellte sich heraus, dass diese kleine Pension in Jalta bei weitem nicht ausreichte. Anton verfasste einen neuen Aufruf, in dem er bereits von einem richtigen Sanatorium für vierzig bis fünfzig Kranke sprach. Und wieder wurde gesammelt. Am Stadtrand, auf einem Berg, wo die Luft wunderbar war und sich ein herrlicher Blick auf das Meer eröffnete, entstand ein zweites Sanatorium, das ebenfalls «Jaüslar» hieß. Später erhielt es den Namen «Tschechow».

* * *

An seinem vierzigsten Geburtstag, am 17. Januar 1900, erhielt Anton eine überraschende Nachricht: Er war zum Ehrenmitglied der Russischen Akademie der Wissenschaften ernannt worden in der gerade erst gegründeten Kategorie für schöngeistige Literatur. Zusammen mit ihm waren auch Lew Tolstoi, Wladimir Korolenko, Anatoli Koni und andere aufgenommen worden.

Die Anerkennung durch die Akademie der Wissenschaften war für Tschechow natürlich schmeichelhaft, doch sehr ernst nahm er die Würdigung nicht, er verhielt sich eher ironisch. An Suworin schrieb er:

Sie werden wohl nie einen Schriftsteller zu einem wirklichen Akade-

miemitglied berufen. Schriftsteller und Maler werden zu Ehrenmitgliedern gemacht, zu Ober-Akademiemitgliedern, zu Archi-Akademiemitgliedern, aber zu wirklichen Mitgliedern niemals oder nicht so bald. Sie werden in ihre Arche niemals Menschen aufnehmen, die sie nicht kennen und denen sie misstrauen.

Unsere alte Köchin Maria Dormidontowna erklärte den Gästen manchmal, dass Anton Pawlowitsch jetzt «Jeneral» sei, worüber Tschechow herzlich lachte. Und einmal erzählte er mir in einem Brief von einem kuriosen Ereignis:

Gestern war ein wichtiger Mann bei uns, ein Pförtner aus Livadia (russische Zarenresidenz*), der Onkel von Marfuscha* (unserem Zimmermädchen)*, der zu mir kam, um sich behandeln zu lassen. Mindestens hundertmal hat er mich Eure Hoheit genannt, Großmutter hat ihm eingeimpft, dass ich jetzt «Jeneral» sei, das heißt Akademiemitglied.*

In einem anderen Brief, in dem er schrieb, dass er über den Titel froh sei, gestand er:

Aber noch froher werde ich sein, wenn ich diesen Titel nach einer Meinungsverschiedenheit wieder loswerde. Und zu dieser Meinungsverschiedenheit wird es unweigerlich kommen, denn die Wissenschaftler der Akademie haben sehr große Angst, dass wir sie vor den Kopf stoßen.

Seine Vorhersage erfüllte sich in der Tat: Genau zwei Jahre später kam es zu dieser «Meinungsverschiedenheit» – 1902 wurde Maxim Gorki zum Ehrenmitglied der Akademie gewählt, die Wahl auf Befehl des Zaren angesichts Gorkis «politischer Unzuverlässigkeit» aber annulliert. Tschechow trat gemeinsam mit Korolenko aus Protest gegen diese Willkür aus der Akademie aus. Korolenko war im Mai 1902 extra zu Anton nach Jalta gekommen, um sich mit ihm über das gemeinsame Vorgehen beim Austritt abzustimmen.

So war Tschechow zweieinhalb Jahre «Academicus», wie er einige Briefe humorvoll unterschrieb.

* * *

Im Januar 1900 hatte ich von Anton einen Brief erhalten, dem ich eine unerwartete Neuigkeit entnehmen konnte:

Ich habe ein Stückchen Ufer mit Badestrand und einem Puschkin-Felsen neben dem Hafen und dem Park in Gurzuf gekauft. Uns gehört jetzt eine ganze Bucht, in der ein Boot oder ein Kutter liegen kann. Das dazugehörende Haus ist miserabel, hat aber ein Ziegeldach, vier Zimmer und eine große Scheune. Einen großen Baum – einen Maulbeerbaum.

Als ich später diese neue Datscha in Gurzuf kennen lernte, gefiel sie mir auf Anhieb ausgezeichnet, besonders sympathisch war mir unser eigener kleiner Badestrand. Das kleine Haus war eine gewöhnliche Kate mit niedriger Decke, aber es war gemütlich dort und wunderbar ruhig. Anton pflanzte auf dem Grundstück Bäume. Wenn es im Sommer in Jalta heiß und staubig war, wollten wir nach Gurzuf fahren wie auf eine Datscha.

Nun besaßen wir drei Landsitze, allerdings war Kutschukoi nur von exotischem Interesse, denn leben wollten wir dort nicht, vor allem nicht, seitdem wir ein Grundstück in Gurzuf besaßen. Deshalb beschlossen wir, uns von Kutschukoi zu trennen. Anfang 1901 verkauften wir es über das Kommissionskontor von Winogradow in Moskau. Eine gewisse Perfiljewa erwarb es, ohne es vorher besichtigt zu haben, obwohl ich sie dazu aufgefordert hatte. Erst am Jahresende sah sich die Perfiljewa Kutschukoi an, das Grundstück gefiel ihr nicht, und sie schrieb Tschechow einen Brief, in dem sie ihre Unzufriedenheit äußerte. Mein Bruder sandte mir diesen Brief zu und bat mich, der Perfiljewa umgehend das Geld zurückzugeben «ohne Erklärungen und ohne Gespräche, egal wie». Ich erfüllte seine Bitte, und Kutschukoi gehörte wieder uns. Wir haben nie wieder versucht, es zu verkaufen.

Nach Antons Tod gab ich Kutschukoi unserem Bruder Iwan, da ich um Antons Zuneigung und sein Verantwortungsgefühl ihm gegenüber wusste. Aber Iwan lebte ebenfalls nie dort. Nach der Revolution interessierte sich niemand von uns für diesen Landsitz. Ich bin kein einziges Mal mehr dort gewesen.

* * *

Als Anton noch lebte, hatten wir in Jalta viel Besuch – Schriftsteller, Schauspieler, Maler, Musiker, Akademiemitglieder. Unsere alten Moskauer und Melichower Freunde kamen, aber vor allem neue Bekannte, die meinem Bruder in jener Zeit nahe standen.

Gleich im ersten Jahr, als das Haus in Bau war, reiste der schon recht beliebte Maxim Gorki an, um Tschechow kennen zu lernen. Es war im März 1899. Die beiden trafen sich oft in jenen Tagen, sprachen über Literatur und fanden Gefallen aneinander. Danach pflegten sie freundschaftliche Beziehungen und schrieben sich regelmäßig.

Anton hielt Gorki für einen talentierten Menschen, aus dem einmal ein «sehr großer Schriftsteller» werde. Auf Gorkis Bitte gab er ihm zahlreiche literarische Ratschläge und half ihm mit kritischen Hinweisen. In seinen Briefen bedankte sich Gorki dafür und widmete Tschechow seine Novelle «Foma Gordejew».

Ich erlebte Gorki zum ersten Mal, als er zum Gastspiel des Künstlertheaters im Frühjahr 1900 nach Jalta kam. Sein Name war damals in aller Munde. Neugierig beobachtete ich ihn. Es wunderte mich, dass er immer lange russische Hemden mit Stehkragen trug, im Sommer weiße, im Winter schwarze, Stiefel und in den Schaft gestopfte Hosen. Überhaupt machte er weniger den Eindruck eines Schriftstellers als vielmehr den eines Fabrikarbeiters. Wenn er erzählte, meist aus seinem Leben, von seinen Wanderungen durch Russland, dann war man sofort von seinen farbigen Beschreibungen, interessanten bildhaften Vergleichen und überhaupt von seinem meisterhaften Ausdruck begeistert. Bei den Schauspielern des Künstlertheaters hinterließ er ebenfalls großen Eindruck. Alle lauschten begeistert seinen amüsanten Geschichten. Gorki war ein großer Erzähler.

Wenn Gorki auf die Krim kam, traf er sich jedes Mal mit Tschechow, und er wurde in unserem Haus schon wie ein Verwandter empfangen. 1901, bevor er nach Oleïs zog, wohnte er einmal sogar mehrere Tage bei uns. In jener Zeit stand er wegen seiner revolutionären Tätigkeit unter Polizeiaufsicht. Doch aus gesundheitlichen Gründen durfte er den Winter 1901/02 auf der Krim verbringen, mit Ausnahme von Jalta, wo er kein Wohnrecht hatte. Da unser Haus nicht in der Stadt war, sondern im Dorf Aütka, meldete Anton Gorki bei sich an. Allerdings erkundigte sich der Polizeiaufseher fast täglich bei meinem Bruder, ob Gorki sich bei ihm befinde. In jenem Winter trafen sich die beiden oft, entweder in Jalta oder auf Gorkis Datscha «Njura» in Oleïs. Manchmal fuhren sie gemeinsam zu Tolstoi, der damals ebenfalls am Südufer der Krim, in Gazpra, auf dem Landsitz der Gräfin Panina weilte.

Gorki war auch mit seiner Frau Jekaterina und seinen Kinderchen – dem Jungen Maxim und dem Mädchen Katja – bei uns. Als wäre es heute, erinnere ich mich an die kleinen Wesen, die in unseren Garten rannten, durchs hohe Gras sprangen und die Stille mit ihren Kinderstimmen belebten. Tschechow und Gorki hatten in unserem Garten eine Lieblingsbank, zu der sie meist gingen, um bei ihren Gesprächen ungestört zu sein. Wenn sie nicht im Haus waren, saßen sie dort, und wenn es Mittagessen gab oder Tee und sich alle um den Tisch versammelten, dann trat ich auf den Balkon von meinem Zimmer und rief durch den ganzen Garten: «Antoscha, Alexej Maximowitsch, kommt essen …»

Dieses Bänkchen steht bis heute in unserem Garten und trägt den Namen «Gorkibänkchen».

Einmal lud mich Gorki ein, mit ihm zusammen auf die konspirative Versammlung eines revolutionären Zirkels zu gehen.

Ich wusste, dass es in Russland solche Zirkel gab und Menschen, die ihre Kraft und ihr Leben der Revolution widmeten, ich selbst aber stand abseits vom politischen Leben. Vielleicht wollte Gorki in mir das Interesse an Politik wecken und mich sogar an die revolutionäre Arbeit heranführen.

«Ich mache Sie mit guten Menschen bekannt … Mit sehr guten», sagte er mit starkem südrussischem Akzent.

Da ich nicht die geringste Ahnung von Konspiration hatte, lud ich Iwan Bunin, der gerade in Jalta war, ein, ebenfalls mitzukommen. Gorki hatte nichts dagegen einzuwenden.

Ich erinnere mich, wie wir an einem dunklen Abend zu dritt durch die Straßen von Jalta gingen. Wir kamen zur Lawrowy-Gasse und traten in ein Haus, das einem gewissen Serebrjakow gehörte. Wir stiegen in den ersten Stock hinauf. Dort fand in einem recht großen verräucherten Zimmer eine Versammlung statt. Einige sehr einfach gekleidete Menschen stritten über irgendetwas. Wovon sie sprachen, begriff ich nicht. Außerdem lenkte mich Bunin mit seinen Erzählungen ab, er dachte offenbar, er müsse mich unterhalten.

Ich erinnere mich nicht mehr, ob Gorki damals das Wort ergriff. In meinem Gedächtnis habe ich nur die äußeren Umstände der Episode bewahrt, die charakteristisch für den Gorki der damaligen Zeit waren. Sein Versuch, mich dem revolutionären Zirkel näher zu bringen, ist damals missglückt.

Gorki liebte Anton und schätzte ihn als Schriftsteller sehr. Davon zeugen seine Erinnerungen an Tschechow, seine Briefe und Artikel.

* * *

Iwan Bunin hatte Tschechow bereits 1895 kennen gelernt, aber regelmäßig trafen sie sich erst, als er in Jalta wohnte. Bunin war zehn Jahre jünger als Anton. Er stammte aus einer verarmten

Adelsfamilie und lebte nur von Honoraren für seine literarischen Arbeiten.

Ich selbst lernte Bunin genauso wie Gorki erst in Jalta kennen, als das Künstlertheater auf der Krim gastierte. Er war ein wohlerzogener, scharfsinniger, lebhafter, fröhlicher Mensch und mir sehr sympathisch. Er war Dichter und Belletrist und ein großer Meister der Improvisation.

Anton war sehr liebevoll zu ihm und bat ihn, wenn er in Jalta sei, ihn jeden Tag, und möglichst dann schon so früh wie möglich, zu besuchen. Ganze Tage verbrachten sie mit Gesprächen. Beide liebten den feinen Humor und Späße, dachten sich zusammen lustige Episoden für eine Erzählung aus – von Zeit zu Zeit hörte man aus Antons Arbeitszimmer lautes Lachen. Bunin konnte großartig Tschechows frühe humoristische Erzählungen vorlesen. Anfangs gab sich mein Bruder die größte Mühe, mit ernstem Gesicht zuzuhören, aber sosehr er sich auch anstrengte, er konnte sich nicht lange beherrschen und musste laut loslachen, wenn er seine eigenen alten Erzählungen hörte. Anton dachte sich für Bunin einen Spitznamen aus: Bouquichon, und fügte manchmal hinzu: «der Herr französische Deputierte Bouquichon».

Im Dezember 1900 kam Bunin einmal nach Jalta und wohnte in unserem Haus. Er zog in eines der Zimmer im Sockelgeschoss. Während der Weihnachtsferien war ich meist in Jalta. Anton weilte in Nizza. Mutter und ich waren traurig, weil wir die Feiertage ohne Anton verbringen mussten, und so kam uns der Besuch Bunins sehr gelegen. Er brachte Leben in unser Haus und machte unsere Einsamkeit erträglicher.

Einen meiner Briefe an Anton nach Nizza (vom 28. Dezember 1900) begann ich mit einer lustigen Improvisation von Bunin:

Fliehend vor Schnee und Sturmeswüten
Eilte ich stracks gen Süden.

Hier ist es schrecklich kalt.
Uhrum füttern wir die Öfen,
Spähn mit Bunin durch den Fensterspalt
Und spaziern wie die Schäfchen.

Und weiter schrieb ich:

Meiner Meinung nach ist die letzte Zeile dumm, aber Bunin, der gerade eben dieses Gedicht für mich gemacht hat, findet, sie sei die beste! Schreib mir deine Meinung. Bunin wohnt unten.

Auf unserem Neujahrsfest improvisierte Bunin folgendes Gedicht für mich:

Tummle dich, Mascha
Frei nach der Nase –
Hast du 'nen Mann
Pflockt er dich an!

In den Tagen, die Bunin bei uns wohnte, kamen wir uns sehr nahe. Er nannte mich im Spaß «Amaranta» und sich selbst «Don Sinsaga», diese Namen hatte er Tschechows Erzählung «Die Frauen der Schauspieler» entnommen, die im ersten Band seiner Erzählungen unter dem Titel «Märchen der Melpomena» erschienen war. Manchmal nannte er mich auch, den verstorbenen Lewitan nachahmend, Mafa.

Nach den fröhlich verbrachten Ferien fuhr ich nach Moskau, Bunin aber blieb in unserem Haus, wofür ich ihm sehr dankbar war, denn sonst wäre Mutter ganz allein gewesen. Wir dachten, wenn Anton nicht mehr so lange im Ausland bliebe, könnte Bunin in Jalta auf ihn warten.

Bunin schrieb mir regelmäßig nach Moskau, und so begann unsere freundschaftliche Korrespondenz, die über zehn Jahre dauerte. Ich führe die Bunin'schen Briefe an, in denen er Tschechow erwähnt und die Bunins Beziehung zu Tschechow verdeutlichen, den er aufrichtig, tief und zärtlich liebte:

Jalta, den 22. Januar 1901

Ich fühle mich sehr schuldig vor Ihnen, liebe und gute Amaranta, aber die Tage laufen mir weg. Sie sausen so schnell dahin, dass man sie nicht am Schwanz zu packen kriegt, dank meines arbeitsamen und asketischen Lebens. Ich lese, denke, träume, schreibe manchmal etwas auf, lass es mir schmecken, unterhalte mich bei Tisch mit der lieben und sanften Jewgenija Jakowlewna, renne zur Post. Jewgenija Jakowlewna ist gesund – ihr Hals wollte ein bisschen anschwellen, aber jetzt ist es wieder besser. Wir wundern uns, was das bedeutet, dass Anton Pawlowitsch Ihnen nicht schreibt. Er hat erneut wiederholt, dass er bald, sehr bald kommt.

Wenn Sie hier wären, könnte ich Ihnen viel Rührendes und Schönes erzählen, was ich mir in der letzten Zeit ausgedacht und was ich gesehen habe. Und wie viel Improvisationen gehen verloren!

Beschreiben Sie die Vorstellung der «Drei Schwestern», grüßen Sie die Knippers. Leben Sie wohl, Amaranta.

Ihr Don Sinsaga

Jalta, den 18. Februar 1901

Liebe Maria Pawlowna! Am 13. Februar, am Dienstag, bin ich aus Aütka weg zum Dampfer, aber das Meer war so aufgewühlt, dass ich, auch um Jewgenija Jakowlewna mit meinem Kram nicht zur Last zu fallen, ins Hotel «Jalta» gegangen bin, wo ich bis jetzt wohne. Am selben Dienstag hat Warwara (Charkejewitsch – die Direktorin des Jaltaer Mädchengymnasiums) *aus Odessa ein Telegramm von Anton Pawlowitsch bekommen, dass er auf dem Weg ist. Es hat sich also alles wunderbar gefügt, wir hatten nur Sorge, dass Anton Pawlowitsch seekrank wird.*

Donnerstagnacht ist er angekommen, und am Freitag früh hat er mich angerufen und eingeladen. Ich war sowohl am Freitag bei ihm als auch am Sonnabend, heute ebenfalls – immer den ganzen Tag; natürlich, weil er es so wollte, und nicht aus Frechheit, die mir eigen ist. Er war sehr freundschaftlich zu mir, und mir war es sehr angenehm, mit ihm zusammen zu sein. Er hält mich hier fest – das erklärt, warum ich noch immer hier bin. Aber nach Aütka ziehe ich nicht, denn ich will ja abreisen.

Anton Pawlowitsch wirkte anfangs ein wenig angestrengt, aber heute sah er gut aus, Gott gebe ihm tausend Jahre Gesundheit! Die liebe Jewgenija Jakowlewna ist glücklich und gesund. Wie geht es Ihnen, liebe Mafa?

Anton Pawlowitsch hat mir viel aufgetragen, was ich Ihnen schreiben soll, hat dann aber beschlossen, selbst zu schreiben. Erst einmal auf Wiedersehen, liebe Amaranta.

Ihr Iw. Bunin.

Einen Gruß an die Knippertschik. Ist sie übrigens in Petersburg?

Odessa, den 3. März 1901

Liebe Maria Pawlowna, seien Sie bitte meines Schweigens wegen nicht böse. Mir ist es selbst unangenehm, dass ich Ihnen so lange nicht geschrieben habe …

Als ich von Jalta aufbrach, habe ich Ihnen, glaube ich, vom Schiff geschrieben, wie lieb und relativ gesund und munter der teure Anton Pawlowitsch war. Jetzt kann ich nichts mehr sagen. Ich habe keine Post von ihm erhalten. Der Erfolg des Künstlertheaters freut mich aufrichtig.

Ihr Sinsaga.

Anton Pawlowitsch nannte mich die ganze Zeit «Bouquichon». Gut, nicht?

Odessa, (Mitte März) 1901

Liebe und teure Amaranta, für Ihre Zärtlichkeit und die Einladung küsse ich ganz fest Ihre Hände, weiß aber nicht, ob ich nach Jalta komme. Jetzt erst einmal Ruhe, nach Hause, was soll das – wieder «Reisewagen, Speisewagen, weich geklopfte Koteletts in den Magen», Kellner. In Jalta könnte ich ja doch nicht arbeiten. Das heißt, es gibt wenig Chancen. Und die Hauptsache, werden Sie denn selbst längere Zeit in Jalta bleiben? Ich verhehle es nicht, ich will Sie bei Gott schrecklich gern sehen, und Jalta, Anton Pawlowitsch. Dann mit Ihnen zusammen übers Meer fahren und im milden Frühling nach Russland zurück. Sehr gut! Aber bei Gott, ich weiß nicht. Kurz, ich werde es mir überlegen.

Anton Pawlowitschs wegen machen Sie sich umsonst Sorgen. Ich habe nichts vor Ihnen verheimlicht, und «relativ» habe ich nur gesagt, weil Anton Pawlowitsch nie den Eindruck eines vor Gesundheit strotzenden Menschen macht.

Oletschka tut mir sehr Leid. (Das Künstlertheater war zu dieser Zeit zum Gastspiel in Petersburg. In ihren Rezensionen beschimpften die Petersburger Zeitungen die Stücke des Theaters; Olga Knipper belastete das sehr.) *Die anderen muss man wahrscheinlich nicht bedauern. Und außerdem ist der Erfolg ja trotzdem riesengroß.*

Ich warte noch auf Briefe von Ihnen – wie und was. Und ich werde es mir überlegen. Aber denken Sie nicht, meine Liebe, dass ich nicht kommen möchte. Mein Junge ist ein bisschen krank. Überhaupt gibt es viel Trauriges. (Bunin hatte sich von seiner Frau scheiden lassen. Der Sohn war bei der Mutter geblieben. Iwan Bunin ging jeden zweiten Tag hin, um ihn zu sehen.) *Meine Frau habe ich nur im Vorübergehen gesehen.*

Ihr Iw. Bunin

Lukjanowo, Gouvernement Tula, den 28. Apr. 1901

Liebe Amaranta, schreiben Sie mein langes Schweigen nicht der Tatsache zu, dass ich in dieser Zeit nicht an Sie gedacht habe – meine Lebensordnung war gestört. In Jalta waren Sie nicht gut aufgelegt, und ehrlich gesagt, finde ich das ein bisschen schade. Die anderthalb Wochen hätten wir besser verbringen können. Aber dennoch denke ich wie immer mit großer Liebe an Jalta und an Sie, an Knipschiz, und an Antoscha, und überhaupt.

Wie steht es um Anton Pawlowitschs Gesundheit, und wo ist er, und wie lange wird er in Moskau bleiben, falls er schon dort ist. Ich fühle mich in meinem Heimatnest nicht schlecht. Schreibe viele Gedichte – manchmal gute …

Mit der ganzen Seele der Ihre, Iw. Bunin.

Iwan Bunin war dann doch Anfang April nach Jalta gekommen und hatte anderthalb Wochen bei uns gelebt. In dieser Zeit war auch Olga Knipper dort. Wir verbrachten eine fröhliche Zeit und gingen viel spazieren. Einmal fuhren wir nach Gurzuf und frühstückten in einem Restaurant. Nach diesem Ausflug bat Bunin uns, ihm zu sagen, welchen Anteil an den Ausgaben er zu bezahlen habe. Da schrieb Anton ihm im Spaß folgende Rechnung:

Rechnung an Herrn Bouquichon (den französischen Deputierten und Marquis)

Für Sie wurde ausgegeben:

der vordere Sitz in der Kutsche	*5 R.*
2 Meergrundeln à la femme au naturelle	*1 R. 50 Kop.*
1 Flasche Wein extra sec	*2 R. 75 Kop.*
4 Gläser Wodka	*1 R. 20 Kop.*
1 Filet	*2 R.*
2 Lammschaschlik	*2 R.*
2 Lämmer	*2 R.*
Salade tirbouchon	*1 R.*
Kaffee	*2 R.*
und anderes mehr	*11 R.*
Summe:	*27 R. 27 Kop.*

Achtungsvoll Anton und Maria Tschechow, Hausbesitzer

Am 14. April verließen wir Jalta zu dritt: Olga Knipper und ich in Richtung Moskau, Bunin in Richtung Odessa.

Jefremowo, den 28. Mai 1901

Liebe Amaranta, an die ich oft mit großer Freude denke! Ich arbeite viel und habe Ihnen deshalb lange nicht geschrieben. Sie haben mir einen wundervollen Brief geschickt – Sie schreiben nicht schlechtere Briefe als Ihr Bruder. Ich habe vor, nach Moskau zu kommen, und hoffe, Oletschka und Anton Pawlowitsch dort zu sehen. Er hat mir geschrieben, der Brief begann so: «Lieber, erbaulicher Iwan Alexejewitsch, Herr Bouquichon!» Wegen dieses «erbaulich» wäre ich fast eingeschnappt. Schreiben Sie mir nach Moskau. Da meine Freunde mich lieben, fahre ich nach Moskau und mache einen Abstecher auf die Datscha zu Teleschow, adressieren Sie also folgendermaßen: Moskau, Tschistyje Prudy, Haus von Terechow, an N. D. Teleschow, für mich.

… Ich grüße Jewgenija Jakowlewna und alle Bewohner der lieben und edlen Weißen Datscha.

Ganz Ihr Iw. Bunin.

Sehen Sie Kuprischa? (Alexander Kuprin). *Küssen Sie ihn in meinem Namen.*

Moskau, Anfang Juni 1901

Liebe Maria Pawlowna! Warum sind Sie verstummt? Wie ist Ihre Stimmung? Als ich in Moskau ankam, erfuhr ich völlig unerwartete Neuigkeiten über Anton Pawlowitsch. (Die Trauung von Tschechow und Olga Knipper am 25. Mai in Moskau.) *Ich war bei Anna Iwanowna* (Anna Iwanowna Knipper – die Mutter von Olga Knipper)*, sie sagt, er sei sehr fröhlich abgereist. Meinen Wunsch kennen Sie – ich wünsche von ganzem Herzen, dass das für Sie alle in jeder Beziehung gut ist und gut endet. Schreiben Sie mir von sich, wenigstens irgendwas, und grüßen Sie mir die liebe und verehrte Jewgenija Jakowlewna.*

Iw. Bunin.

Lukjanowo, den 7. Juli 1901

Liebe Maria Pawlowna, ich habe Ihnen lange nicht geschrieben, aber wieder war die Armseligkeit meines äußeren Lebens daran schuld. Ich hocke bei meinen Eltern, gehe morgens baden, schlafe nach dem Mittagessen in der Ahornallee, lese viel. Die übrige Zeit unterhalte ich mich mit der Muse. Wie gern würde ich Tolstoi den Rang ablaufen, mein einziger Wunsch!

Mit Ihnen, meine liebe und gute Amaranta, hatte ich von ganzem Herzen Mitleid, als ich Ihren traurigen Brief las. (Mein Brief war in der Periode seelischer Verwirrung geschrieben, als ich gerade von der Hochzeit meines Bruders erfahren hatte.) *Ich habe einen Bräutigam für Sie gesucht – nichts Passendes da – es ist Sommer! Warten wir den Winter ab, den ich fast ausschließlich in Moskau verbringen werde. Von Ihrem lieben, berühmten Bruder erhielt ich einen Brief, doch wie gewöhnlich schreibt er nichts über seinen Gesundheitszustand. Was hat der Kumys gebracht? Schreiben Sie bitte – ich liebe Sie alle sehr. Und schreiben Sie mehr über sich, wie Sie die Tage in Jalta verbringen? Natürlich meine tiefe Verbeugung vor der jungen, verehrten Jewgenija Jakowlewna, vor Ihrem gesamten Haus und den Bekannten.*

Mit der Seele der Ihre

Iw. Bunin.

2. Juni 1902

Meine liebe Freundin, verzeihen Sie mir, dass ich nicht geschrieben habe. Ich habe bei den Meinen im Dorf gehockt und «geschöpft». Fahre jetzt in die Nähe von Moskau. Schreiben Sie, wie es Ihnen geht, wo Anton Pawlowitsch mit seiner Frau steckt. Schreiben Sie bitte, ich möchte so gern irgendetwas von Ihnen hören.

Ihr Iw. Bunin

Sewastopol, den 2. August 1902

Ich sitze auf der Strandpromenade, in Sewastopol, auf einer Bank gleich am rauschenden und brausenden Wasser, direkt gegenüber der im Meer versinkenden Sonne, gegenüber dem unerträglich blendenden Streifen im Meer, im gelblichen Abendlicht, umweht vom zärtlichen Wind, der vom Meer her kommt.

Es ist der zweite Tag, und schon sehne ich mich so danach, seit der Abfahrt aus Gurzuf, dass es mich körperlich schmerzt. Wieder bin ich unterwegs, auf meinem endlosen Weg, und so wie gestern gibt es auch heute keine mehr oder weniger verwandte Seele in meiner Nähe. Ich möchte weinen vor Einsamkeit. Ich habe auf der ganzen Welt nicht mehr als zehn Menschen, die mir nahe sind. Sie sind einer davon, und gestern wollte ich schon wieder zu Ihnen nach Gurzuf kommen, um den Abend mit Ihnen zu verbringen, da ich schrecklich einsam war, aber ich bin so traurig in letzter Zeit …

Ihr Iw. Bunin

Lukjanowo, den 5. Juli 1904

Teure und liebe Amaranta, schreiben Sie mir bitte, wie es um Anton Pawlowitschs Gesundheit steht und wo er ist? Ich habe gehört, er sei nicht gesund, und darüber bin ich sehr, sehr traurig. (Als Bunin diesen Brief schrieb, weilte Tschechow bereits nicht mehr unter den Lebenden.)

Ihr ergebener Iw. Bunin.

Lukjanowo, den 9. Juli 1904

Liebe, heiß geliebte Freundin, ich bin buchstäblich wie vom Donner gerührt. Und dann noch hier der Kummer – meine Mutter hat eine kruppöse Lungenentzündung, sie ist fast siebzig. Deshalb konnte ich nicht nach Moskau kommen, ich bitte Sie nur, daran zu denken, dass ich alle Ihre Leiden in diesen Tagen in unsagbarem Schmerz mit Ihnen zusammen durchlebe …

Mit ganzer Seele Ihr ergebener Iw. Bunin.

* * *

In seinen Erinnerungen erzählt Bunin, wie er von Tschechows Tod erfuhr:

Ich ritt ins Dorf auf die Post, holte meine Zeitungen und Briefe ab und machte einen Abstecher zum Schmied, um das Pferd neu beschlagen zu lassen. Es war ein heißer und träger Steppentag mit mattem Himmelslicht und heißem Südwind. Auf der Schwelle der Schmiede sitzend, schlug ich die Zeitung auf – und plötzlich fährt mir ein eiskaltes Rasiermesser übers Herz.

Einige Jahre nach Antons Tod, als ich die Briefe meines Bruders herauszugeben begann, bat ich Iwan Bunin, das Vorwort zu schreiben. Er sagte zu. Alles Weitere erklärt sein Brief vom 25. September 1911 an mich:

Ich habe mir die Briefe von Anton Pawlowitsch bei Sytin abgeholt, und nachdem ich sie gelesen hatte, ihm wieder zurückgebracht für die Druckerei. Die Briefe sind bezaubernd und böten Material für einen umfangreichen Aufsatz. Doch umso mehr plagt mich der Zweifel: Muss ich eine Einleitung zu den Briefen schreiben? Nachdem ich angestrengt nachgedacht habe, komme ich zu dem Schluss, dass das nicht notwendig ist. Denn was kann ich in der Einleitung sagen? Sie loben? Das haben die Briefe nicht nöig. Sie sind wertvolles Material für einen Biographen, für die Charakterisierung von Anton Pawlowitsch, für ein Porträt von ihm. Aber wenn man ein Porträt von ihm schreibt, darf man nicht nur einen Band nehmen, sondern alle, und noch vieles aus anderen Quellen. Welchen Sinn hat dann eine einleitende Bemerkung?

Schreiben Sie mir bitte, was Sie darüber denken. Ich glaube, Sie stimmen mir zu, zumal die Briefe ja so schnell wie möglich herauskommen müssen.

Grüße an Jewgenija Jakowlewna

Ihr aufrichtig ergebener Iw. Bunin

Ich verstand seine Bedenken, und statt eines Vorworts schrieb mein Bruder Michail eine biographische Einführung zu jedem einzelnen Briefband.

In den folgenden Jahren traf ich seltener mit Bunin zusammen. Er heiratete ein zweites Mal und war nicht mehr so häufig auf der Krim wie früher. Unser Briefwechsel schlief ein. Nach der

Revolution trennten sich unsere Wege. Bunin war weder Kapitalist noch Großgrundbesitzer, obwohl er von seinen Eltern ein kleines altes Landgut im Tulaer Gouvernement geerbt hatte. Er lebte nur von seiner schriftstellerischen Arbeit und war immer knapp bei Kasse. Trotzdem konnte er die Oktoberrevolution nicht begreifen und ging ins Ausland. Dort verbrachte er den Rest seines Lebens. Traurig endeten die Tage dieses talentierten Mannes, der seine Heimat liebte, sich aber von einigen seiner alten Ansichten nicht lösen konnte. Er starb 1953 mit dreiundachtzig Jahren in der Fremde.

Meinen Erinnerungen an Bunin kann ich hinzufügen, dass in der Julinummer der Zeitschrift «Russkaja Mysl», Jahrgang 1902, Bunins Erzählung «Das Wiedersehen» veröffentlicht wurde, die mir gewidmet ist.

* * *

In unserem Haus in Jalta ging noch ein anderer Schriftsteller, zu dem Tschechow ein herzliches Verhältnis hatte und dessen Werke er schätzte, ein und aus – Alexander Kuprin. Er war wie Bunin zehn Jahre jünger als Anton und hatte ein schweres Leben hinter sich: war Offizier, Schauspieler, Landvermesser gewesen …

Kuprin war 1900 bei uns zu Besuch. Er liebte und achtete Tschechow und war schon recht bekannt, als er 1901 Anton sein Büchlein «Miniaturen» mit folgender Widmung schenkte: «Dem hochverehrten Anton Pawlowitsch Tschechow mit großer Ehrfurcht. Der Autor».

Kuprin wohnte im Frühling in Jalta, aber nicht direkt in der Stadt, sondern im Dorf Aütka, nicht weit von unserem Haus. In der Wohnung, in der er ein Zimmer gemietet hatte, konnte er nicht gut arbeiten, da sie sehr laut war, und so schlug Anton ihm vor, bei uns zu schreiben. Kuprin richtete sich im Esszimmer im

Parterre ein, unter dem Arbeitszimmer meines Bruders. In diesem Raum ist die bekannte Erzählung «Im Zirkus» entstanden.

Kuprin und Bunin waren befreundet und kamen häufig gemeinsam nach Jalta, ich nannte sie manchmal aus Spaß die «zwei Ajaxe». Auch mit Kuprin freundete ich mich an. Hier ein Brief von Kuprin an mich:

Erinnern Sie sich, Baudelaire hat einmal gesagt:

« … jedes Mal, wenn ich eine reine, schöne Frau mit einer zarten Seele traf, wollte ich sie auf Händen tragen und vor Rührung weinen.»

… Ähnliches habe ich Ihnen gegenüber empfunden. Ich denke oft an Sie, sehr oft … Ich bin glücklich, dass Sie mir das erlauben.

Bunin und Kuprin machten sich in ihren Briefen an mich jeweils über den anderen lustig. Bunin schrieb:

Mit großer Unzufriedenheit habe ich von Ihrem Flirt mit Kuprin gehört. Ich hoffe, dieser Dämon ist schon abgefahren?

Und Kuprin schrieb:

Sagen Sie Wanetschka Bunin, dass ich jeden anderen an seiner Stelle hassen würde, aber ihm verzeihe ich großmütig …

Ich erinnere mich, wie Kuprin auf Antons Beerdigung die Tränen unaufhaltsam übers Gesicht liefen. Er liebte Tschechow aufrichtig. Seine Erinnerungen an meinen Bruder sind voller Wärme. Später half er mir, für die Veröffentlichung des Nachlasses Antons Briefe bei den Petersburger Empfängern einzusammeln.

Nach der Revolution emigrierte Kuprin ebenfalls. Aber er litt schwer unter der Trennung von Russland und wandte sich schließlich mit der Bitte, ihn in die Heimat zurückzulassen, an die sowjetische Regierung. Er kehrte als alter, kranker Mann nach Hause zurück und starb 1938 in Moskau.

Nach der Revolution habe ich ihn nie wieder gesehen.

***

Ich habe schon erwähnt, dass unser alter Freund Onkel Giljai uns in Jalta besuchte. Bei einem seiner Aufenthalte schrieb er auf den Rahmen der Tür, die von der kleinen Eingangshalle in den Hof führte, spontan ein Gedicht:

Euer Land ist wunderlieblich,
Geh spazieren hier im Mai:
Scharik, Tusik mit dem Schiefmaul
Ein gewisser Babakai.

Babakai Kalfa war der Bauleiter unserer Datscha. Scharik und Tusik waren zwei unserer Hunde, die Anton über alles liebten.

Anton lachte herzlich über das Gedicht und witzelte, das sei die beste Lyrik unserer Zeit. Später habe ich sehr bedauert, dass dieses Gedicht beim Malern versehentlich überstrichen wurde.

* * *

Ende 1899 kam uns während der Weihnachtsfeiertage unser alter teurer Freund Isaak Lewitan besuchen. Er war bereits schwer krank. Diese Begegnung war die letzte zwischen Tschechow und ihm, wenn man von den kurzen Besuchen Tschechows bei dem kranken Lewitan in Moskau 1900 absieht.

In jenen letzten Tagen des Jahres 1899 malte Lewitan in unserem Haus ein Bild – die Studie «Heuhaufen in einer Mondnacht» in Öl. Der Idee zu diesem Bild ging ein Gespräch zwischen Lewitan und Tschechow über die russische Natur voraus: Lewitan saß in Antons Arbeitszimmer im Sessel vor dem Kamin, und Anton, der langsam durchs Zimmer schritt, sprach davon, wie sehr er sich nach der vertrauten mittelrussischen Landschaft sehne, dass die südliche Natur der Krim zwar schön sei, ihn aber kalt ließe. Plötzlich wandte sich Lewitan an mich: «Mafa, holen Sie mir bitte eine Pappe.»

Ich brachte ihm die Pappe. Lewitan schnitt ein Stück in der Größe des Kamins aus, stellte es in die Kaminöffnung, nahm Farben und Pinsel und begann zu malen. In einer halben Stunde war die Studie fertig: Heuhaufen auf einem Feld während der Heuernte in einer Mondnacht, in der Ferne ein Wald. In der unteren rechten Ecke steht: «I. Lewitan für A. Tschechow». Das Geschenk des Freundes blieb für immer im Kamin stehen.

Im Arbeitszimmer meines Bruders hingen noch zwei weitere Bilder von Lewitan: «Der Fluss Istra», gemalt 1885 in Babkino, als wir dort alle zusammen lebten, und «Eiche und Birke». Beide Bilder hatte Lewitan Anton geschenkt, und sie hingen immer in Tschechows Arbeitszimmer, egal, wo wir wohnten – in Moskau, Melichowo oder Jalta. Einige Bilder und Studien, die Lewitan mir schenkte, hängen in meinem Zimmer.

* * *

Auch Fjodor Schaljapin besuchte uns in Jalta. Er liebte Tschechow und schätzte seine Werke. Schaljapin schickte nach jeder Aufführung eines neuen Stückes von Tschechow ein Telegramm, in dem er seine Begeisterung und Dankbarkeit ausdrückte.

Mein Bruder hörte Schaljapin sehr gern singen. Da Schaljapin meist ohne Voranmeldung kam und wir im Haus niemanden hatten, der ihn begleiten konnte, setzte er sich selbst ans Klavier und sang russische Volklieder. Er sang großartig – einerseits lyrisch und seelenvoll, andererseits hitzig und verwegen, scherzhaft und komisch. In seinen Liedern lagen so viel Zauber, so viel Schönheit, so viel Gefühl, dass wir ihm stundenlang zuhören konnten.

Gast in unserem Haus war auch der Schauspieler Pawel Orlenjew, der Tschechow ständig bat, für ihn ein Stück für seine Gastspiele im Ausland zu schreiben. Genauso kamen die erste Darstellerin der Nina aus der «Möwe» und der ehemalige Sänger des Moskauer Bolschoi-Theaters Viktor Miroljubow (Künstlername

Mirow), der das «Shurnal dlja Vsech» herausgab, in dem Antons Erzählungen «Der Bischof» und «Die Braut» gedruckt wurden.

Manchmal tauchten Schriftsteller auf, die Anton noch von früher kannte und mit denen er befreundet war – Mamin-Sibirjak, Teleschow, der progressive Gerichtsbeamte Anatoli Koni, der ebenfalls schrieb, und einige, die Tschechow erst während seiner Zeit in Jalta kennen gelernt hatte: Leonid Andrejew, Wikenti Weressajew, Stepan Skitalez, Jewgeni Tschirikow, der Dichter Konstantin Balmont, der Dramatiker Sergej Naidjonow, dessen Stücke Anton sehr lobte.

So kam auch der Schriftsteller Nikolai Garin-Michailowski, ein sympathischer Mensch, in unser Haus. Er war ein bekannter Eisenbahningenieur und war gerade mit der Planung einer Eisenbahnlinie entlang des Südufers der Krim bis Jalta befasst. Mein Bruder hielt ihn für einen talentierten Künstler.

Aber es kamen auch Schriftsteller wie Boris Lasarewski, die Anton mit ihren langen Gesprächen ermüdeten. Anton hatte zu viel Taktgefühl, um es sich anmerken zu lassen. Erst wenn sie weg waren, beklagte er sich über Kopfschmerzen und dass man ihn nicht arbeiten lasse. Leider waren solche Besuche recht häufig, und wir konnten ihn nicht davor bewahren.

Ich habe bereits erwähnt, dass Lew Tolstoi im Herbst und Winter 1901/02 in Gaspra am Südufer der Krim weilte, auf dem Landgut der Gräfin Panina, ungefähr zwölf Werst von Jalta entfernt. Tschechow besuchte Tolstoi dort häufig. Zu uns ist Tolstoi allerdings nie gekommen.

Tolstoi wurde in Gaspra sehr krank. Mein Bruder war tief betrübt, dass er selbst leidend war und nicht als Arzt die Krankenwache an Tolstois Bett unterstützen konnte. Er verehrte Lew Tolstoi. Während Tolstois schwerer Krankheit übernahm Anton die Aufgabe, Meldungen über den tatsächlichen Zustand zu übermitteln. Denn die zaristische Regierung verheimlichte dem Volk die Wahrheit.

Aus Gesundheitsgründen praktizierte Tschechow in Jalta nicht mehr. Trotzdem kamen oft Kranke aus Aütka zu ihm, auch Studenten, und niemandem verweigerte er die kostenlose medizinische Hilfe. Auf seinem Schreibtisch lagen immer das Hörrohr, das Plessimeter und das Hämmerchen. Dabei ereigneten sich kuriose Zwischenfälle. Einmal zum Beispiel beharrte ein Unbekannter auf Konsultation, bis Anton sich bereit erklärte, ihn zu untersuchen. Danach legte der Besucher vier goldene Zehnrubelstücke auf den Tisch. Mein Bruder wiederholte entrüstet, dass er nicht mehr praktiziere und hier nur eine Ausnahme gemacht habe. Diese vierzig Rubel seien eine Beleidigung. Aber dann überlegte er es sich anders, und als er sich davon überzeugt hatte, dass der Besucher ein wohlhabender Mann war, sagte er: «Ach, warten Sie ...»

Und er holte sein Büchlein für die Spenden zum Nutzen der mittellosen Kranken hervor und schrieb dem Mann eine Quittung, dass er vierzig Goldrubel für den Hilfsfonds erhalten habe. Der Unbekannte weigerte sich zunächst, die Quittung anzunehmen, doch dann sagte er: «Ach, warten Sie, das ist ja ein Autogramm.»

* * *

Als Tschechow in Jalta lebte, war seine Popularität als Schriftsteller schon weit fortgeschritten. Auf der Wolga verkehrte zum Beispiel ein Dampfer mit dem Namen «Anton Tschechow». Postkarten mit Tschechows Porträt wurden verkauft. Die Zeitungen Odessas gaben Nachricht von der Ankunft des Schriftstellers Tschechow, obwohl er gar nicht weggefahren war. Irgendwo auf irgendeinem Dampfer bat ein Unbekannter, der sich als Schriftsteller Tschechow ausgab, jemanden um Geld und erhielt es auch anstandslos. Ein Mann machte einem Mädchen den Hof und gab sich als der Schriftsteller Tschechow aus, und Anton erhielt dann von den Eltern des Mädchens einen Brief, in dem sie ihm vorwarfen, er würde jungen Dingern den Kopf verdrehen. Kurz, wer gewieft war, nutzte seinen Namen, denn der war ungeheuer populär und weckte Sympathie.

Wenn Anton in Jalta auf der Uferstraße spazieren ging, folgte ihm mit etwas Abstand immer eine Gruppe Verehrer oder, genauer gesagt, Verehrerinnen. Davon gab es in Jalta eine ganze Reihe, und in unserer Familie bekamen sie einen besonderen Namen: «die Antonowkas». Diese Antonowkas waren arglose Schwärmerinnen. Sie wollten den Schriftsteller Tschechow sehen, mit ihm ein paar Worte wechseln, ihm helfen, aus der Stadt etwas nach Hause zu tragen, oder ihn heimgeleiten und schließlich Wache an unserem Zaun stehen und Tschechow beobachten, wenn er in seinem Garten war. An manchen Tagen standen die Antonowkas stundenlang an dem weißen Zaun, der unser Grundstück umgab. Sie hofften, dass Tschechow in die Stadt ginge. All das machte Anton sehr befangen, und so versuchte er, immer in Begleitung von Freunden und Bekannten in die Stadt zu gehen.

Einmal passierte Folgendes: Auf der Löwenterrasse des Woronzow-Palastes in Alupka wurden regelmäßig Konzerte veranstaltet. Im Sommer waren wir einmal zu dritt dort: Anton, Olga Knipper und ich. Da wir noch etwas Zeit hatten, saßen wir an einem Tischchen und tranken Tee. Plötzlich erhob sich jemand vom Nachbartisch und verkündete laut, dass der Schriftsteller Tschechow «unter uns weile». Alle drehten sich zu uns um. Anton wurde schrecklich rot, stand auf und ging. Wir fanden ihn schließlich im Park. Er war sehr verstimmt und weigerte sich, zum Konzert zu gehen.

Ein anderes Mal saß ich mit Anton im Zug, ich weiß nicht mehr, wohin. Mit uns im Abteil waren zwei Männer, die auf die Literatur zu sprechen kamen. Schließlich fiel der Name des Schriftstellers Tschechow. Einer der Männer hatte eine Zeitschrift, in der eine Erzählung von Anton abgedruckt war.

«Haben Sie etwas von Tschechow gelesen? Das ist ein phantastischer Schriftsteller, den empfehle ich Ihnen!», wandte sich einer der Männer an Anton.

Der zweite Passagier pflichtete ihm bei. Ich konnte ein Lächeln nicht unterdrücken und blickte verstohlen zu meinem Bruder. Er blieb völlig gelassen, nur die etwas zusammengekniffenen Augenwinkel zeugten davon, dass er das Lachen zurückhielt.

«Hm, ja? Irgendwann mal …», antwortete Anton.

«Na, und wie finden Sie ihn? Das ist einer der besten Schriftsteller unserer Tage!»

«Hm. Ich weiß nicht. Ich verstehe davon nichts …», entgegnete Anton.

Die Männer wollten meinen Bruder von Tschechow überzeugen und erzählten ihm von den Vorzügen seiner literarischen Werke. Anton hörte zu und stieß unartikulierte Laute aus: «Hm … hm …»

Mich juckte es schrecklich, ihnen die Wahrheit zu sagen.

«Antoscha», flüsterte ich ihm ins Ohr, «na, sag ihnen doch, wer du bist.»

«Hm …», entgegnete er und schüttelte den Kopf.

«Los, Antoscha!», bedrängte ich meinen Bruder.

Aber er wollte mich nicht verstehen. Ich verstummte. Da die beiden aber immer noch über die Werke von Tschechow sprachen, stieß ich ihn von Zeit zu Zeit in die Seite.

«Na los …»

Bald würde unsere gemeinsame Fahrt zu Ende sein. Ich bat meinen Bruder ein letztes Mal: «Antoscha, erlaube mir, ihnen zu sagen, dass du Tschechow bist!»

Er sah mich wieder mit blitzenden Augen an und schüttelte den Kopf. Ich traute mich nicht, mich über seinen Willen hinwegzusetzen. Unsere Reisegefährten haben nie erfahren, dass sie damals im Abteil Tschechow selbst davon überzeugen wollten, dass es in der russischen Literatur den guten und interessanten

Schriftsteller Tschechow gebe, dessen Werke er unbedingt lesen müsse.

Anton fand das Ganze amüsant, es war ihm nicht im Geringsten unangenehm – er merkte, dass die beiden uneitel und aufrichtig über ihn sprachen, ohne großes Wortgeklingel.

* * *

Dem Anschein nach war alles gut. Unsere Familie lebte in harmonischem Miteinander. Anton war berühmt. Jedes neue Werk aus seiner Feder wurde in der Literaturwelt als Ereignis gefeiert. So auch die Novelle «In der Schlucht», die Erzählungen «Die Dame mit dem Hündchen», «Die Braut» und sein neues Stück «Der Kirschgarten».

Aber da war Antons Krankheit, die von Jahr zu Jahr schlimmer wurde. Allerdings bemerkte die Familie das nicht so sehr wie unsere Freunde und Bekannten, die Anton seltener sahen. Wir hatten uns sogar schon ein wenig daran gewöhnt, dass Anton oft kränkelte, sich dann aber wieder erholte und besser fühlte. Doch die Sorge um Antons Gesundheit beschäftigte unsere Familie permanent. In den letzten Jahren griff die Krankheit auch seinen Darm an, mein Bruder konnte nicht mehr alles essen, und auf ärztlichen Rat stellte ich ihm eine spezielle Kost zusammen, für jeden Wochentag ein kleines Menü. Jeder von uns – Mutter, Olga und ich – unternahmen alles, um Antons Gesundheit zu stabilisieren.

23 *Tod und Beisetzung meines Bruders*

Ich war noch in Moskau, als Anton am 3. Mai 1904 aus Jalta ankam. Er fühlte sich schlecht und legte sich gleich zu Bett. Überhaupt kränkelte er in diesem Frühjahr oft. Sein Gesundheitszustand hatte sich merklich verschlechtert.

Ungefähr zehn Tage wohnten wir unter einem Dach, bis ich mit Beginn der Schulferien am 14. Mai nach Jalta aufbrach. Anton sah sehr schlecht aus, und es fiel mir schwer, ihn so zurückzulassen. Doch fahren musste ich, mein Bruder drängte schon die ganze Zeit: «Warum fährst du nicht? Mutter ist allein in Jalta …»

Dennoch wäre mir nicht im Traum eingefallen, dass ich meinen Bruder an jenem Tag zum letzten Mal sah und dieser Abschied von ihm der letzte sein sollte. Ich dachte, alles wäre, wie es in den letzten Jahren so oft war: Er liegt ein bisschen, kuriert sich und erholt sich wieder, wie immer. Zudem plante er ja auf Anraten seines Moskauer Arztes Dr. Taube, wieder in einen Kurort ins Ausland zu fahren.

Aber diesmal zog sich die Krankheit meines Bruders in die Länge, er musste weiter liegen. Seine Briefe aus Moskau, in denen er uns gestand, dass er sich noch kein einziges Mal angekleidet habe und nicht aus dem Haus gegangen sei, betrübten Mutter und mich sehr, zumal der Frühling auf der Krim in diesem Jahr wundervoll war. Der von Anton angelegte Garten gedieh prächtig und war schattig, alles blühte und duftete. Die Bäume begannen schon Früchte zu tragen, und ich kochte jede Menge Konfitüre aus unseren Sauerkirschen und Süßkirschen. Ich ärgerte mich, dass mein Bruder das alles nicht sah. In meinen Briefen riet ich ihm, so schnell wie möglich wieder gesund zu werden und nach Jalta zu kommen.

Erst am 31. Mai ging Anton das erste Mal aus dem Haus, und am 3. Juni fuhr er mit Olga Knipper nach Deutschland. Sie quartierten sich in dem süddeutschen Kurort Badenweiler im Schwarzwald ein.

Bald kam Iwan zu uns nach Jalta und erzählte, in welch erschreckendem Zustand, abgemagert und schwach, Anton losgefahren sei. Ich litt sehr, da ich mir das alles sehr zu Herzen nahm.

Antons Briefe aus Deutschland waren jedoch optimistisch. Er schrieb, ihm ginge es schon besser, die «Gesundheit dringt nicht gramm-, sondern pudweise in mich ein», er beklagte sich lediglich über das langweilige, monotone Leben in Badenweiler: «Hier ist allzu viel deutsche Stille und Ordnung.» Wenn man nach seinen Briefen urteilte, hatte Antons Zustand nichts Bedrohliches.

Iwan, der meine Unruhe sah, schlug mir vor, ich solle mich zerstreuen und ablenken und mit ihm eine Schiffsreise in den Kaukasus bis Batumi und zurück unternehmen. In der Reederei von Jalta arbeitete unser Cousin Georgi, der einen Preisnachlass für unsere Schiffstickets arrangierte. Wir rechneten damit, dass wir zehn Tage bräuchten. Georgi sollte uns ständig über Antons Gesundheitszustand informieren und die Nachrichten aus Deutschland nachschicken.

Am 29. Juni ging es los. Die Fahrt war sehr schön, obwohl ich immer noch nervös war. Wir kamen nach Batumi und stiegen dort in den Zug nach Borshomi. Wir übernachteten im Hotel und wollten uns morgens die Stadt ansehen, doch mich zog es die ganze Zeit auf die Post, um herauszubekommen, ob eine Nachricht aus Jalta eingetroffen sei. Und dort übergab man mir tatsächlich das schreckliche Telegramm, das für mich der größte Schlag meines Lebens war: «Antoscha gestorben.»

Ich weiß nicht mehr, wie wir zurück nach Batumi gekommen sind. Wir beeilten uns, damit wir nicht den Dampfer verpassten.

Aus Borshomi hatten wir ein Telegramm an den Kapitän geschickt mit der Bitte, auf uns zu warten, wussten aber nicht, ob er das tun könnte. Ich erinnere mich noch, wie ich aus der Kutsche sprang, die uns in Batumi vom Bahnhof zum Hafen brachte, und wie ich über die Anlegebrücke zum Schiff rannte, so schnell mich meine Füße trugen. Schon von weitem sah ich, dass der Dampfer noch dort lag. Als der Kapitän uns erblickte, rief er uns zu: «Hetzen Sie sich nicht, hetzen Sie sich nicht, wir warten auf Sie!»

Kaum waren Iwan und ich an Bord, legte das Schiff ab.

In Jalta hatte als Erster Georgi von Antons Tod erfahren, genau an dem Tag, als Mischa in unserem Haus ankam. Auch ihm hatte er die schreckliche Nachricht mitgeteilt. Mir und Iwan hatte er das Blitztelegramm geschickt, aber unsere Mutter wusste nichts.

In Jalta erhielten wir ein Telegramm von Olga Knipper, in dem es hieß, dass sie Antons Leichnam über Petersburg nach Moskau bringe. Wir packten unverzüglich unsere Sachen, um nach Moskau zu fahren. Es wurde Zeit, Mutter endlich die Wahrheit zu sagen … Keine Worte können das Leid der Mutter beschreiben, die ihren Lieblingssohn verloren hatte.

Wir fuhren zur Beerdigung nach Moskau.

***

Wie war das alles passiert? Warum kam dieser Schlag so unerwartet?

Hatte mir doch Anton noch drei Tage vor seinem Tod, am 28. Juni, einen Brief geschickt (den ich in Jalta las, als er schon nicht mehr lebte), in dem er von seinen Plänen schrieb, nach Jalta zurückzukehren, dass er jedoch nicht mit der Eisenbahn fahren wolle, da es in den Abteilen schrecklich heiß und stickig sei, und außerdem «kommst du schneller nach Hause, als du willst, und ich habe mich noch nicht genug herumgetrieben». Anton wollte auf dem Seeweg von Triest nach Odessa reisen und bat mich, ihm den Schiffsfahrplan mitzuteilen und ob die Schiffe bequem seien. Er schrieb, Olga sei nach Freiburg gefahren, um für ihn einen Sommeranzug aus Flanell zu bestellen. Der Brief war voller froher Hoffnung und konkreter Pläne eines Menschen, der überhaupt nicht daran dachte, dass das seine letzten Tage sein sollten.

Allerdings gab es auch andere Töne:

Das Essen ist sehr schmackhaft, aber nicht besonders gut, mein Magen ist fortwährend verstimmt. Die hiesige Butter darf ich nicht essen. Offenbar ist mein Magen hoffnungslos verdorben, ihn wiederherzustellen geht nur mit Fasten, das heißt nichts essen – und basta. Und gegen die Atemnot ist die einzige Medizin, sich nicht zu bewegen …

Nun, bleib gesund und fröhlich, grüße Mutter, Wanja, Georgi, Großmutter und alle anderen. Schreibe mir. Ich küsse dich und drücke dir die Hand. Dein A.

So endet der letzte Brief meines Bruders an mich.

Wie ich später erfuhr, trat direkt nach diesem Schreiben bei Anton eine plötzliche Herzschwäche ein, in den Nächten hatte er Herzanfälle, die wieder vorbeigingen. Aber in der Nacht zum 2. Juli (nach dem julianischen, 15. Juli nach dem gregorianischen Kalender, A.d.Ü.) stand es um seine Atmung wieder sehr schlecht. Der behandelnde deutsche Arzt wurde geholt. Anton war sich offenbar seines Zustands bewusst …

Nach Aussagen des Arztes meinte Anton ganz ruhig: «Ich sterbe bald, Doktor …» Olga Knipper erzählte später ebenfalls, dass Anton den Arzt mit den deutschen Worten «Ich sterbe …» empfing. Er trank den Sekt, den ihm der Arzt reichte, «legte sich still auf die linke Seite und verstummte nach kurzer Zeit für immer».

* * *

Unser Zug kam am Morgen des 9. Juli in Moskau an. Der Redakteur des «Shurnal dlja Vsech», Miroljubow, holte uns vom Kursker Bahnhof ab, berichtete, dass Antons Sarg schon früher auf dem Nikolai-Bahnhof eingetroffen sei und der Trauerzug sich bereits dem Moskauer Stadtzentrum in Richtung Neujungfrauenkloster nähere. Wir fuhren mit einer Kutsche in die Redaktion der «Russkaja Mysl», die sich in der Wagankowski-Gasse befand, um uns dort der Prozession anzuschließen.

Doch wir konnten nun nicht mehr länger warten und gingen daher dem Zug entgegen. Vor unseren Augen tauchte eine riesige Menschenmenge auf, die Tschechow auf seinem letzten Weg geleitete. Da wusste ich, wie sehr das Volk meinen Bruder liebte. Trotz der Menge herrschte völlige Ordnung. Der öffentliche Verkehr, auch die Straßenbahn, war dort, wo die Prozession vorbeikam, unterbrochen, die Seitenstraßen waren durch Seile abgesperrt. Besonders rührte mich, wie die Studenten für Ordnung sorgten. Indem sie sich an den Händen fassten, bildete die Moskauer Jugend eine endlose Kette, bewachte die Trauerprozession und ließ keine Neugierigen zum Sarg durch. So konnte kein Chaos entstehen. Uns wollte man ebenfalls nicht zum Sarg vorlassen, man hörte nicht auf unsere Versicherungen, dass wir Verwandte seien. Ich war völlig außer mir und stürzte unter Tränen nach vorn: «Lassen Sie mich durch, lassen Sie mich zu meinem Bruder.»

Schließlich erkannte man uns und ließ uns passieren. Auch Mutter und meine Brüder gingen zum Sarg. Es waren schwere Minuten ... Die Prozession hielt an.

Dann ging es weiter. Den ganzen langen Weg vom Bahnhof bis zum Kloster trugen sie den Sarg mit den Überresten meines Bruders auf ihren Schultern. Am Gebäude der Redaktion von «Russkaja Mysl» wurde angehalten und ein Gebet gesprochen. Weiter bewegte sich der Trauerzug über die Snamenka, die Wolchonka, die Pretschistenka. Vor der Klinik neben dem Pirogow-

Denkmal wurde abermals ein Gebet gesprochen. In dieser Klinik hatte mein Bruder gelegen, als er 1897 Blut spuckte.

Am Neujungfrauenkloster erwartete den Zug ebenfalls eine riesige Menschenmenge: die gesamte Theaterwelt, Schriftsteller, Dramatiker, Professoren und Ärzte; unter ihnen Maxim Gorki und Fjodor Schaljapin, außerdem der aus Petersburg zur Beerdigung angereiste Direktor des staatlichen Zarentheaters, Wladimir Teljakowski, der Herausgeber der «Peterburgskaja Gaseta», Sergej Chudekow, und andere.

Auf dem Friedhof erwies es sich als unmöglich, die Ordnung weiter aufrechtzuerhalten, da alle bei Tschechows Bestattung dabei sein wollten. Später stellte sich heraus, dass viele Kreuze, Grabsteine und Zäune umgestoßen wurden.

Ich vergesse nie, wie die tausendköpfige Menge «Ewiges Gedenken!» sang, als der Sarg ins Grab gelassen wurde.

Mehr als hundert Kränze wurden auf Antons Grab gelegt. Sie kamen aus den Redaktionen von Zeitungen, Zeitschriften, von Theatern, diversen Organisationen, Freunden und Verehrern Tschechows. Die Aufschriften auf den Kranzschleifen zeugten von der rührenden Liebe in allen Schichten des russischen Volkes. Hier einige davon:

Für Anton Pawlowitsch Tschechow, den besten Freund der russischen Volkslehrer. Von der Gesellschaft zur Fürsorge für die Verbesserung der Lebensverhältnisse der Grundschüler der Stadt Moskau

Dem teuren Anton Pawlowitsch Tschechow, dem berühmten Arzt und Schriftsteller. Von der Nishninowgoroder Abteilung der Gesellschaft zum Schutz der Volksgesundheit

In liebevoller, trauriger Erinnerung an den begeisterten Lehrer und Freund. Das Moskauer Künstlertheater in grenzenlosem Leid

Dem teuren, unvergesslichen Anton Pawlowitsch Tschechow. In großer Trauer. Schaljapin

Dem heiß geliebten, teilnahmsvollen A.P. Tschechow. Ein dankbarer junger Schriftsteller

Für Anton Pawlowitsch Tschechow. Dem Stolz der russischen Literatur. «Odessaer Nachrichten»

Dem teuren Anton Pawlowitsch Tschechow. Von den Bauern des Kreises Serpuchow

So endete der Lebensweg des russischen Schriftstellers Anton Tschechow, meines geliebten Bruders und Freundes.

24 *Ein halbes Jahrhundert danach*

Mitte Juli 1904 fuhr unsere gesamte verwaiste Familie nach Jalta. Es war schwer, das Haus zu betreten.

Einige Tage später versammelten wir uns im Esszimmer: Mutter, Olga, meine Brüder Alexander, Iwan, Michail und ich. Wir überlegten, wie es weitergehen solle: ob Mutter und ich in Jalta bleiben oder ob wir wieder zurück nach Moskau ziehen sollten, was mit dem Haus in Jalta werde und so weiter.

Ich fragte Olga: «Olja, hat dir Antoscha nichts gegeben, keine Verfügungen?»

«Doch, Mascha, richtig, ich habe einen Brief, den er mir schon vor langer Zeit für dich gegeben hat. Warte.»

Sie suchte den Brief und gab ihn mir. Der Brief, den mein Bruder schon am 3. August 1901 geschrieben hatte, also drei Jahre vor seinem Tod, erwies sich als testamentarische Verfügung:

An Maria Pawlowna Tschechowa.

Liebe Mascha, ich vererbe dir als Besitz zu deinen Lebzeiten meine Datscha in Jalta, das Geld und die Einkünfte aus den Theaterstücken, meiner Frau Olga Leonardowna die Datscha in Gurzuf und fünftausend Rubel. Die Häuser kannst du verkaufen, wenn du das wünschst. Gib meinem Bruder Alexander dreitausend, Iwan fünftausend und Michail dreitausend, Alexej Dolshenko (unser Cousin) *eintausend und Jelena Tschechowa* (unsere Cousine), *falls sie nicht heiratet, eintausend Rubel. Nach deinem Tod und dem Tod unserer Mutter soll alles, was noch übrig ist, außer den Einkünften aus den Theaterstücken, an die Taganroger Stadtverwaltung für die Bedürfnisse der Volksbildung gehen, die Einkünfte aus den Stücken aber an meinen Bruder Iwan und nach seinem, Iwans, Tod an die Taganroger Stadtverwaltung, ebenfalls für die Bedürf-*

nisse der Volksbildung. Ich habe den Bauern des Dorfes Melichowo hundert Rubel versprochen – für die Chaussee; gleichfalls Gawriil Alexejewitsch Chartschenko (Charkow, Moskalewka, im eigenen Haus), für seine älteste Tochter das Gymnasium zu bezahlen, bis sie vom Schulgeld befreit wird. (Chartschenko hatte in den siebziger Jahren des 19. Jahrhunderts als Bursche im Laden unseres Vaters in Taganrog gedient.) *Hilf den Armen. Gib auf Mutter Acht.*

Anton Tschechow.

Ich habe die Verfügungen meines Bruders Wort für Wort erfüllt.

Vom ersten Tag nach der Rückkehr an habe ich alle Zimmer des Hauses in dem Zustand erhalten, wie sie zu Antons Lebzeiten waren. Ich beschloss, sie für alle Zukunft unberührt zu lassen. Jeder Gegenstand auf dem Schreibtisch, die Fotos an den Wänden, die Anordnung im Schlaf- und Esszimmer – alles wurde von mir fürsorglich gehütet. Ich wischte selbst Staub, räumte auf und putzte, achtete darauf, dass jeder Gegenstand an seinem Platz blieb. Das alles tat ich, damit Antons Geist im Haus immer zu spüren war. Mich lenkten das Gefühl tiefer Liebe zu meinem Bruder und der Wunsch, das Haus für mich als Erinnerung an meinen Bruder zu bewahren.

Die Zeit verging. Oft kamen nahe und entfernte Bekannte und baten mich um Erlaubnis, Antons Zimmer sehen zu dürfen. Dann baten mich völlig fremde Menschen darum, Ärzte, Lehrer, Studenten, Schauspieler und so weiter, die nach Jalta kamen. Ich sollte ihnen das Haus zeigen und ihnen aus dem Leben meines Bruders erzählen. Besonders hartnäckig waren die Studenten.

Mit der Zeit bemerkte ich, dass alle Tschechows Werk gut kannten, ihn liebten und sich für seine Biographie interessierten, daher die Neugier für das Haus, in dem Tschechow seine letzten Lebensjahre verbracht hatte. Mir kam der Gedanke, alles, was ich wie eine Reliquie für mich allein hütete, für das gesamte Volk zu bewahren.

So wurde die Idee geboren, aus Tschechows Haus ein Museum zu machen.

In den vorrevolutionären Jahren war es nicht einfach, das Museum aus eigenen Mitteln zu unterhalten. Besonders viel Arbeit und Geld kostete die Instandhaltung des Gebäudes. Eine Zeit lang trug ich mich mit dem Gedanken, ein paar Zeitungs- und Zeitschriftenredaktionen um Hilfe zu bitten. Ich führte Gespräche mit der «Russkaja Mysl», der «Russkoje Slowo» und sogar mit der Akademie der Wissenschaften: Sie sollten im Haus je ein Zimmer für den Urlaub ihrer Mitarbeiter finanzieren, wobei Tschechows Arbeitszimmer und Schlafzimmer unberührt bleiben sollten. Aber diese Idee ist im Sande verlaufen.

Zur selben Zeit ordnete ich Tschechows Archiv, publizierte in Sammelbänden Materialien und unveröffentlichte Werke. Dann sammelte und bearbeitete ich Antons Briefe für die Herausgabe seines Nachlasses. Die bekannten sechs Briefbände wurden zwischen 1912 und 1916 von mir herausgegeben. Das brachte Mittel nicht nur für die Instandhaltung des Museums, sondern auch für den Bau einer bescheidenen Datscha in Mizchor. Mizchor war damals einer der malerischsten Orte am Südufer der Krim, und ich liebte ihn sehr. Meine kleine Datscha lag direkt über dem Meer auf der Steilküste. Ringsum stand wundervoller Kiefernwald.

Einst, als unsere Datscha in Jalta noch im Bau war, hatte ich Anton vorgeschlagen, sie «Möwe» zu taufen, aber mein Bruder wollte das nicht. Nun nannte ich meine Datscha in Mizchor «Möwe». In der Nachbarschaft baute sich meine alte Freundin Alexandra Chotjaïnzewa ebenfalls eine kleine Datscha, und der Maler Brailowski hatte auch ein kleines Sommerhäuschen in meiner Nähe. So waren wir eine ganze Malertruppe. Wir fuhren gemeinsam spazieren, malten Studien.

Auf der Datscha in Mizchor lebte ich meist im Sommer, ich hatte dort eine eigene Badestelle, wo man wundervoll schwimmen konnte. Wenn es in Jalta heiß wurde, schnappte ich mir Mutter, und wir fuhren nach Mizchor. Obwohl die Datscha klein war, kamen manchmal Olga Knipper und meine Brüder zu Besuch.

Schwer war es für mich während des Bürgerkriegs. Die Oktoberrevolution kam bedeutend später auf die Krim als ins Zentrum von Russland. Auf der Krim walteten einige Zeit verschiedene weiße Regierungen und die Interventen. Die Insel war von Moskau abgeschnitten. Es gab niemanden, von dem ich Unterstützung und materielle Hilfe erhoffen konnte. Ich hatte keine Kopeke mehr, weder für den Unterhalt des Museums noch für mich selbst und Mutter, die bereits krank und schwach war. Ich war gezwungen, wie einst in der Kindheit die Nadel zur Hand zu nehmen und Wäsche und Kleider zu nähen und damit unseren Lebensunterhalt zu verdienen.

Mit der Errichtung der Rätemacht auf der Krim wurde das Tschechow-Museum eine staatliche Kultur- und Bildungsstätte mit eigenem Budget, ich wurde als Kustos und Direktorin bestellt.

In den ersten Jahren des jungen Sowjetstaats beschloss ich, auch in Moskau ein kleines Tschechow-Gedenkmuseum einzurichten. In meiner Moskauer Wohnung gab es nämlich ebenfalls eine Reihe von Gegenständen, Sachen und Möbeln, die noch von Anton Tschechow stammten. Einiges befand sich auch bei meinen Brüdern Iwan und Michail. Ich traf mich mit Anatoli Lunatscharski, dem Ersten Volkskommissar für Bildung, und erzählte ihm von meiner Idee. Er fand sich gleich bereit, mich zu unterstützen, und wir verabredeten uns an einem der nächsten Tage zur Besichtigung einer Reihe von Räumen, die sich für ein Tschechow-Museum eignen könnten.

Ich erinnere mich, wie ich an einem Sommertag mit Lunatscharski durch das Zentrum von Moskau ging und wir gemeinsam die von ihm ausgewählten Orte ansahen. In Moskau war gerade eine wahre Pest ausgebrochen – das Knacken von Sonnenblumenkernen. Es knackten buchstäblich alle und spuckten die Schalen auf den Bürgersteig. Und so gingen wir beide durch die Moskauer Straßen, die gespickt waren von Sonnenblumenschalen, und erörterten den Plan des Tschechow-Museums. Lunatscharski hatte keinen Hut auf, verhielt sich sehr normal, und kein Mensch beachtete uns. Ich hörte ihm interessiert zu, denn er sprach wundervoll über Literatur, über Tolstoi, über Tschechow und andere Schriftsteller.

Ich schlug Lunatscharski vor, das Museum im ehemaligen Kornejew-Haus auf der Sadowaja Kudrinskaja einzurichten. Doch das Haus war damals bewohnt. Das Museum wurde schließlich in der öffentlichen Bibliothek des Rumjanzew-Museums (heute Lenin-Bibliothek) gegründet. Ich stiftete alles, was ich in Moskau von Tschechow besaß. Das Museum existierte mehrere Jahre. Allmählich füllte es sich mit Ausstellungsstücken anderer Schriftsteller, und so wurde aus dem Tschechow-Museum schließlich das Literaturmuseum, das bis heute in Moskau existiert.

* * *

Einst hatte Tschechow Bunin prophezeit, dass man ihn noch sieben Jahre nach seinem Tod lesen und dann vergessen werde … Wie er sich geirrt hat!

Als 1954 Tschechows fünfzigster Todestag gefeiert wurde, hatte ich das Glück, dabei sein zu dürfen. Es war das berührendste Ereignis in meinem langen Leben, das ich meinem Bruder gewidmet habe.

Und mein Leben ist tatsächlich lang. Ich habe viel gesehen und viel durchgemacht. Ich habe drei russische Zaren erlebt, drei russische Revolutionen, drei große Kriege. Ich wurde zwei Jahre nach Abschaffung der Leibeigenschaft geboren und habe ihre

Spuren noch gesehen. Ich habe die großen Umstürze erlebt, die das Gesicht des alten Russland völlig veränderten.

* * *

Wer lange lebt, schafft viel, heißt es. Nicht an mir ist es, darüber zu urteilen, ob mir vieles gelungen ist. Aber im dreiundneunzigsten Lebensjahr kann ich sagen: Indem ich mein Leben dem Schriftsteller Tschechow widmete, habe ich das erfüllt, was ich erreichen wollte. Zu seinen Lebzeiten habe ich mich bemüht, ihm zu helfen, wo es nur ging, damit er in Ruhe arbeiten konnte. Nach seinem Tod habe ich mich dafür eingesetzt, dass die Erinnerung an ihn wach gehalten wird. Ich freue mich aufrichtig, jetzt, nach mehr als fünfzig Jahren, zu sehen, wie groß die Bewunderung für Anton Tschechow ist. Ich freue mich und denke mit Genugtuung daran, dass auch ich mein Scherflein dazu beigetragen habe, dass Tschechows Schaffen und Leben dem russischen Volk nahe und kostbar sind.

Jalta, 1956

Personenregister